德法微言

社会热点的法律解读（2021）

北京德和衡（广州）律师事务所 编

羊城晚报出版社
·广州·

图书在版编目（CIP）数据

德法微言/北京德和衡（广州）律师事务所编. — 广州：
羊城晚报出版社，2022.10
ISBN 978-7-5543-1085-4

Ⅰ.①德… Ⅱ.①北… Ⅲ.①法律—中国—文集
Ⅳ.①D920.4-53

中国版本图书馆CIP数据核字（2022）第155162号

德法微言
DE FA WEI YAN

责任编辑	廖文静
责任技编	张广生
装帧设计	友间文化
出版发行	羊城晚报出版社
	（广州市天河区黄埔大道中309号羊城创意产业园3-13B
	邮编：510665）
	发行部电话：（020）87133824
出 版 人	吴　江
经　　销	广东新华发行集团股份有限公司
印　　刷	佛山市浩文彩色印刷有限公司
规　　格	787毫米×1092毫米　1/16　印张21.75　字数300千
版　　次	2022年10月第1版　2022年10月第1次印刷
书　　号	ISBN 978-7-5543-1085-4
定　　价	68.00元

暴雨将至

　　人类是符号的动物，或者赋予符号以意义，或者通过符号寻找意义；人类的心灵史就是符号史，"符号之外别无他物"。符号是信息之舟，信息搭乘符号在不同时空中穿梭往来。信息是制作知识的原料，聪明的手将杂乱的信息编排起来，筑成知识的大厦。所以说，知识是秩序化的信息，知识是秩序化的符号。人类的进步史就是知识的生产史和传播史。

　　人类将其生存的经验存储在其能够接触和控制的所有介质中，等待被发现和提取——这就是知识生产的秘密——虽然远隔千山，相距万载，与之猝然相遇，遥远的意义之门也会悄然敞开，拈花微笑，不同时空的心灵刹那间得以同一节拍跳动。

　　人类知识的生产始终与媒介技术的进步历程息息相关。

　　早期的人类将自己经验镌刻在石壁、龟甲、兽骨上，烧制在陶器上，铸造在金属上，书写在简牍上……媒介所限，符号中所蕴含的信息元素往往简约但却意蕴悠长。早期职业化的知识生产通常带有神秘主义色彩，专属于灵巫：在龟甲上钻孔烧灼，根据裂开的纹路占卜吉凶，将结果记载其上。这是数千年前固定知识信息的方式，历经千载，尘土拂去，今人依然可以解读其意义。未经记录的语言符号随风而逝，以人的大脑记忆为载体的知识不断随个体死亡而复归尘土，传承链条动辄断裂，其结果是许多知识经常失传需要被反复地再生产。

　　中国造纸术和印刷术的出现，极大地改变了知识的生产方式，拓展了知识的存储和传播技术。知识传播从抄写时代慢慢过渡到印刷时代，知识的生产者和使用者从贵族阶层向士人阶层扩展，书籍成为承载知识、传递信息的主要方式；读书学习、掌握知识成为下层庶民向上层社会攀缘的捷径。欧洲的谷登堡印刷术的出现和传播，同样促进了知识从教士阶层向普通民众的蔓延，普通的民众得以接触到贵族阶层掌握的知识系统，这是思想解放和科学技术发展的前提条件。

实际上与正统的知识生产系统并行的，始终有另一个民间的、私人的生产系统。这一系统是以口耳相传的民间风俗史为特征的知识生产模式，即民歌、传说、俗谚、民间史诗等口头文学体系，这一系统创造的知识由于缺少稳定的存储介质，经常处于不断变异过程中，直到被文字等视觉符号捕获，存储为书籍形态，才有了稳定的流变轨迹。录音技术的发明提供了革命性的工具，使得声音本身成为承载知识信息的特殊介质，唱片、录音磁带成为书本的同类。

摄影术的发明使得从现实世界直接提取物像成为可能，缪斯的魔法棒因而从少数的受过专门训练的画家那里移转到普通民众手中，每天有数不清的照片被生产出来，其中绝大部分是业余作者的作品。以此为起点，人类社会开始了面向视觉文化的转向进程，此后，大量的以视觉感官为主的信息组织模式被极大地发展起来。电影是直接依托摄影术发展起来的，电影可以展现生动而鲜活的视觉形象，观众由此获得了从未有过的体验，此后电影生产成了工业的一部分，电影成了从生产线中吐出的产品，从不同的工厂中鱼贯而出。

电视是新的信息传输技术，此后人类从印刷时代进入了电子时代①，知识生产和传播模式发生了根本性的变化。电子时代的知识信息与匮乏的印刷时代相比变得充盈起来，知识的垄断变得越来越难。知识生产的途径得到极大的拓展，产品的数量呈几何级数增长，无论居于社会的何种阶层，均可平等而便利地获得知识信息，这促进了所谓的"知识民主化"的进程。

知识获取和信息传输的自由平等是知识民主化的应有之义。印刷时代、电子时代整体而言信息传播是单向度的，只有知识的生产者和占有者拥有向受

---

① 加拿大著名媒介理论家马歇尔·麦克卢汉在著作中对于电子媒介仅涉及电视，止于早期的电脑自动化，没有涉及网络媒介，本文中的"电子时代"亦如是。

众传播信息的权力，普通受众通常只能做沉默的接受者。普通民众对知识信息的需求，可以借助有目的的阅读主动去寻求；电视传播的知识信息对于观众是被动、大水漫灌式的，只要打开电视机，预先安排好的信息就会扑向观众，把他们按在沙发上，驯服他们，久而久之，最终将他们变成了"沙发上的马铃薯"。

在印刷时代之前，荒蛮的大地上生出的知识之树，由于没有稳定的存储介质或者存储的方式极为有限而困难，其果实常常随风而逝；依据个体抄写来传播知识极其低效，社会知识产品的供给极其匮乏。到了印刷时代，知识产品变得丰富起来，知识的存储与传播因造纸术及印刷术的推广而变得更加成熟，知识成为装点人生的心灵之花。电子时代知识的生产和传播方式的革命，改变了人与知识的相处方式，知识信息开始了对人内心生活的侵袭……

电子时代的技术对人心灵的影响还不太明显，最多是用过度的信息让人无暇思考、日渐浅薄，变成无法独立思考的盲从者。但技术的不断进步毕竟极大地改变了人类的物质生活条件，人们在欢呼声中享受着技术带来的所有便利，觉得生活原本就应该如此，只有极少数的先哲在默然中反思技术的另一面。

知识产品的丰富促进了社会的发展，同时也激发了媒介技术的进步。电子计算机的出现彻底颠覆了知识生产的旧有模式，新的知识生产工具迅速普及了。现在只要拥有一部电脑终端即可完成大多数的知识生产过程，几乎所有古老的知识生产模式均可以数字化的方式经由电脑完成，家用电脑的普及也为社会大众从事知识生产提供了物质和技术条件。有了电脑，许多知识生产从专业化的工作转为业余爱好者的遣兴游戏，各种符号所蕴含的丰富意义被不断地发掘，新的知识领域出现了，新的知识生产方式被创造出来，无穷无尽的知识信息被生产出来；知识的形态也因存储方式的变革而发生变化，整个大英博物馆的全部知识信息竟然可以保存在一块小小的硬盘上，知识的获取和检索从来没有如此简便，知识信息仿佛已经从智慧女神的神殿中走出来，成为普罗大众的日常消费品。

随着数字互联网技术与计算机技术交相发展，人类进入了数字网络时代。媒介技术彻底改变了知识生产、知识传播和知识利用的方式。

社区性、社交式的知识生产模式，使得知识创造变得极为随意，任何拥有智能手机的普通用户都可以方便地接入互联网，随时开始各个层面的知识生产，其每敲击一下键盘都将会输出信息洪流中的一滴水。那些拥有某个行业独特技能、原本对其职业秘密讳莫如深的从业者现在纷纷通过视频、文字、声音等方式分享其技能和智慧，知识生产如从云端降落到了田间地头，这一知识生产模式的直接结果是持续的信息激增，信息数量以几何级数快速增长，人类从来没有拥有过如此多的信息资源，甚至已经超出了我们脑力的极限。

"人使用工具的同时工具也在使用人"，同样地，人类使用信息的同时信息也会奴役人类。这一进程与互联网络的发展密切相关，网络的全球即时通达的特点将地球塑造成了一个小小的村落。信息的共享性是网络时代的主要特征，所谓的"信息封建主义"只具有纸面上的意义，全球流动的信息海洋恨不得将每个人都浸泡其中，智能手机成了许多人不可或缺的"第三只手"，即时通信工具和全球社区化信息传播方式重新定义了"忙碌"和"闲暇"。在信息的大海之中，大数据技术、算法技术等不知疲倦地分析海洋中的每一条鱼，分析他的生活和行为习惯，获取他自己也不知道的秘密。技术把人当作宠物对待，用他所喜欢的或需要的信息去喂养他，让他对自己产生依赖；信息在他的周围结成的"茧房"[①]，迫使他与真实的世界逐渐隔绝，但他依然误以为自己所感知的就是真实的世界。知识信息的饱和式侵袭，让人无暇分辨、无暇思考，造就了大批的"知道分子"和技术盲从者，他们试图用技术和知识的理性解决所面临的全部问题，但最终总会发现结果是徒劳的。

为了争夺用户有限的注意力资源，大众传媒不得不朝着娱乐化和媚俗化转向，知识生产与知识传播前所未有地和经济利益直接关联起来。流量不仅代表着受众人群的规模，而且与个体的经济收益密切相关，促使信息传播者使出浑身解数以吸引人群的关注。身居庙堂的清高学士纷纷放下身段，将知识的传播与芸芸众生的柴米油盐结合到一起，成为一出绝妙的现代浮世绘。

[①] [美]凯斯·R.桑斯坦在《信息乌托邦》中提出"信息茧房"（information cocoons）概念，其特征是"我们只听我们选择的东西和愉悦我们的东西的通信领域"。

技术还在继续向前演进，人工智能已经走到了身边，元宇宙已经在来的路上，将要来的还有通过脑机接口实现的人和机器在生理层面的链接、向人体直接移植智能设备……人类利用科技实现了对外在世界更深层次掌控，但在未来的信息世界中人类将如何安放自身呢？

写作此文时，窗外正密云聚合，狂风渐起，雷声隐隐，暴雨将至……知识信息不仅是浇灌荒原的泉源，随着暴雨汇集而来的洪流还会淹没一切，但我依然冀望能见到雨后初霁的天际彩虹。

本书所载为本所律师同仁与工作相关文档之汇编，这是整个时代知识生产社会化进程中微不足道的一部分，也是考察媒介演化进程的一片化石、一个证据。如同一粟入于太仓，涓滴汇入江海，与整个社会每天都在壮大的信息洪流相比，本书作出的仅是极其微小的贡献，唯一可以值得自我告慰的是：我们的态度是真诚的。

是为序。

陈 震

2022年5月

目录
Contents

栏目三
实务经验

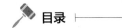

栏目四

办案手记

栏目五

数据分析

栏目六

律师随笔

栏目七

2021年优秀案例

法律解读

《民法典》物权编司法解释（一）
新旧条文对照梳理解读

王　宁

2021年1月1日，《最高人民法院关于适用〈中华人民共和国民法典〉物权编的解释（一）》（以下简称《物权编解释一》）正式公布实施。《物权编解释一》是对《物权法司法解释》的继承与完善，依旧采用了《物权法司法解释》的体例。与《物权法司法解释》相比，《物权编解释一》主要有以下几个方面的变化：

1. 《物权编解释一》删除了《物权法司法解释》第十四条

在体系上，《物权编解释一》司法解释共二十一条，《物权法司法解释》共二十二条。《物权编解释一》删除了《物权法司法解释》中的第十四条"两个以上按份共有人主张优先购买且协商不成时，请求按照转让时各自份额比例行使优先购买权的，应予支持"的规定，因为在《中华人民共和国民法典》（以下简称《民法典》）第三百零六条中已有相关的规定。换言之，《物权法司法解释》中的第十四条已为《民法典》第三百零六条所吸收，因此在《物权编解释一》无须再作规定。

2. 《物权编解释一》第四条增加了居住权

居住权制度是《民法典》新增加的内容，规定在《民法典》第三百六十六条："居住权人有权按照合同约定，对他人的住宅享有占有、使用的用益物权，以满足生活居住的需要。"即居住权是对他人住宅享有的通过合同设立的一种用益物权，居住权人享有占有和使用的权能。在《民法典》颁布之前，居住权一直未被我国立法所承认，但在司法实践中涉及居住权的案件却比比皆是，主要集中在离婚、继承、赡养，以及公产住房、投资性住房纠纷等相关社会生活领域①，居住权的设立有利于弱势群体的保护，有利于社会秩序的稳定。

预告登记具有准物权的性质，预告登记权人所享有的是一种具有物权效力的债权，未经其同意不得转让不动产所有权等物权，以及不得设立用益物权、担保物权等其他物权。而居住权作为新增加的用益物权，应当增加到本条之中。

3.《物权编解释一》第五条在"买卖不动产物权的协议"前增加了限定词"预告登记"，使表述更加清晰易懂，不会产生歧义；同时删减"被解除"这一债权消灭情形

预告登记的功能在于保全债权，故预告登记的效力依附于债权而存在，如果债权债务因合同被认定无效、被撤销、被解除，或者预告登记的权利人放弃债权、债权债务相互抵消、债务人已清偿债务、债务人依法将标的物提存等原因消灭，预告登记就失去了存在的基础，因此而失效②。《物权编解释一》第五条主要是为了列举"债权消灭"的一些情形，因此，《民法典》第五百五十七条已明确规定的债权消灭情形，就无须在《物权编解释一》再次规定。

4.《物权编解释一》第六条将"对价"改为"合理价款"，表述更加准确

《物权编解释一》第六条："转让人转让船舶、航空器和机动车等所有权，受让人已经支付合理价款并取得占有，虽未经登记，但转让人的债权人主张其为民法典第二百二十五条所称的'善意第三人'的，不予支持，法律另有

---

① 最高人民法院民法典贯彻实施工作领导小组主编：《中华人民共和国民法典物权编理解与适用（上）》，人民法院出版社，2020年版，第865页。
② 最高人民法院民法典贯彻实施工作领导小组主编：《中华人民共和国民法典物权编理解与适用（上）》，人民法院出版社，2020年版，第119页。

规定的除外。"船舶、航空器和机动车物权转让人的一般债权人在物权受让人已经支付合理价款并取得占有，只是没有完成过户登记时，不属于善意第三人，其主张自己是善意债权人而欲对抗物权转移效力的，理由不能成立，不发生物权对抗效力。将转让人的债权人排除在善意第三人之外，意在贯彻物权优先效力。在第三人仅为一般债权人的情况下，该第三人尚未因特定物的交付而成为物权人，不应认为其与未经登记之特殊动产物权所有权人之间存在竞争对抗关系①。而将"对价"改为"合理价款"以后，排除了转让人的恶意转让的行为，实际上赋予了一般债权人救济的权利，当转让价格不符合《物权编解释一》第十八条规定的"合理的价格"时，一般债权人可以直接行使撤销权，但如果是"对价"的话，就需要解释"对价"的含义，然后判断是否是"合理价款"，就会变得复杂。

《民法典》已于2021年1月1日起正式施行，《物权编解释一》也同时施行。随着《民法典》的施行和新情况、新问题的出现，更多的司法解释也将会发布，需要及时学习和深刻领会，以便对《民法典》的条文准确理解和适用。

本文作者系北京德和衡（广州）律师事务所银行、保险与融资业务中心专职律师

---

① 最高人民法院民法典贯彻实施工作领导小组主编：《中华人民共和国民法典物权编理解与适用（上）》，人民法院出版社，2020年版，第138～139页。

合法来源抗辩在著作权侵权诉讼中的适用

——对新《著作权法》第五十九条的理解（一）

陈　震

著作权侵权诉讼中的"合法来源抗辩"源自民法的保护善意第三人的法律原则，旨在保护作品传播过程中因不知情而使用或传播侵害权利人著作权的善意第三人，实现著作权利人与善意第三人之间的利益平衡，在保障权利人合法权益的同时促进作品传播。

合法来源抗辩的法律依据是2020年修正的《中华人民共和国著作权法》（以下简称新《著作权法》）第五十九条："复制品的出版者、制作者不能证明其出版、制作有合法授权的，复制品的发行者或者视听作品、计算机软件、录音录像制品的复制品的出租者不能证明其发行、出租的复制品有合法来源的，应当承担法律责任。"新《著作权法》第五十九条在此前的第五十三条的基础上做了修订，第一款继续规定法律责任的推定问题，技术性地将"电影作品或者以类似摄制电影的方法创作的作品"修改为"视听作品"，同时增加了一款诉讼程序中的法律适用问题。

本条规定采用法律责任推定的方式，只要复制品的出版者、发行者、出租者无法提供合法的来源，即应当承担法律责任。根据《最高人民法院关于审理著作权民事纠纷案件适用法律若干问题的解释》第十九条规定："出版者、制作者应当对其出版、制作有合法授权承担举证责任，发行者、出租者应当对其发行或者出租的复制品有合法来源承担举证责任。举证不能的，依据著作权法第四十六条、第四十七条的相应规定承担法律责任。"

合法来源抗辩最直接的目的是保护著作权人利益，同时兼顾作品传播过程中的中间商、终端客户的合法利益，没有过错的侵权复制品传播者借此免除赔偿责任。

一、合法来源抗辩的成立条件

新《著作权法》关于合法来源抗辩的规定是第五十九条第一款的后半部分：发行者和出租者发行、出租的复制品具有合法来源。此处的"发行"是指以有偿或无偿的方式分发复制件的行为，主要指商业性的销售行为；"出租"是指有偿临时使用视听作品、计算机软件、录音录像制品的复制品的行为。

新《著作权法》的合法来源抗辩成立的条件有两个。

第一个条件是主观要件上的"不知道"与合理注意义务。合法来源抗辩的主观要件是指侵权人不知道自己对外发行（售卖）、出租的复制品是侵害权利人著作权的产品。此处的"不知道"不仅仅指事实上确实不知道，还包括"可能"的状态，即"不应当知道"。比如，他人提供了伪造的授权文件，使得复制件的发行者、购买者认为自己获得的是合法复制品。侵权人如果具有以下两种主观状态，都无法主张合法来源抗辩：（1）实际上知道侵权；（2）实际上不知道但是应当知道侵权。第一种主观状态需要客观证据予以证明，比如侵权人曾经是权利人员工、双方曾经存在合作关系、侵权人属于重复侵权、侵权人事先知悉权利人在相应的作品上享有著作权等；第二种主观状态"实际不知道但应当知道"依赖于法官的自由心证，需要法官结合具体案情、双方的举证、著作权本身的特点等作出合理的内心确信。

第二个条件是客观上具有合法来源，包括来源明确与来源合法。来源明确是一个客观事实判断，而来源合法则为事实认定兼具法律评价。首先，如何认定"来源明确"？行为人仅需要提供权利来源和产品来源的线索，即可认定是否满足"来源明确"的要求，还是一定要侵权人提供具体提供者的身份信息。如有些情况下中间销售商或者个体工商户通过小商铺、微商等购买侵权复制品后，很难提供具体的销售者信息，而仅能提供来源的线索和渠道，无法提供具体供货商的身份信息，此时不宜认定为"来源明确"。所以，来源明确的标准应该是复制品的提供者身份明确，"提供行为"的证据充分——权利人可以直接追加其为案件被告。

"来源合法"应当包括合法渠道、正常交易、合理对价。合法渠道是指正常的市场销售渠道，而不是来自黑市或明显缺乏经营资质的经营者以及其他非正常渠道。正常交易，一般是指以双方签订买卖合同为判断标准，此处的买卖合同应充分考虑国内商品经济的现实，不应苛求每起交易都提供完备的书面合同，如果能以其他相应的证据链条（如进货凭证、转账记录、发票、收据、维修记录等）予以佐证的，也应当认定买卖合同成立。合理对价是指正常交易应该支付的对价，即如果侵权人未支付对价或明显以低于市场的价格获得侵权产品的，一般不能主张合法来源抗辩。

二、合法来源抗辩的限制

合法来源抗辩仅在法律规定条件下行使，超出本条规定的范围不能适用。

（1）在作品传播过程中，不是以"发行"方式传播复制件的，无论源头是正版还是盗版均不能适用合法来源抗辩以免除法律责任。比如，合法出版的书籍投入流通环节之后，转售、赠与、借阅等方式均属于发行行为，可以适用合法来源抗辩；而将书籍扫描后在网络传播的，则不属于发行行为，不能适用合法来源抗辩。再如，将美术作品印刷在布匹上用于出售，将该布匹直接售卖或者制作成终端产品投入市场的，可以适用合法来源抗辩；而如果将布匹上的美术作品用于展览或者是进一步复制成新的布匹，则不能适用合法来源抗辩。

（2）视听作品、计算机软件、录音录像制品的复制品被存储于特定介质，体现为某种物质形态，出租人对相关介质具有物权。如果没有被固定于某种物质介质，比如在网络上提供下载，属于信息网络传播行为，不能认定为出租行为，也不能适用合法来源抗辩。

三、合法来源抗辩的法律效果

（1）发行（销售）的作品复制件属于盗版，但有合法来源的，构成侵权，应当承担停止侵权的法律责任，但无须承担赔偿责任；复制件的来源不明（无法提供明确的供货人信息）或者来源渠道不正当、没有支付合理的对价等不能认定具有合法来源的情形，构成侵权，应当承担侵权责任。

（2）视听作品、计算机软件、录音录像制品的复制品属于盗版的，出租人如果能证明来源合法，则其出租行为构成侵权，应该停止侵权，但无须承担赔偿责任，否则属于侵犯权利人的出租权，应当承担赔偿责任。

（3）依据《最高人民法院知识产权法庭裁判要旨（2019）》中确定的原则，"合法来源抗辩仅是免除赔偿责任的抗辩，而非不侵权抗辩；销售者的合法来源抗辩成立，既不改变销售侵权产品这一行为的侵权性质，也不免除停止销售侵权产品的责任，仍应承担权利人为获得停止侵害救济所支付的合理开支"。

本文作者系北京德和衡（广州）律师事务所知识产权业务中心律师

著作出租权的内容及其限制

——对新《著作权法》第五十九条的理解（二）

陈　震

依据新《著作权法》的规定，"出租权，即有偿许可他人临时使用视听作品、计算机软件的原件或者复制件的权利，计算机软件不是出租的主要标的的除外"。出租权是著作财产权之一，其客体限于视听作品、计算机软件和录音录像制品。

《保护文学艺术作品伯尔尼公约》（以下简称《伯尔尼公约》）没有规定出租权，1994年的《TRIPS协定》规定出租权的主体为计算机程序和视听作品的作者或者作者的合法继承人，该协定第十一条规定："至少就计算机程序和电影作品而言，一成员应给予作者及其合法继承人准许或禁止向公众商业性出租其有版权作品的原件或复制品的权利。"1996年的《世界知识产权组织版权条约》也授予作者以出租权，该条约第七条规定："计算机程序、电影作品和按缔约各方国内法的规定，以录音制品体现的作品的作者，应享有授权将其作品的原件或复制品向公众进行商业性出租的专有权。"

根据我国新《著作权法》的规定，出租权的主体为视听作品的著作权人、计算机软件的著作权人、录像制品制作者、录音制品制作者、表演者等邻接权人。出租权包含下列内容：

（1）出租权是视听作品、计算机软件的权利人的专有权，权利人有权出租该作品的原件或者复制件。

（2）著作权人有权许可他人出租其作品复制件，非经著作权人同意，任何人不得出租其作品复制件，法律另有规定的除外。

（3）著作权人有权因出租其作品复制件获得一定报酬。新《著作权法》第四十四条规定，录音录像制作者对其制作的录音录像制品享有许可他人出租并获得报酬的权利；对于出租录制有表演者表演的录音录像制品，还应该得到表演者的同意。

（4）出租权是法律赋予创作者对特定作品的物质载体进一步利用的权利，但是作为物质载体，其本身包含两种权利：一是隶属于创作者的出租权，二是存在于复制件之上普通的物权。这两者都属于绝对权：物权人有权对复制件进行占有、使用、收益和处分；出租权作为专有权，权利人有权据此控制他人对作品进行出租获利。这两者的矛盾该如何协调呢？

新《著作权法》第五十九条规定："复制品的出版者、制作者不能证明其出版、制作有合法授权的，复制品的发行者或者视听作品、计算机软件、录音录像制品的复制品的出租者不能证明其发行、出租的复制品有合法来源的，应当承担法律责任。"该条款采取法律责任的推定的方式，规定了对视听作品、计算机软件、录音录像制品的复制品出租者的法律责任。如果出租人所出租的复制品有合法来源的，无须承担法律责任，这一规定构成了对权利人出租权的限制：一旦作品的合法复制品投入发行环节，出租人以合理的对价取得该复制品，无须著作权利人特别授以出租权，即可以商业目的对他人出租该复制品，这一行为不构成对著作权人的出租权的侵犯。仅仅当出租的作品复制件的源头为盗版且出租人没有合法来源时，才能推定出租权侵权成立，出租人需要承担法律责任。对于出租人获得的复制件具有合法来源，但该复制件原属于盗版的情形，出租人是否应该承担法律责任？依据新《著作权法》的一般原理，可以构成出租权侵权，应当停止侵权，但可以免除赔偿责任。

本文作者系北京德和衡（广州）律师事务所知识产权业务中心律师

著作权侵权的归责原则
——对新《著作权法》第五十九条的理解（三）

陈 震

一般来说，民事侵权的归责原则有两个：一是主观归责的原则，以行为人的主观意志作为确定责任归属的根据，即以当事人主观上的过错作为构成责任的必要条件，"有过错始有责任，无过错即无责任"，被称为"过错责任原则"；二是客观归责原则，以人的意志以外的某种客观事实作为确定责任归属的根据，即将特定损害结果或致害原因作为构成责任的充分条件，只要有特定损害结果或致害原因存在，即不得免除其责任，这一原则被称为"无过错责任原则""严格责任原则"，比如产品缺陷致人损害、高度危险作业致人损害、环境污染致人损害等。

在一些受害人难以证明被告人有过失的诉讼中，如动物致损、建筑物致损，则采用"过错推定原则"，即原告若能证明其所受到的损害是由被告所造成的，而被告不能证明自己没有过错，法律上就推定被告负有过错并应承担民事责任，这是适用"过错责任原则"的一种特殊情况。

对于知识产权的侵权而言，到底是采用"过错责任原则"还是"无过错责任原则"，多有争议。从词源说的角度探究，知识产权"侵权"的英文是"infringement"，而普通的"侵权"则使用"tort"。"fringe"有边缘、界限的意思，"in"强调在里面，因此只要客观上进入知识产权保护的范围即属于"infringement"，无须考虑行为人的主观过错；而"tort"的原意为扭曲和弯曲，需要考虑行为人的主观过错。知识产权是国家以法律的形式在公共领域中划定的一块区域，由权利人在一定时期内专有，其他人未经许可且没有法定理由（合理使用情形），只要事实上进入其中，即构成侵权，无须考虑是错误进入还是故意进入，必须马上退出（停止侵权）。美国法院的多项判决中曾经明确指出："根据版权法，侵权的意图是不必要的。"即使是"无辜复制"亦可构成侵权："当被告的作品复制了原告的作品，并且被告是善意地忘记了自己的作品来自原告的作品，这种'无辜复制'仍可构成侵权。"但是侵权的意图在确定赔偿数额上却起着很大作用。

郑成思先生认为侵害知识产权行为适用"无过错责任原则"已经为许多国家所确立，主张放弃传统的"过错责任原则"，普遍适用"无过错责任原则"；而有些学者则主张在知识产权侵权诉讼中同时适用"过错责任原则"和"无过错责任原则"[①]；而最高人民法院知识产权法庭原庭长蒋志培先生则坚持应该适用"过错责任原则"，唯对某些情况，法官可适用"过错推定原则"："一般的过错责任的举证责任在受害人，推定过错的举证责任倒置，即把举证责任加给侵权人，侵权人须证明自己无过错，如果侵权人证明不了自己无过错，则推定其有过错，因而承担民事赔偿责任。""适用过错推定原则，从损害事实中推定侵权行为人有过错，那么就使受害人免除了举证责任而处于有利的地位。"[②]这应该仅是法官在实际审理案件中的变通做法。

我国的《民法典》第一千一百六十五条规定："行为人因过错侵害他人民事权益造成损害的，应该承担侵权责任。依照法律规定推定行为人有过错，其不能证明自己没有过错的，应当承担侵权责任。"明确以过错责任为原则，以

---

① 孟祥娟：《版权侵权认定》，法律出版社，2001年6月版。
② 蒋志培：《论我国著作权侵权损害赔偿的归责原则》，载《人民司法》，1997年第8期。

过错推定为例外。《民法典》第一千一百六十六条规定："行为人造成他人民事权益损害，不论行为人有无过错，法律规定应当承担侵权责任的，依照其规定。"只有法律明确规定的情形才能适用"无过错责任原则"。原《著作权法》立法体例上，也并未规定著作权侵权适用"无过错责任原则"，故在原《著作权法》没有做出相应修订之前，"无过错责任原则"似乎并无适用空间。

我国新《著作权法》第五十九条规定："复制品的出版者、制作者不能证明其出版、制作有合法授权的，复制品的发行者或者视听作品、计算机软件、录音录像制品的复制品的出租者不能证明其发行、出租的复制品有合法来源的，应当承担法律责任。在诉讼程序中，被诉侵权人主张其不承担侵权责任的，应当提供证据证明已经取得权利人的许可，或者具有本法规定的不经权利人许可而可以使用的情形。"这一规定实际上是明确将某些类型的著作权侵权归责原则限定为"过错推定"，将没有过错的举证义务归于被诉侵权人：被诉侵权人不能证明自己没有过错的，法律上推定其具有过错并应当承担侵权责任。对于复制品的出版和制作以及视听作品、计算机软件、录音录像制品复制件或原件的出租，行为人不能证明自己没有过错的则应当承担侵权责任，证明的方式是提供合法授权的证据、合法来源的证据、权利人许可的证据、合理使用的证据等。能够证明自己没有过错的一般仅需停止侵权，而无须承担赔偿责任。

新《著作权法》第五十九条规定的"过错推定原则"，仅涉及复制、发行、出租等少数权利，是否能推而广之地类推适用，法律没有明确规定，理论上应该适用"过错责任原则"。但在司法实践中，法官通常回避这一问题，对于直接侵权行为并不考虑行为的主观过错，认定侵权成立，似乎采用的是"无过错责任原则"；对于是否承担赔偿责任，则考虑其是否存在主观过错，通常采用"过错推定原则"。

本文作者系北京德和衡（广州）律师事务所知识产权业务中心律师

新《著作权法》中关于"视听作品"
及其边界定义的解读

陈　震

新《著作权法》将原有的"电影作品和以类似摄制电影的方法创作的作品"表述统一修改为"视听作品",在早期的修订草案中,曾经一度删除了"录像制品"的规定,将其归为"视听作品"范畴,在邻接权范畴只保留"录音制作者权"。但在最终通过的修正案中,还是保留"录像制品"的规定,维持了过去对"视听作品"和"录像制品"二分的立法模式。

一、限定式立法模式下的"电影作品和以类似摄制电影的方法创作的作品"

在保护对象上,原《著作权法》关于"电影作品"的表述实际上是由《伯尔尼公约》移植而来,该公约第2(1)条规定了"电影作品和以类似摄制电影的方法创作的作品"①,其原文为"cinematographic works to which are assimilated works expressed by a process analogous to cinematography"。有学者认为,此处的正确翻译应是"电影以及以类似电影的方法'表现'的作品",强调"表现"("expressed")的概念,即指表现形式上类似于电影的作品,并不对摄制的

---

① 商务部网站上公布的《保护文学艺术作品伯尔尼公约》官方译本将其译为"电影作品或以与电影摄影术类似的方法创作的作品"(http://tfs.mofcom.gov.cn/article/date/j/an/200212/20021200058445.shtml)。

方法或工艺作出任何限定性的要求①。二者在翻译和理解上的差异导致的结果是，在司法审判中，法官对现场直播的综艺节目、体育赛事节目、短视频、网络游戏动态画面等在原《著作权法》上的定性一直持有不同意见。比如，央视国际网络有限公司诉第一视频通信传媒有限公司著作权纠纷一案中，法院认为，"《2009春晚》虽然在表现形式上与电影作品相近，均由一系列有伴音或者无伴音的画面组成，并且在其摄制过程中，同样存在机位的设置、镜头的选择以及编导的参与，包含了大量的投入和辛勤的劳动，体现了一定的独创性，但是其作为以展现现场精彩表演为主要目的的电视节目，在创作方法上仍与电影作品存在着较大区别"［北京市海淀区人民法院（2009）海民初字第9477号《民事判决书》］。《广东省高级人民法院关于审理侵害影视和音乐作品著作权纠纷案件若干问题的办案指引》（2013年施行）中对电影作品的认定方式明确提出："电影作品的'独创性'要求较高，一般具有电影制片者与电影导演鲜明的个性化的创作特征；在摄制技术上以分镜头剧本为蓝本，采用蒙太奇等剪辑手法；由演员、剧本、摄影、剪辑、服装设计、配乐、插曲、灯光、化妆、美工等多部门合作；投资额较大，等等。对戏剧、小品、歌舞等表演方式进行拍摄时，拍摄者采用镜头拉伸、片段剪辑、机位改变、片头片尾美工设计、将场景从室内改变到室外等摄制方式，均不能够产生电影作品，其拍摄成果应认定为录音录像制品。"

《中华人民共和国著作权法实施条例》（以下简称《著作权法实施条例》）对于"电影作品和以类似摄制电影的方法创作的作品"的定义是，"摄制在一定介质上，由一系列有伴音或者无伴音的画面组成，并且借助适当装置放映或者以其他方式传播的作品"，主要强调"摄制"。某一作品能否作为"电影作品和以类似摄制电影的方法创作的作品"获得保护，主要是看其是否以"摄制"电影的方式完成。原《著作权法》采用限定式立法模式，只有符合该法第三条所列举的作品类型才能获得保护，许多视频类作品不得不作为

---

① 胡云红：《著作权法中电影作品的界定及作者精神权利的保护——以中日著作权法制度为中心》，载《知识产权》，2007年第二期。

"录像制品"以寻求邻接权获得有限的保护，抬高了保护的门槛，不利于产业的发展。

实际上，世界知识产权组织（WIPO）编写的《保护文学和艺术作品伯尔尼公约指南》曾明确指出，对于此类作品的定义并不考虑电影创作的"种类、长度、制作方式、工艺方法、用途如何"，"不论在哪种情况下，屏幕上所显示的都应当受到同样的保护"。

二、开放式立法模式下的"视听作品"

新《著作权法》对于保护对象采用开放式立法模式，将所有"文学、艺术和科学领域内具有独创性并能以一定形式表现的智力成果"均给予保护，即使不在列举的作品类型清单之内也可以获得保护。新《著作权法》将"电影作品和以类似摄制电影的方法创作的作品"统一改为"视听作品"。这一修改，不仅仅是概念的改变，而且预示着对该作品类型判定方法的变革。

2014年《中华人民共和国著作权法（修订草案送审稿）》中对视听作品曾经作出过定义："视听作品，是指由一系列有伴音或者无伴音的连续画面组成，并且能够借助技术设备被感知的作品，包括电影、电视剧以及类似制作电影的方法创作的作品。"这一定义的缺陷是明显的，尽管取消了"摄制在一定介质上"的限定，使得没有事先固定的直播类节目可以纳入保护范围，但对视听作品的列举依然以创作方法作为判定标准，而电影创作方法并无确定的内涵。该定义在最终通过的法律修正案中被删除了。《视听作品国际注册条约》规定，"本条约所称'视听作品'意指由一系列相关的固定图像组成，带有或不带伴音，能够被看到的，并且带有伴音时，能够被听到的任何作品"，以外在的表现形式而不以作品的创作方式作为判定标准：只要是"由一系列相关的固定图像组成"，能够被看到的、能够被听到的（如有伴音），就属于视听作品。

"比较各国和地区的著作权法，大多数国家和地区采纳了以更宽泛的'视听作品'（audiovisual works）概念取代了'电影及类电影作品'立法模式，并主要通过表现形式加以定义。"①使用"视听作品"可以解决司法实践中遇到的某些问题，对某些具有独创性但不符合电影创作方法的作品提供保护。

三、视听作品的特征

视听作品的核心特征是什么？各国和地区的立法实践考察可窥其奥。《英国版权法》将"电影作品"定义为"能够通过任何手段再现运动图像的任何媒介上的录制品"，强调"运动图像"，可以通过任何手段创作；《法国著作权法》规定，"有声或无声的电影作品及其他由连续画面组成的作品，统称视听作品"，强调"连续画面"；《荷兰著作权法》规定，"电影作品指由一系列活动影像组成的作品，无论是否有声，当其被固定时，与其固定形式无关"，核心是"一系列活动影像"；《俄罗斯著作权法》规定，"由一系列定影的彼此相连的（有伴音或者无伴音的）影像组成，借助适当装置可供视觉和听觉（有伴音的）感知的作品系为视听作品"，强调"一系列定影的彼此相连的影像"；中国香港特区的《版权条例》规定，"影片（film）指纪录在任何媒体上的纪录，而活动影像可藉任何方法自该纪录产生"，强调"活动影像"。

所以，视听作品的核心特征是由一系列有伴音或者无伴音的画面组成，能够给人留下活动的、动态的印象。一系列但并无关联如以PPT方式进行展示的画面，不能给人活动的印象，则不能认定为"视听作品"。"视听作品"的"视"是核心，"听"（伴音）可有可无，最终展示效果中必须有动态画面，即使没有伴音也可以成为"视听作品"。视听作品中的"画面"其实是利用视觉暂留原理，将一系列连续画面按顺序播放，观众因此获得一种逼真的活动影像体验。《德国著作权法》虽然将电影作品的形式确定为"活动的图片"，但强调了在时间上的先后衔接，是"一连串在时间上先后衔接的图片"，并不考虑这些"图片"是如何创作的。

---

① 严波：《影视作品的表现形式、创作本质与独创性分析》，载《视听媒体版权实务指南》，知识产权出版社，2019年1月版。

一系列相互关联的画面形成的动态影像，能否构成视听作品还需要一个要素即"独创性"。依据我国《著作权法实施条例》的定义，"录像制品"是除视听作品之外的、"任何有伴音或者无伴音的连续相关形象、图像的录制品"。这就是著作权法体系国家普遍采用的"视听作品"和"录像制品"二分保护模式，分别给予不同程度的保护。版权法体系国家将所有的视听内容产品均视为"作品"予以一体保护，采用一分保护模式。比如，从美国司法判例来看，幻灯片、卡拉OK也被视为"视听作品"。我国新《著作权法》对于"作品"的要求必须是"具有独创性并能以一定形式表现的智力成果"，"独创性"是作品的核心要件，又称为"可版权性"要素。

四、视听作品与录像制品的分野

视听作品与录像制品在形式上并无区别：均是由一系列相互关联的画面组成，借助特定的装置可以给人以活动的或动态的视觉印象。两者的界限在于能否体现出录制者的独创性。

独创性判定一向是著作权司法实践中的难点。解决视听作品与录像制品的认定难题，应该从视听作品的创作本质出发，从画面中分离出作者的创作性要素，再评估这一要素是否达到一定的创作高度，以此来判定对象能否构成视听作品。

（一）镜头拍摄

镜头是电影的基本组成单位，是一种原始素材，对于镜头的不同排列可以达致任意一种想要的结果。"镜头"是指在电影从开机到关机过程中拍摄下来的一段活动画面，也指两个剪接点之间的活动画面片段。镜头可以像语言一样去表达拍摄者的思想感情，所以也被形象地称为"镜头语言"。我们通常可经由摄影机所拍摄出来的画面看出拍摄者的意图，因为可从它拍摄的主题及画面的变化去感受拍摄者透过镜头所要表达的内容。

景别、拍摄手法是镜头语言的基本要素，其创作性体现在拍摄者对被拍摄场景或人物的独特安排上。以镜头从不同的角度拍摄，自然有着不同的艺术效果，如正拍、仰拍、俯拍、侧拍、逆光、滤光等，其效果显然不同；从相同焦距拍摄的镜头来说，效果也不一样，比如远景、全景、中景、近景、特写、大特写等，其效果也不一样；再者，经过不同的处理以后的镜头，也会产生不同的艺术效果。

如果在景别和拍摄手法上没有体现出独特性，则拍摄的视听内容仅能构成录像制品。

（二）镜头剪辑

镜头剪辑是视听作品创作的本质特征，是独创性判断的核心要素。镜头剪辑是将视听作品创作中所拍摄的镜头素材经过选择、取舍、分解与组接，最终完成一个连贯流畅、主题鲜明并有艺术感染力的作品。

剪辑体现着视听作品创作本质。电影大师普多夫金说，电影不是拍摄成的，而是剪辑成的，是由它的素材即一段一段的胶片剪辑成的。所谓"蒙太奇"（法语"montage"，原意为"构成""装配"），即是剪辑艺术的代名词。创作者根据影片所要表达的内容，结合观众的心理顺序，将一部影片分别拍摄成多个镜头，然后按照原定的构思组接起来（一部时长90分钟的电影往往包含300~1000个镜头）。镜头之间不同组接方式可以借助观众的心理效应表现出完全不同的情感表达。

1915年，美国电影之父大卫·格里菲斯第一次尝试使用蒙太奇手法，他将一个在荒岛上的男人的镜头和一个等待在家中的妻子的面部特写组接在一起，观众因此感受到了"等待"和"离愁"的情绪。

视听作品创作者在对镜头素材的选择、取舍、分解、组接过程中，体现出主观创作性，最终形成具有独创性的视听作品。如果没有对镜头素材做出任何有意义的剪辑和组接，则只能认定为录像制品。

（三）视听特效

视听特效主要是利用计算机技术制作在现实中难以获得的画面和声音，

以满足创作者的需求。视听特效是后期创作的重要形式，改变了影视的叙事形态、影像语言、表现手段，已成为影视创作和产业发展中越来越重要的创作元素，许多电影的大部分镜头是通过计算机软件制作完成的，比如电影《流浪地球》的许多画面均是通过视听特效技术完成的。视听内容中运用了特效技术，足以满足作品的独创性要求，可以认定为视听作品。

对于镜头语言和镜头组接的表达，如果仅是自动的程序性的，则不能形成视听作品。如果视听内容从头到尾只有一个固定镜头，并无镜头运动画面以及组接上的变化，或者虽有少量的变化，但镜头组接是由机器或电脑程序自动完成的，不包含自然人的个性化表达，均不能认定为视听作品，比如现实中大量存在的个人直播因不能满足独创性的要求，只能认定为录像制品。同时，镜头语言和镜头组接的方式应该略高于普通人能轻易达到的、哪怕是最低程度的创造性，如果单一镜头本身采用了多种镜头语言，表达出了作者的个性，超出了普通人能轻易达到的最低程度的创造性，也可以构成视听作品；反之，普通观众用手机录像功能记录的现场单一影像，不能满足视听作品独创性的标准，只能作为录像制品寻求有限的保护。

本文作者系北京德和衡（广州）律师事务所知识产权业务中心律师

《专利法》的制度创新

王　田

现行《中华人民共和国专利法》于1985年施行，曾分别于1992年、2000年、2008年进行过三次修改。2020年10月17日，第十三届全国人民代表大会常务委员会第二十二次会议通过《关于修改〈中华人民共和国专利法〉的决定》，进行第四次修改。修改后的《中华人民共和国专利法》（以下简称新

《专利法》）自2021年6月1日起施行。

本次修法从2014年启动，历时6年①，共修改29处。修改后的新《专利法》修订、增设了多项新的专利制度。笔者梳理了新《专利法》在专利申请和审批、专利行政管理、专利维权诉讼三个方面几项重要的新制度，同时附以个人学习新《专利法》新制度的感受，以飨同仁。

一、专利申请和审批方面的新制度

（一）外观设计专利权方面的新制度

本次修法对外观设计专利作了三个重大修改。

1. 新增局部外观设计专利权

2008年修改的《中华人民共和国专利法》（以下简称旧《专利法》）第二条第四款对外观设计的定义是"对产品的形状、图案或者其结合以及色彩与形状、图案的结合所作出的富有美感并适于工业应用的新设计"。从严格的文义理解来看，"新设计"的范围本应该包括产品的整体或该产品的某个局部。而根据现行《专利审查指南（2010）》的有关规定，实际申请时只能对产品的整体申请外观设计专利，不能就该产品的某个局部申请外观设计专利②。现实经济生活中，局部外观设计的创新或改进对企业取得细分市场的竞争优势日趋重要。如省略传统袜跟的船形袜子、采用不同色彩和/或图案的配对鞋子、帽檐印有不同图案或设计成不同形状的帽子、杯把添附不同卡通形象的杯子等产品都有各自特定的消费市场。为满足创新主体对局部外观设计专利日益增长的实际

---

① 国家知识产权局条法司：《专利法第四次修改介绍》（https://www.mysipo.com/user/order/order-detail?id=6217095）。

② 《专利审查指南（2010）》（2010年1月21日国家知识产权局令第五十五号发布，自2010年2月1日起执行），载《2020专利代理师资格考试指南》，知识产权出版社责任有限公司编，第88页7.4-（3）。

需要①，新《专利法》第二条第四款增设了局部外观设计专利制度。这一新规为多层次保护外观设计提供了制度保障，解决了我国整体外观设计无法向国外申请局部外观设计的困境，同时也和欧美、日韩等世界专利大国的制度相匹配。

2. 延长外观设计专利权的期限

旧《专利法》第四十二条规定的外观设计专利权保护期限为十年，从申请之日起计算。事实上，一款成功的外形设计往往是创新者长时间殚精竭虑的成果。专利产品推出市场后，还需要一个被市场熟悉和接受的过程。从平衡专利权人利益的角度而言，十年的保护期略显不够，也与《工业品外观设计国际注册海牙协定》（以下简称《海牙协定》）②的规定相左。新《专利法》第四十一条第一款将外观设计专利权期限规定为十五年，也是从申请之日起计算。延长后的期限与《海牙协定》的规定相同，既为我国申请加入《海牙协定》提供了国内法依据，也为创新主体申请国际外观设计专利提供了法律条件③。

3. 新增外观设计本国优先权制度

新《专利法》一改旧《专利法》外观设计专利可享有外国优先权却排斥本国优先权的不当规定④，增设了效力和期限相同的外观设计本国优先权制度。新增的外观设计本国优先权制度给予了申请人在国内申请外观设计专利时进一

---

① 《关于施行修改后专利法相关问题解答》，来源于国家知识产权局政务微信，2021年5月27日（https://www.cnipa.gov.cn/art/2021/5/27/art_2073_159683.html）。

② 《工业品外观设计国际注册海牙协定》（日内瓦文本，1999年7月2日）第17条（3）-（a）（https://wipolex.wipo.int/zh/text/384275）。

③ 《海牙协定》第29条规定："对本文本不得有任何保留。"旧《专利法》第四十二条规定的外观设计专利权十年期限实际上是对本页注释②内容的保留，亦是中国加入《海牙协定》的法律障碍。

④ 旧《专利法》第二十九条第一款规定"自外观设计在外国第一次提出专利申请之日起六个月内，又在中国就相同主题提出专利申请的，依照该外国同中国签订的协议或者共同参加的国际条约，或者依照相互承认优先权的原则，可以享有优先权"，是为外观设计专利申请可享有外国优先权规定。旧《专利法》第二十九条第二款排除了在中国首次提出的外观设计专利申请的优先权情形，是为外观设计专利不享有国内优先权规定。

步完善申请文件、明确保护范围的程序性机会①。从保护市场竞争地位而言，新《专利法》为中外申请者提供了平等的竞争条件②，也是落实党的十九届四中全会提出的制度自信的具体表现。

（二）延长发明和实用新型提交优先权文件的期限

鉴于我国专利权授予实行申请在先原则，优先权文件事关申请人就同样的发明创造能否得到专利授权的切身利益。旧《专利法》第三十条规定："申请人要求优先权的，应当在申请的时候提出书面声明，并且在三个月内提交第一次提出的专利申请文件的副本。"专利申请实践中，发明和实用新型的优先权文件通常比较复杂而繁多。三个月内提交优先权文件副本对申请人而言时限比较紧张，不利于保护申请人的在先发明创造。新《专利法》将申请发明和实用新型专利权时提交优先权文件的期限从原来的三个月延长到十六个月。延长后的期限更有利于保护已有在先发明创造的申请人，尤其有利于保护那些无意通过《专利合作条约》申请国际专利而只在我国申请专利的外国申请人；其也和我国已经加入的《专利合作条约》及《专利合作条约实施细则》相匹配③，彰显中国更大程度对外开放和进一步与国际规则接轨的气度。

（三）增加因公益急需而公开发明创造不丧失新颖性的规定

新《专利法》增加了在国家出现紧急状态或者非常情况时为公共利益目的首次公开发明创造不丧失新颖性的情形。这一规定既保证了必要时为抗疫救灾、维护社会公共利益能尽快将相关的发明创造投入使用，又保证了相关发明

---

① 同本书第21页注释①。

② 笔者认为，旧《专利法》第二十九条对外观设计专利申请中、外优先权的不同规定超出了《保护工业产权巴黎公约》（https://wipolex.wipo.int/zh/text/288518）第四条规定的范围，给予了外国优先权超国民待遇。鉴于中国专利实行"先申请原则"，这一规定弱化了中国外观设计申请人的竞争地位。

③ 《专利合作条约》（2001年版）第一章第8条（https://www.wipo.int/export/sites/www/pct/zh/texts/pdf/pct.pdf），及《专利合作条约实施细则》（2022年版）第二部分第17条优先权文件17.1提交在先国家或国际申请副本的义务（https://www.wipo.int/export/sites/www/pct/zh/texts/pdf/pct_regs.pdf）。

创造因公益公开后可保留新颖性，得到专利保护[①]。新规很好地平衡了社会公共利益和权利人个人利益之间的关系。

二、专利管理方面的新制度

（一）新增专利诚信原则

诚实信用是民事行为的黄金法则。专利权作为一种重要的民事权利，无论是申请专利还是行使权利，都应当遵循诚信原则。与《民法典》第七条的规定相呼应，新《专利法》第二十条第一款规定："申请专利和行使专利权应当遵循诚实信用原则。不得滥用专利权损害公共利益或者他人合法权益。"根据这一规定，以抄袭、伪造等手段获得专利权，以非正常方式申请专利，滥用专利权损害公共利益或他人合法权益等行为均属违反专利诚信原则。国务院专利行政部门可对违反专利诚信原则的行为予以处罚。

（二）新设专利执法部门

根据新《专利法》第六十八条、第六十九条规定，新设的专利执法部门有权以多种强制手段查处假冒专利行为，有权责令行为人改正并公告其违法行为、没收违法所得；有权对行为人处以违法所得5倍以下或25万元以下罚款的行政罚款；构成犯罪的，可以追究刑事责任。

在旧《专利法》已有的专利管理机构的基础上，另行设置强力的专利执法部门，将大大增加打击假冒专利行为的力度，从立法上兑现了"完善执法力量，加大执法力度，把违法成本显著提上去，把法律威慑作用充分发挥出来"的庄严承诺[②]。

---

① 法条原文见新《专利法》第二十四条第（一）项。值得申请人注意的是，即使因公益目的而公开，也必须在公开日起六个月内提出专利申请，否则将丧失专利申请的新颖性。同时，参考现行的《中华人民共和国专利法实施细则》（以下简称《专利法实施细则》）第三十条规定，专利权申请人或发明人还要保留为公益目的而公开的有关证据。

② 见习近平总书记2018年4月在博鳌亚洲论坛开幕式的主旨讲话（http://www.xinhuanet.com/politics/2018-04/10/c_1122659873.htm）。

（三）新增国家专利局处理专利侵权纠纷制度①

作为专利管理工作的最高行政机关，国家专利局处理重大专利侵权纠纷的必要性、专业性和权威性毋庸置疑。这一新规改变了旧《专利法》中最高专利管理机关在任何情况下都不介入专利侵权纠纷的立法缺陷。在尊重权利人意思自治的前提下，国家最高专利管理机关应当事人请求介入重大专利侵权纠纷的立法实践，既能高效处理专利纠纷，也体现了机构改革"放管服"的具体成果。

（四）新设专利开放许可制度

虽然我国已是专利大国，但并非专利强国。众多由大学及科研机构所掌握的重大的专利技术没能尽快实现其市场价值。为改变市场主体专利运用能力不足、专利行政机关社会公共服务能力不强等问题，本次新《专利法》制定了专利开放许可制度。简言之，即专利权人可以书面形式声明允许任何单位或个人按预定方式和标准付费使用其专利。声明是自愿的，也可撤回。该声明经国家专利局公告即为开放许可的专利②。专利开放许可制度旨在通过政府公共服务解决专利技术供需双方信息不对称的问题，为市场主体降低技术交易成本，促进专利技术向市场转移，提高专利转化率③。

（五）新增发明专利权期限补偿机制

发明专利申请后，如因不合理迟延授权过多占用专利权期限，或因新药品

---

① 根据旧《专利法》第六十条规定，发生专利侵权纠纷时，当事人可以选择协商、起诉、请求管理专利工作的部门处理。而从《专利法实施细则》第八十条、第八十一条的规定来看，当事人请求处理专利侵权纠纷或者调解专利纠纷的，由地方政府管理专利工作的部门管辖，国家知识产权局只负责对处理专利纠纷进行业务指导。新《专利法》在保留旧《专利法》第六十条规定的基础上（见新《专利法》第六十五条），新增第七十条第一款"国务院专利行政部门可以应专利权人或者利害关系人的请求处理在全国有重大影响的专利侵权纠纷"。
② 见新《专利法》第五十条。
③ 同本书第21页注释①。

上市前的评审程序过多占用专利权期限，专利权人可以申请给予期限补偿①。

（六）扩大专利权评价报告请求主体范围

实用新型或外观设计专利权评价报告是人民法院或专利管理部门处理专利侵权纠纷的重要证据。旧《专利法》规定只有专利权人和利害关系人可以请求国家专利局出具评价报告。新《专利法》将可以请求出具专利权评价报告的主体扩大到被控侵权人②。扩大评价报告请求主体范围有利于提升实用新型或外观设计专利质量，提高专利授权的公信力；有利于各方当事人充分评估涉案专利权稳定性；有利于减少侵权纠纷、降低维权成本、促进纠纷解决。

三、专利维权诉讼方面的新制度

（一）延长专利侵权的诉讼时效，与《民法典》的规定相匹配

新《专利法》第七十四条将专利侵权的诉讼时效从二年延长到三年，从权利人或利害关系人知道或应当知道侵权行为以及侵权人之日起计算。对获得

---

① 见新《专利法》第四十二条第二、三款。

② 此处的旧《专利法》应做扩大理解，包括2008年修改的《专利法》《专利法实施细则》《专利审查指南（2010）》三份法律文件。2008年修改的《专利法》第六十一条第二款规定："专利侵权纠纷涉及实用新型专利或者外观设计专利的，人民法院或者管理专利工作的部门可以要求专利权人或者利害关系人出具由国务院专利行政部门对相关实用新型或者外观设计进行检索、分析和评价后作出的专利权评价报告，作为审理、处理专利侵权纠纷的证据。"《专利法实施细则》第五十六条第一款规定："授予实用新型或者外观设计专利权的决定公告后，专利法第六十条规定的专利权人或者利害关系人可以请求国务院专利行政部门作出专利权评价报告。"这两个法条均没对利害关系人的范围作出明确规定。本书第20页注释②所述《专利审查指南（2010）》第279页（专利权评价报告）"2.2请求人资格"一项对利害关系人做了如下限定："利害关系人是指有权根据专利法第六十条起诉或者请求管理专利工作的部门处理的人，例如专利实施独占许可合同的被许可人和由专利人授予起诉权的专利实施。请求人不是专利权人或者利害关系人的，其专利权评价报告请求视为未提出。"《专利审查指南（2010）》的这一限定实际上有违《中华人民共和国立法法》（以下简称《立法法》）第八十条的原则。新《专利法》第六十六条第二款将出具评价报告的主体范围扩大到被控侵权人。笔者认为，再次修改《专利法实施细则》时，应当由《专利法实施细则》而非《专利审查指南（2010）》对"利害关系人"作出解释，以符合《立法法》的要求；并且应当将无效宣告请求人列入利害关系人范围，以满足处理专利纠纷案件的实际需要。

"临时保护"的发明专利使用费诉讼时效，也改为三年。

（二）新增惩罚性赔偿制度并提高法定赔偿数额

专利权天生脆弱，易于被侵犯且侵权行为隐秘从而导致权利人维权成本高昂。现有专利法制度下的侵权赔偿责任也难以威慑恶意侵权者。为彰显鼓励创新、反对抄袭、打击侵权的国家意志[1]，新《专利法》第七十一条首次规定了对专利侵权行为的惩罚性赔偿制度，并将法定赔偿额上限从旧《专利法》的100万元大幅提高到500万元。

（三）新增文书提供令制度

司法实践中，基于专利侵权的隐蔽性，权利人通常难以获得维权证据，如由侵权人掌握或控制的反映侵权获利的记录、账簿，被控侵权产品的技术资料或研发资料等证据，从而难以证明侵权事实及损害事实。为更好地平衡权利人与侵权人的举证能力，新《专利法》增设了专利侵权诉讼中的文书提供令制度。文书提供令制度加重了侵权人的举证责任及举证不能的不利后果[2]。

（四）简化侵权赔偿的计算方式，方便权利人及时维权

旧《专利法》规定的侵权赔偿的计算方式须按权利人的实际损失、侵权人的侵权获益、专利许可费的合理倍数三者之间逐一递进选择，且后一选项须在前一选项穷尽举证责任后才能采用[3]。这样的规定无疑不利于权利人及时维权。新《专利法》规定的侵权赔偿的计算方式可在实际损失和侵权获益之间任

---

[1] 习近平：《全面加强知识产权保护工作　激发创新活力推动构建新发展格局》，求是网，2021年3月（http://www.qstheory.cn/dukan/qs/2021-01/31/c_1127044345.htm）。

[2] 当事人违反《最高人民法院关于适用〈中华人民共和国民事诉讼法〉的解释》第一百一十二条、《最高人民法院关于民事诉讼证据的若干规定》第四十八条所规定的文书提供令导致的不利后果是人民法院推定对方当事人所主张的书证内容为真。根据新《专利法》第七十一条第四款规定，专利侵权诉讼中侵权人违反文书提供令的不利后果则直接导致人民法院可以参考权利人的主张和提供的证据判定赔偿额。新《专利法》的文书提供令制度明显对侵权人更加不利。

[3] 见旧《专利法》第六十五条第一款及新《专利法》第七十一条第一款。

选一项。只有在两者都难以确定的情况下，再参照专利许可使用费的合理倍数确定。新《专利法》新规大大简化了侵权赔偿的计算方式，更加方便权利人及时维权。

本次《专利法》修改以习近平新时期中国特色社会主义思想为指导思想，以建设知识产权强国、创新大国为目标，针对实际问题，立足国情，放眼全球，制定解决问题新规。随着新《专利法》的实施，创新者的合法权益将会得到更好的保护，专利技术的实用化将更为高效、流畅。新《专利法》为我国转变经济发展方式、建设创新型国家提供了更加完善的法律保障。

本文作者系北京德和衡（广州）律师事务所跨境投资并购业务中心专职律师

新规详解：人脸信息安全，如何保护？

蒋继元

无论你愿不愿意，我们每个人都已经或主动或被动地处在被识别的环境中，除了刷脸付款、进出地铁站等主动刷脸的场合，在售楼部、十字路口、演唱会现场甚至奶茶店等营业和公共场所，即使你并不知情，你的人脸信息可能也已被无数次采集。这些人脸信息一旦泄漏，将严重威胁个人隐私、人身和财产安全，如何保护个人人脸信息安全？

一、新规出台：人脸信息裸奔时代的终结

2021年1月1日正式生效的《民法典》人格权编明确规定生物识别信息属于法律保护的个人信息，收集处理应遵循合法、正当、必要原则，并符合法定条件。

2021年下半年，与人脸信息保护相关的系列规范纷纷出台，8月1日，《最

高人民法院关于审理使用人脸识别技术处理个人信息相关民事案件适用法律若干问题的规定》（以下简称《人脸识别司法解释》）生效；9月1日，《中华人民共和国数据安全法》生效；11月1日，《中华人民共和国个人信息保护法》（以下简称《个人信息保护法》）生效。

这些规范不仅对人脸信息的定义作了清晰界定，也对如何保护人脸信息进行了系统性规定。

二、概念厘清：何为"人脸信息"？

《人脸识别司法解释》第一条开宗明义，人脸信息属于《民法典》规定的"生物识别信息"。

《个人信息保护法》又将个人信息分为敏感个人信息和非敏感个人信息。对敏感个人信息的概念，《个人信息保护法》以概括兼列举的方式作如下规定：

"一旦泄露或者非法使用，容易导致自然人的人格尊严受到侵害或者人身、财产安全受到危害的个人信息，包括生物识别、宗教信仰、特定身份、医疗健康、金融账户、行踪轨迹等信息，以及不满十四周岁未成年人的个人信息。"

即，作为生物识别信息的人脸信息属于法律明确列举的敏感个人信息。

因此，对人脸信息处理的规则，不仅可以适用《个人信息保护法》中有关个人信息保护的一般处理规则，且适用其第二章专节设定的敏感信息处理规则。

三、作为敏感个人信息的人脸信息，如何保护？

根据《个人信息保护法》和《人脸识别司法解释》，人脸信息的保护包括信息处理规则、对个人赋权、对信息处理者施加义务、司法规则具体化及个人信息保护部门的履职这五个维度，限于有限的篇幅，本文仅对前四个维度中的重点内容作梳理。

维度一：更严格的信息处理规则

1. 敏感个人信息处理的前提

除了合法、正当、必要与诚信这四个基本要求外，人脸信息的处理要求具有特定的目的和充分的必要性，并采取严格保护措施。

2. 更高的知情同意规则：单独同意，未取得有效同意不免责

首先，处理人脸信息以个人知情同意为原则，且这种同意应建立在充分知情的前提下自愿、明确地作出。

例外的情形，即不需取得个人同意的，主要是出于订立、履行合同或履行法定义务、职责之需，应对突发公共卫生事件或紧急情况保护生命财产所必需，为公共利益实施新闻报道、舆论监督的行为和已公开信息的情形，其中，后两者限于在合理范围内处理个人信息。

其次，要求单独同意甚至书面同意。

《个人信息保护法》第二十九条："处理敏感个人信息应当取得个人的单独同意；法律、行政法规规定处理敏感个人信息应当取得书面同意的，从其规定。"

在该法生效后，一揽子告知同意的方式属于违规处理人脸信息，且根据《人脸识别司法解释》的规定，这也是侵害人格权益的行为。

最后，这种有效同意的认定从严，对于"同意才提供服务""以授权捆绑"等方式，"强迫或变相强迫同意"等情形均不认定为有效同意。

3. 更严的告知义务

人脸信息处理者在处理信息前，首先应遵循《个人信息保护法》第十七条规定，履行告知义务，即以显著的方式、清晰易懂的语言真实、准确、完整地向个人告知下列事项：

（1）处理者名称/姓名和联系方式；

（2）处理目的、方式、种类和保存期限；

（3）个人行使《个人信息保护法》规定权利的方式和程序；

（4）法律、行政法规规定应当告知的其他事项。

其次，除了法律规定可不向个人告知的情况外，人脸信息处理者还应向个人告知处理人脸信息的必要性及对个人权益的影响。

维度二：充分赋权个人

《个人信息保护法》第四章规定个人在个人信息处理活动中享有知情权、决定权、限制或拒绝处理权、查阅复制权、更正补充权、要求解释规则权、请求删除权等诸多权利，并明确规定个人信息处理者拒绝个人行使权利请求的，个人可依法起诉。据此，该法生效后，结合《人脸识别司法解释》的有关规定，个人可直接以侵害自然人人格权益为由通过诉讼的方式维护自身合法权益。

此外，法律还赋予了个人撤回权，即使个人曾同意他人处理自己的人脸信息，不仅有权在事后撤回同意，且信息处理者不得以此为由任意拒绝提供产品或服务。

维度三：严格规范处理者及其处理活动

1. 采取措施确保合规性

处理者应以制定内部管理制度和操作规程、分类管理、安全技术措施、教育培训等措施确保信息处理活动合规性，防止信息泄露、篡改、丢失。

2. 指定负责人进行监督

处理个人信息达规定数量的，应指定个人信息保护负责人，负责监督信息处理活动已采取保护措施等。

3. 定期进行合规审计

4. 事前个人信息保护影响评估制度

对处理敏感个人信息、利用个人信息进行自动化决策、向境外或其他个人信息处理者提供个人信息等情形，应事前进行个人信息保护影响评估，并对处理情况进行记录。

5. 特殊处理者的特定义务

提供重要互联网平台服务、用户数量巨大、业务类型复杂的个人信息处理者，应当建立健全个人信息保护合规制度体系、制定平台规则、明确平台内个人信息处理规范和保护义务、停止服务严重违法处理个人信息的平台内产品或服务提供者、定期发布个人信息保护社会责任报告等。

维度四：司法救济规则的完善

1. 人格权侵害禁令

自然人有证据证明信息处理者使用人脸识别技术正在或即将实施侵害其隐私权或其他人格权益的行为，不及时制止将使其合法权益受到难以弥补的损害，向人民法院申请采取责令信息处理者停止有关行为的措施的，人民法院可以根据案件具体情况依法作出人格权侵害禁令。

2. 格式条款的无效风险

要求自然人授予其无期限限制、不可撤销、可任意转授权等处理人脸信息的权利的，法院将依法支持自然人根据《民法典》第四百九十七条规则确认格式条款无效。

3. 处理者举证责任

信息处理者认为其符合《民法典》第一千零三十五条第一款规定的个人信息

处理原则和条件的，或主张具有不承担民事责任的情形，应当承担举证责任。

门禁系统不得以人脸识别作为业主或者物业使用人出入物业服务区域的唯一验证方式。

四、结语

刷脸时代，相较于经营者或公权力部门，个人无论在资金还是技术层面均处于绝对弱势，一旦其人脸信息泄漏，势必造成不可逆的严重后果。为回应大众对自身"人脸信息0.5元被贩卖"的焦虑与担忧，《民法典》《个人信息保护法》和《人脸识别司法解释》及时回应社会关切，从多维度规制信息处理活动，为个人人脸信息构建较为全面的保护网，同时这些规范也为信息处理者规范应用人脸识别技术提供了有益指引，为法院正确审理人脸识别案件确立了统一的法律适用规则。

本文作者系北京德和衡（广州）律师事务所互联网与TMT业务中心专职律师

国外结婚并经代孕所生子女是否为我国《民法典》所规定的婚生子女？若弃养是否构成遗弃罪？

梁　桥

娱乐圈从不缺新闻，而且很多新闻的背后都隐藏着深刻的法律问题！2021年1月19日，某郑姓女明星在美国登记结婚并通过代孕生下一双儿女的新闻瞬间引爆网络并引发激烈讨论。抛开本次事件当中各种令人浮想联翩的情节，笔者单就中国人在国外登记结婚并经代孕所生子女是否为我国《民法典》所规定的婚生子女，以及弃养是否构成遗弃罪等话题撰文探讨。

一、国外婚姻的效力

伴随我国经济的快速腾飞以及对外开放程度的不断加深，涉外婚姻在日常生活中变得愈发常见。然而大多数人认为的涉外婚姻就是夫妻双方某一方是外国人的想法并不准确。严格来说，涉外婚姻还应包括涉我国港澳台地区的婚姻以及近年来越来越常见的夫妻双方均是中国籍却在国外登记结婚的婚姻。

涉外婚姻所涉及的法律问题很多，诸如夫妻身份关系、夫妻财产关系以及父母子女人身、财产关系等，但其中最为重要且最为密切的则是身份关系（即结婚的效力）。就如本文所探讨的夫妻双方均是中国籍却到国外登记结婚，其结婚在我国境内是否有效就是一个值得深入探讨的问题。

（一）结婚的条件

按我国现行法律规定，内地居民结婚以及中国公民同外国人在内地结婚均需在我国境内婚姻登记机构进行婚姻登记。然而我国法律并未限制内地居民以及中国公民同外国人在国外登记结婚。

《中华人民共和国涉外民事关系法律适用法》（以下简称《涉外民事关系法律适用法》）第二十一条规定："结婚条件，适用当事人共同经常居所地法律；没有共同经常居所地的，适用共同国籍国法律；没有共同国籍，在一方当事人经常居所地或者国籍国缔结婚姻的，适用婚姻缔结地法律。"根据上述规定，两个中国人在海外登记结婚若想被我国政府承认，需符合二者共同侨居国或者我国内地法律的结婚条件；若不能满足上述条件，其婚姻则会被我国法律视为条件不足，其夫妻身份（人身关系）可能不会被我国法律所承认。

例如，两个不满20周岁的中国人在美国拉斯维加斯旅游，心血来潮按当地法律要求进行了登记结婚，但他们的结婚效力以及夫妻身份并不会得到我国的承认，因为这不符合我国结婚的法定条件。同理，同为中国籍的同性恋人在国外甚至是我国台湾地区进行登记结婚，其婚姻也会因为不符合我国内地法律规定的结婚条件而不会在内地得到承认。故探讨国外结婚的效力首先要看是否符合不同地区法律关于结婚的条件。

（二）结婚的手续

《涉外民事关系法律适用法》第二十二条规定："结婚手续，符合婚姻缔结地法律、一方当事人经常居所地法律或者国籍国法律的，方为有效。"按上述规定，中国男女在国外进行结婚登记的，其结婚的手续需符合婚姻缔结地法律所规定的结婚手续，如部分国家的结婚规定必须举行宗教仪式，唯有履行完婚姻缔结地结婚的所有手续，其结婚登记才视为完成。否则，其婚姻的效力既有可能不会被当地所承认，也不会被我国法律所承认。

中国男女在海外登记结婚，并且满足上述结婚条件以及履行完成相关结婚手续的，其婚姻的效力才可能被我国的法律所承认。并且要想得到我国的承认，还需按照我国承认外国婚姻的相关规定提供材料证明，待审核通过后，我国才会承认其海外结婚的效力以及承认其相关权利。

当然，中国男女在海外登记结婚履行完结婚手续后选择不向国内政府部门申请承认其婚姻效力或者不选择重新登记，该行为并不会影响他们在婚姻缔结地或者海外的夫妻身份。但按照我国现行的法律规定，这些在国外登记结婚的中国男女在我国境内并不存在婚姻关系，不享有相关配偶身份、权利。

在本次舆论事件中，该对中国男女并未向我国政府申请承认其海外结婚的效力，同时也未在国内进行婚姻登记，故他们在国内并不存在法律上的婚姻关系。

二、代孕所生子女的法律地位

代孕所生子女的法律地位问题一直困扰着学界，是一个值得深入探讨却又十分难以探讨的问题。究其原因，是因为各个国家、地区对代孕行为的法律定性存在巨大的差异，同时也因代孕方式的多样性导致了亲缘关系的复杂化甚至是混乱，故而学界仍在深入研究探讨。此外，该行为还存在着重大的伦理、道德困境，与很多地区的宗教、文化信仰存在冲突，不为一般大众所接受，且争议也巨大，故包括我国在内的大多数国家的法律都是严格禁止代孕或限制代孕行为的。

（一）我国法律对代孕所生子女的规定

根据已披露的信息显示，代孕孩子的受精卵来自该对中国男女，其代孕方式仅为借助他人子宫进行胚胎培育以及生育。笔者通过大量查询得知，本次事件当中两个子女的代孕行为均符合美国当地的法律要求，美国当地对该种代孕方式的法律效力予以承认，其所生子女的父母在法律上均认定为委托代孕方也即提供受精卵的父母，所生子女与代孕方无关。所以本次事件中的孩子出生证明父母一栏上才会赫然写明是该对中国男女。

虽然代孕行为为我国法律所禁止，但因代孕而生育的子女的法律地位却是法律必须予以解决的问题。《涉外民事关系法律适用法》第二十五条规定："父母子女人身、财产关系，适用共同经常居所地法律；没有共同经常居所地的，适用一方当事人经常居所地法律或者国籍国法律中有利于保护弱者权益的法律。"本次事件当中，该对中国男女的代孕行为虽然符合美国的法律，却与我国法律相违背。简而言之，代孕子女在美国法律条件下是这对中国男女的子女，但并不符合我国法律有关父母子女的法律规定。

本次事件中，若该对中国男女均未取得美国永久居留权（绿卡），想确定代孕子女在我国的法律地位，则仍需适用中国法律。然而根据最新颁布实施的《最高人民法院关于适用〈中华人民共和国民法典〉婚姻家庭编的解释（一）》第四十条的规定（婚姻关系存续期间，夫妻双方一致同意进行人工授精，所生子女应视为婚生子女，父母子女间的权利义务关系适用民法典的有关规定），却无法确定他们的法律地位。因为该解释仅规定了通过人工授精方式所生子女能被视为婚生子女，但并未包括以代孕等方式生育的子女。虽然现实生活中有大量的海外代孕子女通过各种方式在中国境内进行了户籍登记，但这并不能改变我国法律对此无明文规定的尴尬境况。

（二）司法实践中的变通做法

虽然我国法律并未对代孕子女的法律地位作出明确规定，但近年来却有越来越多与代孕子女的身份关系确认、监护权归属、继承权利等有关的纠纷诉至法院，要求司法机关对此给予裁判。

根据相关已被公开的判决文书可知，法院在审理此类纠纷过程中不会主动否定代孕子女与实施代孕行为父母之间的关系。只有在出现实施代孕的母亲与分娩的母亲存在纠纷时，法院才会依据"分娩者原则"将代孕子女确定为分娩一方的子女（见王某夫妇与李某抚养纠纷案）。

本次事件中，代孕所生的两个子女胚胎均来自该对中国男女，受精卵与代为孕育、分娩者无关，代孕所生子女与该对中国男女存在着直接的血缘关系，是他们生物学上的父母。在此种情况下，我国法院出于便利代孕子女成长的考虑，一般会承认其婚生子女的法律地位。

三、弃养代孕子女是否构成遗弃罪

《中华人民共和国刑法》（以下简称《刑法》）第二百六十一条规定："对于年老、年幼、患病或者其他没有独立生活能力的人，负有扶养义务而拒绝扶养，情节恶劣的，处五年以下有期徒刑、拘役或者管制。"虽然我国法律尚未明确代孕子女的法律地位，但法律并不剥夺他们作为人应享有的生存权利。按我国的法律规定，无论是遗弃年老还是年幼的人，只要负有扶养义务而拒绝扶养，那该行为是可能构成遗弃罪的。

从被曝光的录音内容来看，该郑姓女子在本次事件中确实存在着弃养代孕子女的想法，遗弃代孕子女在美国是明确的犯罪行为。若该郑姓女子果真实施了遗弃行为，那其肯定会触犯美国当地与遗弃罪相类似的罪名。假使该郑姓女子日后不再前往美国，美国法院无法对该郑姓女子进行判罚，但按照我国《刑法》的有关规定，中国人在外国实施犯罪的，我国《刑法》依然可以对其实施管辖。也就是该郑姓女子若实施了遗弃行为，外国司法机关和法律无法对其实施判罚的，我国司法机关也可以适用中国的法律对其遗弃行为进行判罚惩处。

　　本次舆论事件中，该对中国男女带来的法律问题绝不止代孕子女的法律地位（身份）以及弃养是否构成犯罪，还存在着更多的不同关系的法律问题。但不管法律关系如何复杂，法律也无非是柴米油盐酱醋茶，娱乐圈再多的喧嚣，也可以通过专业的分析来厘清是非、还原真相、界定责任！

　　　　　　本文作者系北京德和衡（广州）律师事务所争议解决业务中心副总监

拍案说法

典型案例下审视反商业贿赂协议

董 娟

引 言

商事交易主体在履约过程中常因忽视反商业贿赂协议而陷入诉讼纠纷，如：A企业因违反《反商业贿赂协议》，被请求承担高额的违约金；B企业因违反《反商业贿赂协议》被起诉，法院判决认定违约，但仅判定依协议约定的较低标准承担违约金；C企业因涉嫌违反《反商业贿赂协议》，货款被采购商扣押，同时C企业被要求承担高额的违约金，C企业提起诉讼，却遭到反诉请求C企业承担巨额违约金，虽法院判决其仅依协议约定的较低标准承担违约金，但因其巨额货款被长时间扣押，严重影响其现金流，导致其损失巨大；因货款迟迟不能按约定正常结算，D企业为快速结算货款，进行请托送礼，却被采购方诉请因其违反《反商业贿赂协议》，应承担违约责任……

以上列举的种种场景，你是否曾亲历过或见过？

商事活动中，交易双方在签署主合同的同时，签订反商业贿赂协议已成为非常普遍的做法。反商业贿赂协议以合同条款、合同附件、单独的协议（以下统称"反商业贿赂协议"或"协议"）等形式存在，其在促进市场经济交易主体合法有序竞争、净化商业环境等方面发挥着积极的作用。尽管如此，依然有很多商事主体对该协议的认识不够全面，在合同履行过程中，往往对作为商事合同常规存在的反商业贿赂协议的价值、意义以及风险认识不足。另外，实践中亦不排除极少数交易主体存在利用甚至滥用该协议谋取不法利益的行为。本文将从典型案例出发，探讨反商业贿赂协议的法律依据以及适用过程中应特别注意的风险防范等，希望对参与商事活动的各方主体有些许启发：一是帮助交易主体更准确地预见其行为的法律后果；二是警醒交易主体能更恰当地规范其商事行为，从而避免卷入诉争或在履约过程中陷入被动局面。

典型案例（判决书摘录）：

四川省成都市中级人民法院
民事判决书

（2020）川01民终14916号

上诉人（原审被告）：四川YB有限公司

被上诉人（原审原告）：成都SY有限公司

上诉人四川YB有限公司（以下简称YB公司）与被上诉人成都SY有限公司（以下简称SY公司）买卖合同纠纷一案，不服四川省成都市金牛区人民法院（2020）川0106民初3647号民事判决，向本院提起上诉……

YB公司上诉请求：依法撤销一审判决，依法改判驳回SY公司的全部诉讼请求；一审、二审诉讼费用由SY公司负担。主要事实和理由如下：一审判决认定事实错误。一、叶某在一审中的证言与事实严重不符，属于虚假证言，一审法院不应予以采信。二、叶某向YB公司索取的劳务费13921元，涉及拖欠的货款为487697元并非1107474元。三、叶某收取劳务费造成了YB公司损失，并非SY公司损失。四、SY公司不讲诚信，拖欠YB公司自2019年6月1日至2019年7月31日货款32379.2元至今，其诉称不具有可信性。五、叶某不仅向YB公司索取劳务费，还向案外人索取劳务费。叶某索取劳务费，违反了SY公司规章制度，理应开除，但SY公司反而重用叶某，充分证明SY公司与叶某存在合谋。六、叶某并未参与案涉货物买卖过程，YB公司也未以次充好。

SY公司答辩称，一审认定事实清楚，适用法律正确，程序合法，YB公司的上诉请求，事实及理由均不能成立。YB公司的第一点理由说明了YB公司向叶某支付了馈赠或利益，违反了双方签订的《供应商反商业贿赂承诺书》第五条约定，一审判决30%是依据双方签订的《供应商反商业贿赂承诺书》第五条约定内容进行的认定……

本院审查认为，SY公司对YB公司证人符某的证言的真实性、合法性、关联性均无异议，本院予以确认，对其证明力须结合本案其他事实；因SY公司对黄某证言的真实性不予认可，本院无法核实其真实性，故不予采信。

二审查明的事实与一审法院查明事实一致，本院予以确认。另查明：一、SY公司与YB公司签订的《供应商反商业贿赂承诺书》第二条约定，在销售材料物资过程中，不得以任何名义给予甲方相关人员（询价、采购、质检、库管等）回扣、提成等，不得采取不正当手段获取商业机会或商业利益。二、SY公司提交的叶某《劳动合同》第三条约定，叶某的工作内容为行政工作岗位。三、叶某在一审庭审中作证时称，其系采购员，黄某给叶某转款的目的是想快速收款，报价的时候抬高市场价，产品不过关时帮助以次充好。

本院认为，本案争议焦点为：叶某收取的款项是否属于《供应商反商业贿赂承诺书》中规定的商业贿赂……根据《供应商反商业贿赂承诺书》第二条约定，构成商业贿赂的主体范围应当为询价人员、采购人员、质检人员、库管人员，商业贿赂应当是发生在买卖合同建立过程中。首先，叶某自称系采购员，与其《劳动合同》中确定的职务明显不符。叶某证言中并未就案涉货物买卖的建立相关过程予以陈述，明显不合常理。叶某与本案具有利害关系，本院对叶某系采购员的身份及其证言的真实性，均不予采信。其次，SY公司提供的现有证据不能证明叶某属于询价、采购、质检、库管等案涉买卖相关人员，不能证明叶某参与或干预了案涉货物的买卖洽谈，包括数量、价格、质量的确定。本院认定双方签订的《购销合同》真实、合法、有效。SY公司不依约支付货款，其员工叶某利用YB公司急需回款的心理，让YB公司支付劳务费，均不符合诚实信用原则。SY公司关于YB公司存在《供应商反商业贿赂承诺书》中规定的商业贿赂行为，本院不予支持。

综上所述，YB公司的上诉理由成立，上诉请求应予支持。一审判决认定事实基本清楚，因二审中出现新的事实，本院予以改判。本院依照《中华人民共和国民事诉讼法》第一百七十条第一款第二项规定，判决如下：一、撤销四川省成都市金牛区人民法院（2020）川0106民初3647号民事判决；二、驳回成都SY有限公司的全部诉讼请求。一审案件受理费3142元，二审案件受理费3142元，均由被上诉人成都SY有限公司负担。

本判决为终审判决。

审判员　董荣昌

2020年12月25日

书记员　甘万丹

反商业贿赂的法律依据主要来源于《刑法》、《中华人民共和国反不正当竞争法》（以下简称《反不正当竞争法》），并散见于各专门领域（如公司法、招投标法等）的法律法规中，在强调企业诚信经营、合法合规经营的法治大环境下，其对实现市场经济交易主体合法有序竞争、鼓励和保护公平竞争、制止不正当竞争行为、保护经营者和消费者的合法权益、净化商业环境等方面都有着积极的作用和价值。我国《刑法》将商业行贿、商业受贿行为均列为犯罪行为；在量刑方面，两个涉商业贿赂刑事罪名均存在数额较大、数额巨大、数额特别巨大三种不同情形的量刑标准。根据《刑法》及相关法律法规的规定，非国家工作人员受贿、对非国家工作人员行贿涉案金额达到人民币六万元的，即达到入刑的法定标准。实践中，行为人违反相关法律法规导致涉嫌非国家工作人员受贿罪、对非国家工作人员行贿罪的情形虽不鲜见，但更为常见的情形是因违反反商业贿赂协议导致的大量民事合同纠纷，所以相较而言，因违反协议导致大量民商事合同纠纷产生的情形更值得商事交易主体予以警醒、重视。

与刑事案件的定罪标准不同，行为人的行为是否构成违反反商业贿赂协议，以及违反协议应承担何种违约后果，对此的认定有赖于协议双方的具体约定。笔者认为，其具体化的约定（无论行为是否构成违约，或违约责任的内容）均应在相关法律的规定范围内，并在公平、合理、合法的框架及原则下进行约定和适用，否则，极易导致合同权利方滥用权利的情形发生。

根据《最高人民法院、最高人民检察院关于办理商业贿赂刑事案件适用法律若干问题的意见》（以下简称《意见》）、《关于禁止商业贿赂行为的暂行规定》（国家工商行政管理局令第60号，以下简称《暂行规定》）等相关法律法规的规定，在行贿犯罪中，"谋取不正当利益"是指行贿人谋取违反法律、法规、规章或者政策规定的利益，或者要求对方违反法律、法规、规章、政策、行业规范的规定提供帮助或者方便条件。《意见》同时规定："办理商业贿赂犯罪案件，要注意区分贿赂与馈赠的界限。主要应当结合以下因素全面分析、综合判断：（1）发生财物往来的背景，如双方是否存在亲友关系及历史上交往的情形和程度；（2）往来财物的价值；（3）财物往来的缘由、时机和方式，提供财物方对于接受方有无职务上的请托；（4）接受方是否利用职务上的便利为提供方谋取利益。"《暂行规定》第二条规定："经营者不得违反《反不正当竞争法》第八条规定，采用商业贿赂手段销售或者购买商品。本规定所称商业贿赂，是指经营者为销售或者购买商品而采用财物或者其他手段贿赂对方单位或者个人的行为。前款所称财物，是指现金和实物，包括经营者为销售或者购买商品，假借促销费、宣传费、赞助费、科研费、劳务费、咨询费、佣金等名义，或者以报销各种费用等方式，给付对方单位或者个人的财物。第二款所称其他手段，是指提供国内外各种名义的旅游、考察等给付财物以外的其他利益的手段。"

反商业贿赂协议对行为人行为规范标准的约定内容，需要考虑公司的企业文化、企业规章制度、底线原则等，协议列举的特定违约行为、标准可能会更严格于上述所引用的法律法规的规定。但相关法律法规及司法解释对商业贿赂的认定已经有了较为明确的规定，譬如区分贿赂与馈赠的界限方面，尤其要考察财务往来的背景、缘由、时机和方式，以及接受方是否利用职务上的便利为提供方谋取了利益等要素，所以，在法院审判案件的过程中，无论是涉商业贿赂的刑事案件的审查，还是违反反商业贿赂协议引发的民事合同纠纷的处理，在认定行为人的行为是否构成商业贿赂的焦点问题上，均要考虑这些关键要素。

违约行为导致承担违约金的约定是必要且合理的，但承担违约金的大小和比例，应该与违约行为导致的实际损失、合同履行的实际情况、当事人的过错程度等因素有关，任何试图利用优势地位，使用格式条款，约定违约金数额过分高于实际损失的行为都可能涉嫌违反民商事法律法规中的平等、公平、诚信的基本原则，存在被认定约定无效的可能性，需要行为人和相对方予以反思、警醒。

《民法典》第五百八十五条规定："当事人可以约定一方违约时应当根据违约情况向对方支付一定数额的违约金，也可以约定因违约产生的损失赔偿额的计算方法。约定的违约金低于造成的损失的，人民法院或者仲裁机构可以根据当事人的请求予以增加；约定的违约金过分高于造成的损失的，人民法院或者仲裁机构可以根据当事人的请求予以适当减少。"

最高人民法院在《全国法院民商事审判工作会议纪要》（九民会议纪要）第三章第二节"关于合同履行与救济"第50点"违约金过高标准及举证责任"中强调："认定约定违约金是否过高，一般应当以《合同法》第113条规定的损失为基础进行判断，这里的损失包括合同履行后可以获得的利益。除借款合同外的双务合同，作为对价的价款或者报酬给付之债，并非借款合同项下的还款义务，不能以受法律保护的民间借贷利率上限作为判断违约金是否过高的标准，而应当兼顾合同履行情况、当事人过错程度以及预期利益等因素综合确定。主张违约金过高的违约方应当对违约金是否过高承担举证责任。"

违约金是否过分高于违约行为造成的实际损失，向来都是司法实践中一个非常有争议性的难点问题，一方面，我们需要清楚个案的特殊性，尊重法官的自由裁量权；另一方面，我们也要了解，法官也必须在上述法律法规的基础上行使自由裁量权。违约行为导致承担违约金的约定当然是必要且合理的，但承担违约金的大小和比例，应该与违约行为导致的实际损失、合同履行的实际情况、当事人的过错程度等因素有关，若动辄在协议中采取"一经发现，甲方有权取消与乙方的合作，并按双方合作之日起实际已发生业务总金额的30%扣除款项"或"支付10万元违约金或者支付合作期间订单（合同）金额的50%作为违约金，两者以高者为准"的类似约定，甚至试图利用优势地位，使用格式条款，约定违约金数额过分高于实际损失等行为，则都可能涉嫌违反民商事主体应遵循的平等、公平、诚信的基本原则，同时，该约定也存在被法院认定无效的可能性，需要行为人和相对方予以反思、警醒。

要真正实现反商业贿赂协议在促进市场经济交易主体合法有序竞争、鼓励和保护公平竞争、制止不正当竞争行为、保护经营者和消费者的合法权益、净化商业环境等方面发挥其应有的作用和价值，而不是被个别商事主体利用、滥用甚至成为其牟利的工具和手段，需要协议双方共同进行自身行为的规范和自律。

反商业贿赂协议双方，是利益的对立和统一体，一方面，在协议履行过程中若产生纠纷和争议，双方必定存在利益上的冲突；另一方面，若协议履行过程中双方能对自己的权利义务和行为后果进行合理的预见和预防、规范和恰当的处置，协议则对促进双方合法合规的稳健发展及权益保护等都具有积极的意义。反商业贿赂协议多在供应商和采购商，或经销商和平台等主体之间进行签署，无论签署的主体有何不同，一般而言，依据主合同，均存在卖方和买方，或收款方和付款方两个主体。不同的主体，在协议履行过程中的注意事项和风险防范措施是有所区别的，而且，作为收款方，在该协议的履行过程中更容易处于被动的地位，所以更应该注意各项风险的防范。

具体而言，作为卖方或收款方，风险防范建议主要有：

（1）主合同签署前，履行必备的尽调程序。在签署主合同前，首先应该对交易相对方进行最基本的法律尽调（具体理由笔者在《商事合同草拟审核的技巧与艺术》一文中有详细论述），尤其应注意交易相对方过往涉诉案件的类型分析，对交易相对方的客观的履约能力、主观的诚信度有基本的认知；若交易相对方有涉及反商业贿赂协议合同纠纷案件的，则应予以重视防范，对自己日后履约行为的规范有基本的认知。

（2）评估风险、重视风险。在合同签署中，若必须采用对方提供的《反商业贿赂协议》格式文本，尤其格式文本存在"一经发现，甲方有权取消与乙方的合作，并按双方合作之日起实际已发生业务总金额的30%扣除款项"或"支付10万元违约金或者支付合作期间订单（合同）金额的50%作为违约金，两者以高者为准"等表述的情况下，应重视并评估合同履行的风险。

（3）企业相关规章制度的完善，形成企业自身的反商业贿赂文化。譬如企业是否将商业行贿、商业受贿等行为列入员工的行为规范的禁止事项；企业的对外合同文本，是否已将反商业贿赂协议以合同条款、合同附件、单独的协议等方式予以体现等。"打铁仍需自身硬"，企业进行相关规章制度的完善，形成企业自身的反商业贿赂文化，不仅仅有利于企业自身合法合规地稳健经营，在发生相关法律纠纷时，甚至在发生涉嫌"对非国家工作人员行贿罪"（单位可以作为犯罪主体）等刑事罪名的情况下，或能一定程度上对个人行为和企业行为进行法律责任的切割，避免企业蒙受更大的损失。

（4）参与履约员工尤其应重视行为规范及法律风险防范。参与履约的各岗位的员工，如代表企业的业务接洽人员、销售人员，尤其应重视法律风险的防范和学习，了解并熟悉与交易方的相关协议约定，避免该类员工因不了解双方权利义务的具体约定，或法律知识不足、对法律风险的认识不够等，私自随意进行个人自以为的常规操作，导致企业蒙受不必要的损失。譬如，部分企业将一般的商事往来礼节性的吃请和馈赠行为均认定为属于违反反商业贿赂协议的行为，此种情况下，参与履约人员应尤为重视交易过程中的行为规范。

对协议双方，尤其作为买方或付款方，风险防范建议主要有：

（1）以单独的协议，而非格式条款的形式约定反商业贿赂协议。《民法典》第四百九十六条规定："采用格式条款订立合同的，提供格式条款的一方应当遵循公平原则确定当事人之间的权利和义务，并采取合理的方式提示对方注意免除或者减轻其责任等与对方有重大利害关系的条款，按照对方的要求，对该条款予以说明。提供格式条款的一方未履行提示或者说明义务，致使对方没有注意或者理解与其有重大利害关系的条款的，对方可以主张该条款不成为合同的内容。"《民法典》第四百九十七条规定："有下列情形之一的，该格式条款无效：（一）具有本法第一编第六章第三节和本法第五百零六条规定的无效情形；（二）提供格式条款一方不合理地免除或者减轻其责任、加重对方责任、限制对方主要权利；（三）提供格式条款一方排除对方主要权利。"由此，建议尽量以单独的协议而非格式条款约定反商业贿赂协议，避免被相对方以违反上述法律规定为由，请求法院判定协议条款无效。

（2）根据违约情形的严重程度不同，确认不同的违约责任标准。譬如，区分贿赂和一般性的馈赠的特别情形；区分严重违约、一般性违约的不同情形，并考虑根据实际情况明确适用不同的违约责任标准，避免不作区分地"一刀切"。一方面，"一刀切"做法的公平合理性存疑；另一方面，在发生纠纷，诉诸法律途径解决的情况下，法院也会依法考虑违约方违约行为的严重程度、造成实际损失的大小等因素确定违约方的不同违约责任。不采用"一刀切"的做法，可以避免因没有约定区分不同违约情形适用不同违约标准，导致法院在判定违约责任时，主张权利的一方处于被动。

（3）在追求和维护自身权益的前提下，注意利益平衡；慎用合同解除条款，同时避免过度维权；忌因小失大，对本企业商誉和社会形象造成不利影响。反商业贿赂协议的双方，尤其是权利方在按约定行使合同解除权，或请求违约方承担违约责任的时候，建议结合相对方的违约情况、自己的实际损失，以及双方合同履行的实际情况，区分贿赂和一般性的馈赠的特别情形，根据实际情况请求适用不同的违约责任标准，避免不作区分地"一刀切"；权利方应在公司制度维护和法律明确规定之间、在公司文化建设及尊重中国国情和文化现状之间、在追求企业利益及企业品牌商誉建设等关联利益之间找到平衡点，履行民商事主体在民商事活动中应始终遵循的平等、公平、诚信的基本原则，尤其慎用合同解除条款，同时避免过度维权，更要注意不能因小失大，对本企业商誉和社会形象造成不利影响。

（4）合法合规合约地履行合同权利义务，有意识地保存相关证据。了解构成商业贿赂的法律要素，以及何种法定情况将不被认定构成商业贿赂行为，在此基础上严格规范自身的行为，合法合规合约地履行权利义务，并留存相关的证据。

本文作者系北京德和衡（广州）律师事务所公司业务中心副总监

借"滴滴App下架"说说事关每个普通人的
《中华人民共和国网络安全法》

张海天

2021年7月4日，这是一个平常的周日，国家互联网信息办公室突然发了一则通报。以"滴滴出行"App（以下简称滴滴）存在严重违法违规收集和使用个人信息为由，根据《中华人民共和国网络安全法》（以下简称《网络安全法》）要求其在应用商店下架。

滴滴目前作为国内最大的网约车平台，突然被国家要求下架整改，成了近期的热点，引得各路"吃瓜"群众"围观"。有些朋友也好奇，平时听说的《刑法》《民法典》《网络安全法》是什么啊？滴滴违反了《网络安全法》中的什么规定呀？《网络安全法》对我们普通人的日常生活有什么影响吗？

一、什么是《网络安全法》

法律作为"上层建筑"是依附于所存在的经济基础的，从第一次工业革命的蒸汽机时代到第二次工业革命的电气时代，人类的法律也随着时代先进生产力的发展不断在创新，例如在第一次工业革命中，资产阶级兴起，进而与无产阶级产生对立，为了稳定资产阶级的统治，英国在1802年通过《学徒健康和道德法》，这就是现代劳动立法的开端。第二次工业革命的后期，为了防止经济寡头所产生的危害，各国陆续出台了相应的反垄断法。

随着20世纪后半期开始的第三次工业革命的兴起，人类文明进入了信息时代。而当下，我们正处于第四次工业革命浪潮，迈入智能化时代。根据中国互联网络信息中心（CNNIC）发布的第44次《中国互联网络发展状况统计报告》显示，截至2019年6月，我国网民规模达8.54亿，互联网普及率达61.2%；我国手机网民规模达8.47亿，网民使用手机上网的比例达99.1%。我国互联网发展已然到了一个新阶段。

在互联网给我们带来日常便利的同时，很多违法犯罪活动也在借助互联网而悄然开展，通过互联网窃取个人隐私、商业秘密、国家秘密等危害网络安全的犯罪行为越来越频发，而我国关于网络空间安全的法律却是空缺的。

结合当今时代的背景，第十二届全国人民代表大会常务委员会第二十四次会议于2016年11月7日通过了《网络安全法》，定于2017年6月1日起施行。其立法目的是保障我国的网络安全，维护网络空间主权和国家安全、社会公共利益，保护公民、法人和其他组织的合法权益，促进经济社会信息化健康发展。

《网络安全法》由七个章节七十九项条款组成，涵盖范围极为广泛。其包含一个全局性的框架，旨在监管网络安全、保护个人隐私和敏感信息，以及维护国家网络空间主权安全。

《网络安全法》有三个基本原则。第一，网络空间主权原则。所谓网络空间主权，是一国国家主权在网络空间中的自然延伸和表现。《网络安全法》第一条和第二条就明确规定了，立该法的目的之一是要维护我国网络空间主权，其适用范围是我国境内网络以及网络安全的监督管理。这是我国网络空间主权对内最高管辖权的具体体现。

第二，网络安全与信息化发展并重原则。保护网络安全是为了更好、更快地信息化发展，安全是发展的前提，发展是安全的保障，安全和发展需要同步推进。《网络安全法》第三条明确规定，"国家坚持网络安全与信息化发展并重，遵循积极利用、科学发展、依法管理、确保安全的方针"。

第三，共同治理原则。网络所面向的群体是多样的，所以网络安全的治理也不能只靠国家，需要社会群体、个人方方面面的努力。《网络安全法》第八条也划明了国家各个部门的职责，"国家网信部门负责统筹协调网络安全工作和相关监督管理工作。国务院电信主管部门、公安部门和其他有关机关依照本法和有关法律、行政法规的规定，在各自职责范围内负责网络安全保护和监督管理工作。县级以上地方人民政府有关部门的网络安全保护和监督管理职责，按照国家有关规定确定"。网络服务者要承担其社会责任，网络相关行业组织要按照章程，加强行业自律。社会群体和个人不光是网络安全的"运动员"，同时《网络安全法》也提供了途径让社会群体和个人做网络安全的"监督员"。

这三个基本原则贯穿整部法律的始终，《网络安全法》第二章、第三章、第四章、第五章就从网络安全支持与促进、网络运行安全、网络信息安全、监测预警与应急处置几个方面对以上原则进行细化。同时，《网络安全法》第六章规定了监管部门在网络安全监管中玩忽职守，网络运营服务主体没有落实主体责任，以及个人、社会组织和境外的机构、组织危害网络安全等违反《网络安全法》的行为所面临的法律责任。

二、滴滴可能违反了《网络安全法》中的什么规定

2021年6月30日，没有上市敲钟的仪式，没有办媒体发布会，滴滴"偷偷"在美国纽交所上市。短短两天以后，在2021年7月2日，网络安全审查办公室就启动了对滴滴的网络安全审查。2021年7月4日，国家互联网信息办公室就发布通告，滴滴严重违法违规收集和使用个人信息被要求在应用商店下架整顿。

为什么滴滴前脚上市，后脚就被网络安全审查？因为滴滴"偷偷"上市的行为很容易让人怀疑一点——在美国纽交所IPO的过程中，滴滴是否泄露了在中国境内收集到的个人信息和其他数据。网络安全审查办公室也可能有所担心，便根据《网络安全法》第三十七条"关键信息基础设施的运营者在中华人民共和国境内运营中收集和产生的个人信息和重要数据应当在境内存储。因业务需要，确需向境外提供的，应当按照国家网信部门会同国务院有关部门制定的办法进行安全评估；法律、行政法规另有规定的，依照其规定"，以及《中华人民共和国国家安全法》《网络安全审查办法》等相关规定对滴滴进行网络安全审查。

目前，并没有相关的官方通报显示，滴滴在纽交所IPO时向美国泄露了中国的个人信息和其他数据。滴滴是被以"严重违法违规收集和使用个人信息"的理由，被要求下架整改的。滴滴的副总裁李敏也在朋友圈回应："滴滴国内用户的数据都存放在国内服务器，绝无可能把数据交给美国。"

在《网络安全法》第二十二条第三款"网络产品、服务具有收集用户信息功能的，其提供者应当向用户明示并取得同意；涉及用户个人信息的，还应当遵守本法和有关法律、行政法规关于个人信息保护的规定"和第四十一条"网络运营者收集、使用个人信息，应当遵循合法、正当、必要的原则，公开收集、使用规则，明示收集、使用信息的目的、方式和范围，并经被收集者同意。网络运营者不得收集与其提供的服务无关的个人信息，不得违反法律、行政法规的规定和双方的约定收集、使用个人信息，并应当依照法律、行政法规的规定和与用户的约定，处理其保存的个人信息"规定的大前提下，滴滴收集个人信息应该遵守"最小必要"原则，不能随意收集与App发行目的相违背的个人信息。

同时，根据《常见类型移动互联网应用程序必要个人信息范围规定》第五条，明确了滴滴作为网络约车类平台，其基本功能服务为"网络预约出租汽车服务、巡游出租汽车电召服务"，能收集的必要个人信息包括：1. 注册用户移动电话号码；2. 乘车人出发地、到达地、位置信息、行踪轨迹；3. 支付时间、支付金额、支付渠道等支付信息（网络预约出租汽车服务）。也就是说，滴滴除了以上三种类型的个人信息，在没有其他法律规定和用户同意的情况下，其他任何个人信息都不能收集。

作个假设，滴滴如果通过对你的出发地、到达地、位置信息、行踪轨迹进行汇总分析，便很容易得出你的公司在哪里、你经常去什么地方购物、你平时爱吃哪家菜馆、你爱去的娱乐场所有哪些等这些个人信息，如果滴滴将这些个人信息进行收集和使用，那就是违法的。

所以，滴滴下架的原因可能是违反了《网络安全法》第二十二条第三款和第四十一条等法律规定。

三、《网络安全法》对我们普通人的日常生活有什么影响

《网络安全法》的颁布和施行对我们普通人来说，影响是深远的，总体而言主要在于两个方面：

第一是从立法的高度对个人信息进行保护。《网络安全法》对网络运营者在处理个人信息上设立了各类"铁笼"，从个人信息的收集到个人信息的使用，都要求网络运营者建立一套保护个人信息的体系。在法律的层面，明确了网络运营者不能瞎收集、乱使用个人信息，并且设立了严苛的法律责任来针对乱收集、乱使用个人信息的行为。从法律上杜绝出现你刚打完某App的网络电话说想吃火锅，打开另一个App，它就给你推送火锅店的优惠券等这种荒唐的现象，让我们的个人信息更加安全，不容易被泄露。

第二是从法律的角度防范个人受到非法网络信息的侵害。举例《网络安全法》中的"实名制"要求，即网络运营者为用户办理网络接入、域名注册服务，办理固定电话、移动电话等入网手续，或者为用户提供信息发布、即时通信等服务，应当要求用户提供真实身份信息。用户不提供真实身份信息的，网络运营者不得为其提供相关服务，在法律层面上就断掉了犯罪分子妄想通过非实名方式在网络上从事网络诈骗、网络买卖违禁品等非法活动的途径。《网络安全法》保护着我们每个普通人的生命、财产安全。另外，《网络安全法》还规定了任何组织和个人不得在网络上侵害他人名誉、隐私、知识产权，同时保护我们每个普通人的各类民事权益。

四、结语

随着互联网的发展，从"大数据时代"到未来可能存在的"元宇宙时代"，网络安全贯穿始终，《网络安全法》的出台具有历史性的意义。后续会有更多更完备的关于网络空间的相关法律法规出台，从法律层面建立网络行为的"黑名单"，保护互联网安全。所以，网络运营者应当重视数据安全的合

规，注重防范与网络信息数据安全相关的法律风险。作为普通人的我们，也应当在日常的网络行为中遵守宪法法律，遵守公共秩序，遵守社会公德。

本文作者系北京德和衡（广州）律师事务所互联网与TMT业务中心秘书长

有限公司股东未尽清算相关义务，应否承担赔偿责任？

华青春

公司因经营困难、期限届满、股东转行而人去楼空、被弃之不用的情形时有发生，尤其受新冠肺炎疫情影响，此种对公司不了了之的现象势必有所增加。此种情形之下，公司债权人启动诉讼要求公司股东承担责任，甚至在申请公司破产、终结破产程序后，仍向股东追责，相关司法案例时有出现，股东有限责任原则时遭突破，尤其连带赔偿责任的压力让小股东们始料不及，甚至陷入倾家荡产的境地。

引述案例

股东A为商事登记系统显示的B有限公司股东，占公司股份的20%，公司章程规定营业期限到2015年截止，应债权人申请，2018年7月，B公司被法院宣告破产并终止破产程序，告知债权人另行起诉，追究B公司的清算义务人对公司债务承担相应的民事责任。当年11月底，B公司的债权人之一将B公司小股东告上法庭，以B公司股东怠于履行义务，导致公司主要财产账册、重要文件等灭失，无法进行清算为由，要求小股东对未清偿的债务承担连带赔偿责任。2019

年12月底，债权人撤回起诉。

2021年4月，B公司的破产管理人又以B公司股东未向管理人提供相应的印章、财产、账册、重要文件等资料，未履行清算义务，导致债务人财产状况不明，致使管理人无法执行清算职务，给债权人的利益造成了损害等为由，将B公司的股东全部告上法庭，要求股东对B公司未清偿的500多万元债务承担连带清偿责任。法院最终认为，其一，全体被告滥用公司法人独立地位和股东有限责任；其二，B公司营业期限届满而全体股东怠于履行清算义务；其三，B公司全体股东未及时申请B公司破产清算，致使公司主要财产、账册、重要文件等灭失，无法查明财产状况，导致管理人无法清算，给债权人造成损害，遂判决支持原告的诉求。[①]

上述引述案例虽仅为一审判决，但该案仍具警示意义。在公司清算的多个环节，有限公司小股东都面临"秋后算账"的法律风险。无论是在公司出现解散事由而未及时履行清算义务，还是在强制清算、破产清算中因无账册或账册不全而无法清算，债权人或管理人均有可能发起诉讼，要求股东个人就公司未能清偿的债务承担赔偿责任。在此种情形下，股东不再受股东有限责任和法人独立人格的保护，公司股东沦为类似合伙人的地位，这与股东投资设厂的初衷相背离，甚至会使股东遭受灭顶之灾。笔者结合代理的案例，就有限公司股东在清算环节承担的若干赔偿责任进行梳理和分析。

股东怠于履行申请破产清算义务的损害赔偿责任

股东未履行配合破产清算义务的损害赔偿责任

公司股东未尽清算相关义务或承担的若干赔偿责任

股东怠于履行解散清算义务的赔偿责任
　财产损害赔偿责任
　证据灭失损害赔偿责任

股东怠于履行清算义务导致强制清算无法进行的损害赔偿责任

---

① 为叙述方便，对案例进行了简化。

一、股东怠于履行解散清算义务的赔偿责任

（一）《公司法》规定的股东清算义务

《中华人民共和国公司法》（以下简称《公司法》）第180条列举了公司出现解散的五种情形①，第183条前段规定："公司因本法第180条第（一）项、第（二）项、第（四）项、第（五）项规定而解散的，应当在解散事由出现之日起十五日内成立清算组，开始清算。有限责任公司的清算组由股东组成，股份有限公司的清算组由董事或者股东大会确定的人员组成。"引述案例中，两次诉讼均指向公司股东在公司出现营业期限届满的解散事由时，未及时成立清算组开始清算，对公司债权人造成了损害。该种清算即为解散清算，或称自行清算，由股东主导清算，有别于法院强制清算、破产清算。

（二）股东怠于履行清算义务的财产损害赔偿责任

《最高人民法院关于适用〈中华人民共和国公司法〉若干问题的规定（二）》［以下简称《公司法司法解释（二）》］第18条第1款规定："有限责任公司的股东、股份有限公司的董事和控股股东未在法定期限内成立清算组开始清算，导致公司财产贬值、流失、毁损或者灭失，债权人主张其在造成损失范围内对公司债务承担赔偿责任的，人民法院应依法予以支持。"第1款是针对财产的流失或灭失，确立了股东消极不作为而产生的财产损害赔偿责任，简称为财产损害赔偿责任，以区别于第2款的证据灭失损害赔偿责任。

可能引起争议的是，不在公司任职的小股东是否仍与控股股东一并对迟延清算所造成公司财产损失向债权人承担赔偿责任？损害赔偿责任的性质属于侵权责任，应以迟延清算与损害结果之间具有因果关系为成立要件。尽管2019年

---

① 根据《公司法》第180条，公司可因下列原因解散：（一）公司章程规定的营业期限届满或者公司章程规定的其他解散事由出现；（二）股东会或者股东大会决议解散；（三）因公司合并或者分立需要解散；（四）依法被吊销营业执照、责令关闭或者被撤销；（五）人民法院依照本法第182条的规定予以解散。

发布的《全国法院民商事审判工作会议纪要》（以下简称《九民纪要》①）亦未提及，但根据《九民纪要》第14条和第15条制定的背景，以及对最高人民法院指导案例9号案不再适用的态度变化②，说明《九民纪要》第二章第（五）节"关于有限责任公司清算义务人的责任"及对小股东的倾斜性意见同样适用于《公司法司法解释（二）》第18条第1款的股东怠于履行清算义务所导致的财产损害赔偿责任情形③。

（三）股东怠于履行清算义务的证据灭失赔偿责任

实践中，当以《公司法司法解释（二）》第18条第2款规定的"怠于履行义务"争议为最，被喻为"职业债权人的盛宴"和"小股东的噩梦"。该款规定："有限责任公司的股东、股份有限公司的董事和控股股东因怠于履行义务，导致公司主要财产、账册、重要文件等灭失，无法进行清算，债权人主张其对公司债务承担连带清偿责任的，人民法院应依法予以支持。"债权人只要获得公司主要财产、账册、重要文件等灭失的司法认定，则追究全体股东对公司债务承担连带清偿责任。表面上前述第2款的规定是为解散清算环节而设，但股东即使未组织清算，债权人也很难获得财产、账册、文件等灭失的证据，因此，第2款主要是为强制清算和破产清算中，因证据灭失而导致无法清算时，追究股东个人责任而设。尤其是第2款对股份大小、是否任职、是否参与等情形不加区分，导致小股东遭遇连带赔偿责任，引发对责任合理性的质疑。

此种偏颇和失衡现象，通过《九民纪要》得到矫正。《九民纪要》在"关

① 规范简称为《会议纪要》，但《九民纪要》的简称近乎为通用且更具识别度，故本文采用《九民纪要》的简称。
② 最高人民法院2012年发布的指导案例9号：上海存亮贸易有限公司诉蒋志东、王卫明等买卖合同纠纷案。该案例引起争议的表述部分为：有限公司的全体股东在法律上应一体成为公司的清算义务人。《公司法》及其相关司法解释并未规定小股东的例外条款，故无论所占股份为多少，是否实际参与了公司的经营管理，在公司被吊销营业执照后，都有义务在法定期间内依法对公司进行清算。
③ 最高人民法院民事审判第二庭编著：《〈全国法院民商事审判工作会议纪要〉理解与适用》，人民法院出版社，2019年，第172页；中国审判理论研究会民事审判理论专业委员会编著：《民法典总则编条文理解与司法适用》，法律出版社，2020年，第129页。

于有限责任公司清算义务人的责任"中，将公司股东的清算责任明确界定为侵权责任，且在第14条中明确了"怠于履行清算义务的认定"①，在第15条中确认了股东的"因果关系抗辩"②。无论是第14条对股东采取积极措施的豁免、非董监高和管理层身份的豁免，还是第15条消极不作为与灭失后果之间不具有因果关系的豁免，笔者将其概括为广义上的因果关系要件，以此对债权人构成一定的制约，对股东有限责任制度给予基本的维护。

需要特别注意的是，人数较少的有限公司，小股东多担任监事或登记为监事，尽管监事既非公司的决策机构和执行机构，甚至在公司运营中亦不实际行使监事职权，仅为满足公司登记需要，《九民纪要》将监事列为承担责任的情形容易为小股东所忽视，因此，对小股东而言，监事的身份未必是一种荣耀，反而可能会带来灾难。

引述案例中，债权人曾提起过诉讼，以B公司小股东怠于履行清算义务为由，引用《公司法司法解释（二）》第18条第2款的规定，要求承担连带责任，但此后自动撤回起诉，应是与诉讼期间适逢《九民纪要》发布且其请求权基础为《九民纪要》所否定有关。

二、股东怠于履行解散清算义务导致无法强制清算的损害赔偿责任

公司出现解散事由十五日内，公司股东应成立清算组开始清算。《公司法》第183条后段规定："逾期不成立清算组进行清算的，债权人可以申请人

---

① 《九民纪要》第14条"怠于履行清算义务的认定"：公司法司法解释（二）第18条第2款规定的"怠于履行义务"，是指有限责任公司的股东在法定清算事由出现后，在能够履行清算义务的情况下，故意拖延、拒绝履行清算义务，或者因过失导致无法进行清算的消极行为。股东举证证明其已经为履行清算义务采取了积极措施，或者小股东举证证明其既不是公司董事会或者监事会成员，也没有选派人员担任该机关成员，且从未参与公司经营管理，以不构成"怠于履行义务"为由，主张其不应当对公司债务承担连带清偿责任的，人民法院依法予以支持。
② 《九民纪要》第15条"因果关系抗辩"：有限责任公司的股东举证证明其"怠于履行义务"的消极不作为与"公司主要财产、账册、重要文件等灭失，无法进行清算"的结果之间没有因果关系，主张其不应对公司债务承担连带清偿责任的，人民法院依法予以支持。

民法院指定有关人员组成清算组进行清算。人民法院应当受理该申请，并及时组织清算组进行清算。"这是由股东自行清算转为强制清算的规定。当股东的自行清算转为人民法院强制清算，发现公司主要财产、账册、重要文件等灭失，或者公司人员下落不明的情形时，根据《最高人民法院关于审理公司强制清算案件工作座谈会纪要》（法发〔2009〕52号，以下简称《强制清算纪要》）第29条的规定，清算法院将以无法清算为由终结强制清算程序，并告知债权人可另行依据《公司法司法解释（二）》第18条的规定，要求公司股东、董事、实际控制人等清算义务人对其债务承担偿还责任。

需要说明的是，在强制清算中，股东并非清算义务人，其承担责任并非在强制清算中未尽清算义务，而是指公司出现解散事由时，股东怠于履行清算义务，导致公司主要财产、账册、重要文件等的灭失，损害了债权人的利益，构成损害赔偿。责任的性质，还是《公司法司法解释（二）》第18条规定的股东怠于履行解散清算义务的赔偿责任。

根据《九民纪要》第14条和第15条的规定，凡是适用《公司法司法解释（二）》第18条第2款而追究公司股东怠于履行清算义务的连带赔偿责任，均应根据《九民纪要》第14条和第15条确立的广义上的因果关系要件，赋予被告抗辩权，对债权人的诉讼进行"过滤"。

三、股东怠于申请破产清算的损害赔偿责任

引述案例中，尽管破产清算程序已经终结，但管理人发起诉讼，并获得法院支持，判决理由之一，便是认为B公司股东未及时申请破产清算，导致破产清算无法进行，损害了债权人利益，应一体承担连带赔偿责任。因此，有必要对该种赔偿责任进行梳理。

（一）责任出处

《中华人民共和国企业破产法》（以下简称《企业破产法》）第7条第3款规定："企业法人已解散但未清算或者未清算完毕，资产不足以清偿债务的，

依法负有清算责任的人应当向人民法院申请破产清算。"如果股东未申请破产清算，本身并不构成赔偿责任，但如果破产清算由债权人提起，且出现债务人下落不明、财产状况不清等导致无法清算的事由时，则公司股东作为负有清算责任的人可能承担赔偿责任。对此，《最高人民法院关于债权人对人员下落不明或者财产状况不清的债务人申请破产清算案件如何处理的批复》（法释〔2008〕10号，以下简称《批复》）第3款规定："债务人的有关人员不履行法定义务，人民法院可依据有关法律规定追究其相应法律责任；其行为导致无法清算或者造成损失，有关权利人起诉请求其承担相应民事责任的，人民法院应依法予以支持。"司法实践中，法院存在适用《公司法司法解释（二）》第18条第2款的规定，判决全体股东承担赔偿责任①。

为统一裁判尺度，《九民纪要》第118条"无法清算案件的审理与责任承担"对上述《批复》第3款的适用给予具体的解释，其中第4款规定："上述批复第3款规定的'其行为导致无法清算或者造成损失'，系指债务人的有关人员不配合清算的行为导致债务人财产状况不明，或者依法负有清算责任的人未依照《企业破产法》第7条第3款的规定及时履行破产申请义务，导致债务人主要财产、账册、重要文件等灭失，致使管理人无法执行清算职务，给债权人利益造成损害。'有关权利人起诉请求其承担相应民事责任'，系指管理人请求上述主体承担相应损害赔偿责任并将因此获得的赔偿归入债务人财产。管理人未主张上述赔偿，个别债权人可以代表全体债权人提起上述诉讼。"因此，《批复》第3款中的"其行为导致无法清算或者造成损失"，应区分两种情形，情形之一是依法负有清算责任的人未依照《企业破产法》第7条第3款的规定及时履行破产申请义务，导致债务人主要财产、账册、重要文件等灭失，致使管理人无法执行清算职务，给债权人利益造成损害的行为。在程序上，《九民纪要》首次让破产管理人获得原告资格，在破产清算中以自己的名义提起诉讼，但在引述案例中，破产清算程序已经终结多年，管理人而非债权人提起诉

---

① 如温州市中级人民法院（2017）浙03民终603号、杭州市中级人民法院（2019）浙01民终3420号、重庆市南岸区人民法院（2018）渝0108民初22204号案。

讼，引致被告质疑其主体是否适格。

（二）责任性质

无论是公司解散的强制清算无法进行，还是破产清算无法进行，均是在清算过程中发现公司主要财产、账册、重要文件灭失等情形，损害了债权人的利益，两者具有相似性，但两者在法律属性、制度框架、规则设计等方面具有重大差异。对于公司解散强制清算无法进行的，按《强制清算纪要》第29条的规定，适用《公司法司法解释（二）》第18条的规定，追究清算义务人怠于履行解散清算义务的损害赔偿责任；而对于破产清算无法进行的，应依照《企业破产法》《批复》和《九民纪要》第118条的规定处理，且《九民纪要》第118条第2款明确规定，人民法院在适用《批复》第3款的规定，判定债务人相关人员承担责任时，应当依照企业破产法的相关规定来确定相关主体的义务内容和责任范围，不得根据《公司法司法解释（二）》第18条第2款的规定来判定相关主体的责任。在《九民纪要》后，如原告以《公司法司法解释（二）》第18条作为请求权基础的，法院均驳回诉讼请求，如以下裁判案例1和裁判案例2。

裁判案例1：华亚化工公司诉惠迪森公司等公司债权人利益责任纠纷案①

惠迪森公司等被告系贝斯特公司的股东，贝斯特公司进入破产清算程序，法院认为贝斯特公司已停止经营，债务人无场所、无资产、无人员，且法定代表人、主要股东无法联系，未向管理人移交公司账册、印章等物品，导致无法进行清算，遂于2018年裁定终结破产清算程序，随后贝斯特公司注销登记。华亚化工公司对贝斯特公司享有债权，并在破产程序中申报了债权，但未得到清偿。华亚化工遂提起民事诉讼。法院认为，原告援引的请求权基础规范为《公司法司法解释（二）》第18条第2款，但贝斯特公司已被宣告破产，贝斯特公

---

① 浙江省龙游县人民法院（2019）浙0825民初3690号案，本文裁判案例均来自中国裁判文书网，为行文方便，对案例均予简化和改写，下同。

司法人已终止，如贝斯特公司的相关人员存有不履行法定义务、不配合破产清算的行为，亦应根据破产法规定来确定相关主体的义务内容和责任范围，不再适用公司解散清算情形下关于股东履行清算义务的相关规定，法院判决驳回原告的诉讼请求。

裁判案例2：恒和公司与孙晓宁等九人损害公司债权人利益责任纠纷上诉案①

欣力公司注册资金为1000万元，有10名股东，控股股东占股79%任董事长，恒和公司对欣力公司享有债权，破产法院以欣力公司财务账册、人员下落不明，财产状况不清，无法全面清算为由，裁定终结破产清算程序。恒和公司遂对控股股东之外的九位小股东提起诉讼，要求对欣力公司未清偿的债务承担赔偿责任。一审法院认为，九被告并非企业法定代表人、财务管理人员、经营管理人员，并非债务人的有关人员，不负责保管公司的财务账册，不属于《企业破产法》规定的有责任的股东，无义务便无责任，且九被告持股比例较低，对公司清算的启动没有决定性作用，无证据证明九被告有怠于履行清算义务的主观过错；本案不适用《公司法司法解释（二）》，即使在解散清算程序中，如股东能够举证证明其已经为履行清算义务作出了积极努力，或者能够证明自己没有参与经营，也没有管理公司财务账册文件的情形，均不构成怠于履行清算义务，判决驳回原告的诉讼请求。二审法院补充认为，欣力公司并无解散清算之情形，且破产清算事务亦由人民法院指定的管理人主导，负有协助配合义务是法定代表人和经人民法院决定的财务负责人等经营管理人员，而非全体股东，控股股东确认公司账簿等均由其掌管，九位被上诉人并未掌管，故九位被上诉人对公司账簿亦无保管义务，判决维持了一审判决。

（三）因果关系要件的适用

《九民纪要》第14条、第15条确立的广义上的因果关系要件是否适用于清

---

① 南京市中级人民法院（2019）苏01民终11200号案。

算义务人怠于申请破产清算，或者说能否适用于《九民纪要》第118条第4款所列情形？笔者认为，答案是肯定的，理由有四：一是《九民纪要》第118条第1款对债务人相关人员下落不明或者财产状况不清的破产案件，强调了避免不当突破股东有限责任原则，该指导思想与《九民纪要》在"关于有限责任公司清算义务人的责任"确立的指导思想是一致的；二是怠于履行申请破产清算，如导致公司（债务人）主要财产、账册、重要文件等灭失，无法进行清算，债权人利益受损的，其性质均为侵权责任，侵权行为与损害后果之间应当具有因果关系，是侵权责任成立的必要前提，《九民纪要》第118条第4款的法理基础不应存在例外[①]；三是在自行清算、强制清算、破产清算环节中，在特定情形下，公司债务转由股东偿还，是《公司法》第20条[②]设定的"法人人格否认"制度在上述环节中的具体表现，而对于《公司法》第20条第3款的适用，《九民纪要》确定了三条指导精神，其中一条是"只有实施了滥用法人独立地位和股东有限责任行为的股东才对公司债务承担连带清偿责任，而其他股东不应承担责任"。该条指导精神在《九民纪要》"关于有限责任公司清算义务人的责任"和第14条、第15条中得以具体落实。因此，《九民纪要》第118条第4款的适用，仍然受《九民纪要》第14条和第15条设置的因果关系要件的"程序过滤"，小股东仍享有广义上的因果关系抗辩权（包括身份抗辩、因果关系抗辩等）。比如前述裁判案例2中，法院便明确将股东身份、行为、因果关系要件等适用于破产清算的责任认定中。如下面的裁判案例3和裁判案例4，法院便较好地把握了因果关系的认定，避免了"连坐制"裁判的弊端。

---

① 最高人民法院民事审判第二庭编著：《〈全国法院民商事审判工作会议纪要〉理解与适用》，人民法院出版社，2019年，第597页。

② 《公司法》第20条：（第1款）公司股东应当遵守法律、行政法规和公司章程，依法行使股东权利，不得滥用股东权利损害公司或者其他股东的利益；不得滥用公司法人独立地位和股东有限责任损害公司债权人的利益。（第2款）公司股东滥用股东权利给公司或者其他股东造成损失的，应当依法承担赔偿责任。（第3款）公司股东滥用公司法人独立地位和股东有限责任，逃避债务，严重损害公司债权人利益的，应当对公司债务承担连带责任。

裁判案例3：亿通公司管理人与被告林某、林某和与破产有关的纠纷案①

亿通公司于2001年登记设立，注册资本50万元。股东林某出资45万元，持有90%股权，担任执行董事、法定代表人和总经理。林某和出资5万元，持有10%股权，担任监事。2016年，亿通公司被吊销营业执照，并于2017年被债权人申请破产。2020年，法院以有关人员没有移交会计账册、文书资料，导致无法清算，且破产财产不足以支付破产费用为由，裁定宣告亿通公司破产并终结破产程序。亿通公司管理人提起诉讼，要求两股东承担亿通公司的债务1300余万元。法院经审理认为，被告林某作为公司法定代表人，未尽到妥善保管其占有和管理的财产、印章和账簿、文书等资料等职责，且未尽到配合清算义务，导致无法清算，债务人财产状况不明，债权人受到损失，二者之间具有因果关系，故林某应承担赔偿责任。但对于林某和，作为公司监事，为公司监督机构成员，承担对公司事务进行监督的职责，并不属于《企业破产法》第15条中的"有关人员"，不承担妥善保管并交付清算资料的职责；其作为公司股东之一，在公司已解散但未清算、资产不足以清偿债务时，负有申请破产清算的义务，且亿通公司被吊销营业执照，已具备解散事由，但只有在其未申请破产清算的行为导致债务人主要财产、账册、重要文件等灭失，致使管理人无法执行清算职务，给债权人利益造成损害时，才承担损害赔偿责任。原告没有举证证明被告林某和未申请破产清算的行为与债务人主要财产、账册、重要文件等灭失存在因果关系，被告林某和并不因此承担损害赔偿责任，法院以此对原告要求林某和承担损害赔偿责任的请求，未予支持。

裁判案例4：旭耀公司诉杨某、史某阳等四人清算责任纠纷案②

展捷公司于2009年设立，注册资本200万元，四被告为股东，其中法定代

---

① 浙江省瑞安市人民法院（2020）浙0381民初3305号案。
② 南京市鼓楼区人民法院（2019）苏0106民初10562号案。

表人为杨某萍，占股10%，史某占股70%，另两股东分别占股10%。旭耀公司是展捷公司的债权人，其债权因展捷公司无可供执行财产被终结本次执行程序。2019年，旭耀公司向法院申请对展捷公司进行破产清算并获得受理。其间，展捷公司管理人在其中一股东的配合下查找到展捷公司部分账务账册和凭证，但认为财务账册不全，无法出具审计报告。同年7月，管理人以展捷公司严重资不抵债、财产不足以支付破产费用为由，请求宣告展捷公司破产并终结破产程序，获得法院支持。法院经审理认为，人民法院在适用《关于债权人对人员下落不明或者财产状况不清的债务人申请破产清算案件如何处理的批复》第3款的规定判定债务人相关人员承担责任时，应当依照《企业破产法》的相关规定来确定相关主体的义务内容和责任范围，不得根据《公司法司法解释（二）》第18条第2款的规定来判定相关主体的责任。现行《企业破产法》采取的是破产申请主义，并未规定债务人具有破产原因时，债务人相关主体一律负有申请破产清算的义务，以及未及时申请破产而应向债权人承担责任。本案中，有股东配合查找账册，虽然管理人认为财务账册不全、无法出具审计报告，但结合到庭股东关于"后来展捷公司投资办厂亏损，导致展捷公司无法继续经营"的陈述，足以认定展捷公司无法清偿旭耀公司的货款债务系经营亏损造成，并非未及时申请破产清算造成，故原告的诉讼请求无事实和法律依据，法院驳回了原告的诉讼请求。

（四）司法制裁措施

破产清算作为最彻底的解决债权债务、法人主体退出的程序，其清算力度远强于股东自行清算，因此，《企业破产法》和司法解释规定了多种强制措施，设置了多种法律责任，其目的在于查明财产，清偿债务，只有穷尽手段也无法推进破产清算，才可启动诉讼程序。但在实践中，债权人或管理人申请破产清算，目的只是为一纸终结裁定，只要裁定载明债务人主要财产、账册、重要文件灭失，就作为提起民事赔偿诉讼的证据，并未严格按照《企业破产法》的相关规定，向法院申请对债务人的有关人员采取拘留、罚款、涉嫌犯罪移送公安机关、限制出境等司法措施。甚至不排除债权人和管理人是有意绕开或根本不想追查财产、账册、文件下落，只想提起诉讼，再次上演《九民纪要》"关于有限责任公司清算义务人的责任"中描述的场景[①]，无疑是法制的乱象，开历史的倒车。这种乱象，势必增加小股东承担赔偿责任的风险。

引述案例中，管理人并未提供启动过财务账册的追查行动、采取过司法措施的证据，反而是快速获取无法清算的终结程序裁定，先后由债权人和管理人启动赔偿诉讼。

四、股东不履行配合破产清算义务的损害赔偿责任

引述案例中，原告出示了要求配合破产清算、提供财务账册等文件的函件，但原告未选择追究股东不履行配合破产清算义务的责任，而是选择追究股东怠于申请破产清算义务的责任。

股东不履行配合破产清算义务，是《九民纪要》第118条第4款明确由股东承担赔偿责任的另一种情形，"债务人的有关人员不配合清算的行为导致债务人财产状况不明……导致债务人主要财产、账册、重要文件等灭失，致使管理人无法执行清算职务，给债权人利益造成损害"。破产清算中的配合义务，是《企业破产法》第15条、第126条和第127条规定的债务人的有关人员在破产清算程序中，负有保管和提交公司账册、重要文件，接受询问，参加会议等义务。有关人员未尽配合破产清算义务，导致无法清算，损害债权人利益的，管理人对有关人员提起诉讼并主张相应的损害赔偿责任。《九民纪要》所界定的"债务人的有关人员"，是债务人的法定代表人、财务管理人员和其他经营管理人员。如果股东同时担任上述职务，未尽配合义务，造成债务人财产状况不明，将可能被管理人或债权人发起诉讼，追究未尽配合破产清算义务的赔偿责任。显然，承担主体责任的范围不同，是怠于履行申请破产清算义务和不履行

---

① "特别是实践中出现了一些职业债权人，从其他债权人处大批量超低价收购僵尸企业的'陈年旧账'后，对批量僵尸企业提起强制清算之诉，在获得人民法院对公司主要财产、账册、重要文件等灭失的认定后，根据公司法司法解释（二）第18条第2款的规定，请求有限责任公司的股东对公司债务承担连带清偿责任。"

配合破产清算义务的主要区别，前者有可能将全体股东"连坐制"，而后者不能。比如前述裁判案例3，法院认为，对于另一股东，其作为公司监事，为公司监督机构成员，承担对公司事务进行监督的职责，并不属于《企业破产法》第15条中的"有关人员"，不承担妥善保管并交付清算资料的职责，即不构成不配合破产清算。

对于不履行配合清算义务的诉讼，有法院接受管理人在破产程序终结后提起的诉讼，如前述裁判案例3；也有法院认为，应在破产清算程序中提起，如破产清算程序已经终结，管理人或债权人不得再兴讼追诉，如裁判案例5。

裁判案例5：锂动公司诉高某损害债务人利益赔偿纠纷案[①]

高某系佳可达公司的股东、执行董事和法定代表人，原告锂动公司为债权人，向法院申请破产。在破产清算过程中未能查找到佳可达公司下落，也无法接管到佳可达公司的财务账册进行审计，尚无股东向管理人提交资料，破产法院裁定终结破产程序，锂动公司遂另行提起本案。法院认为，佳可达公司因不能清偿到期债务且资产不足以清偿全部债务，已被人民法院依法宣告破产，并裁定终结破产程序，应视为破产债权债务已得到统一概括的清理。在破产程序终结后，原告仍以债务人法定代表人不配合清算为由，主张其向债权人承担赔偿责任，于法无据。即便被告存在未配合清算的行为，原告亦未能举证证明该行为与债权人的损失之间存在因果关系，故驳回锂动公司诉讼请求。

除上述几种责任外，与清算有关的赔偿责任还应包括股东未经清算注销公司的赔偿责任、以虚假清算报告骗取注销登记的赔偿责任等，限于篇幅，不再列述。

[①] 深圳市龙岗区人民法院（2020）粤0307民初11148号案。

五、结语

《民法典》第70条第2款（原《中华人民共和国民法总则》第70条第2款）规定："法人的董事、理事等执行机构或者决策机构的成员为清算义务人。法律、行政法规另有规定的，依照其规定。"通说认为，营利法人的清算义务人是董事会成员、董事等执行机构的成员，非营利法人的清算义务人为决策机构的成员[1]。我国《公司法》第184条将股份有限公司的董事作为公司解散后的清算义务人，但《公司法》第183条将有限责任公司的股东作为清算组成员，便与现行《民法典》的规定不一致。从比较法角度，多以董事会作为清算义务人，如《德国民法典》第48条、《日本民法典》第74条、《俄罗斯民法典》第61条规定，由董事会成员作为公司解散后的清算义务人[2]；我国台湾地区的《民法典》第37条规定："法人解散后，其财产之清算，由董事为之，但其章程有特别规定，或总会另有决议者，不在此限。"我国大陆《民法典》将营利法人的清算义务人规定为执行机构的成员，符合立法惯例，因此，在将来修改《公司法》时，应将有限公司的清算义务人规定为执行董事或董事会成员，至少应以此作为推进方向，从而在立法上解决"连坐制"的偏颇，扭转无辜小股东被拖下水的无奈局面，降低小股东在本已充满风险的投资道路上承受的额外风险[3]。

　　　　　　　　　　本文作者系北京德和衡（广州）律师事务所证券业务中心总监、
　　　　　　　　　　　　　　广州市律师协会公司法律专业委员会委员

---

[1] 最高人民法院民事审判第二庭编著：《〈全国法院民商事审判工作会议纪要〉理解与适用》，人民法院出版社，2019年，第164页。

[2] 最高人民法院民事审判第二庭编著：《最高人民法院关于公司法司法解释（一）、（二）理解与适用》，人民法院出版社，2008年，第334页。

[3] 全国人大常委会向社会公布的《公司法（修订草案）》第228条，首次将公司的清算义务人限定为董事，清算组由董事组成，但公司章程另有规定或股东会决议另选他人的除外。

律师眼中的"吴某凡事件"

廖儒杰

2021年7月18日，都某在微博上爆出猛料向"顶级流量"吴某凡宣布"决战"，霎时间"都吴纠葛"事件在各大媒体间迅速发酵，但吴某凡本人及其工作室于次日便全盘否认了都某的"指控"。

正当网友们"吃瓜"吃得起劲时，7月22日，北京朝阳警方发布通报，"都吴纠葛"局面出现大反转。

根据朝阳警方的通报，经过警方调查，吴某凡和都某确实发生过关系，2021年6月，都某先后在网上发布被吴某凡"冷暴力"的博文。当月，本事件中查明的犯罪嫌疑人刘某看到网络信息后产生对双方进行诈骗的想法，于是上演了一人分饰三角的精彩戏码，将都、吴二人"骗"得团团转。

从都某"宣战"到朝阳警方发布通报，这部"吃瓜大戏"剧情的大反转再次刷新公众对娱乐圈的认知，更让我们律师界也忍不住要来吃吃这个"瓜"，现在让我们从法律角度来梳理一下涉案人物及其中涉及的法律问题。

一、如何评价刘某的诈骗行为？

刘某，男，23岁，初中学历，在网络上看到"都吴纠葛"事件后，产生了对两人进行诈骗的想法，并通过扮演三个角色实施诈骗行为。

（1）刘某扮演与都某同样是受害者的角色，骗取都某信任后，套取了本次事件的相关信息。

（2）刘某扮演都某本人，利用套取的信息与吴某凡方交涉索赔，以双方和解为名索要300万元赔偿，后吴某凡母亲转款50万元至都某的账户。

（3）刘某扮演吴某凡方律师，与都某协商要求退还50万元转账，都某向刘某的账户转账了18万元。

刘某虽然只有初中学历，却通过在都、吴二人间扮演三个角色顺利骗取钱财，让我们不得不感叹，国家反诈骗宣传还是得加大力度啊！那么，刘某的行为应该如何定性？

第一步，刘某套取本次事件的相关信息后对吴某凡方进行诈骗，要求赔偿300万元。吴某凡方向都某账户中支付50万元，但因为该账户不是为刘某所控制，尽管吴某凡方的50万元已经失去控制，但刘某诈骗的目的没有达到，属于诈骗未遂。

第二步，刘某扮演吴某凡方律师，与都某协商要求退还50万元，都某向刘某提供的账户转账了18万元。根据案情通报，都某方与刘某没有共同的犯罪故意，是不知情的，提供账号时也是被骗的，所以，都某方账户收到的50万元不是属于都某所有，而是刘某骗取来暂时存放在都某账户的。因此，刘某通过一系列的诈骗手段最终骗取吴某凡方18万元。

综上，根据警方目前通报的情况，刘某在本次事件中实施了两个诈骗行为共骗取了人民币18万元，该18万元是犯罪既遂，另有282万元属于犯罪未遂。

同时，根据2011年《最高人民法院、最高人民检察院关于办理诈骗刑事案件具体应用法律若干问题的解释》第六条："诈骗既有既遂，又有未遂，分别达到不同量刑幅度的，依照处罚较重的规定处罚；达到同一量刑幅度的，以诈骗罪既遂处罚。"

根据《北京市高级人民法院〈关于常见犯罪的量刑指导意见〉实施细则》规定，诈骗罪"数额巨大"起点十万元，法定刑在三年以上十年以下有期徒刑之间；"数额特别巨大"起点五十万元，法定刑起点为十年以上有期徒刑；既遂部分、未遂部分所对应的量刑幅度相同的，以既遂部分确定基准刑；以既遂部分确定基准刑的，对未遂部分决定是否减轻适用量刑幅度后，以既遂部分、未遂部分分别对应的量刑幅度较重的确定基准刑；对于未遂犯，综合考虑犯罪行为的实行程度、造成损害的大小、犯罪未得逞的原因等情况，可以比照既遂犯减少基准刑的50%以下。故参照上述司法解释，刘某的诈骗18万元既遂、

282万元未遂的量刑存在以下两种情况：

（1）若法院将刘某282万元未遂的行为基准刑比照既遂犯减少基准刑的50%以下，结合其18万元既遂数额的量刑幅度，则刘某量刑起点为5年有期徒刑。

（2）若法院未将刘某282万元未遂的行为基准刑比照既遂犯减少基准刑的50%以下，那么刘某最终会以诈骗282万元未遂确定基准刑，即刘某的量刑起点为10年有期徒刑。

二、刘某与都某是否构成共同犯罪？

依照我国《刑法》的相关规定，共同犯罪是指二人以上共同故意犯罪。在主观上必须具有共同的犯罪故意，有共同犯罪的认识因素：各个共同犯罪人不仅认识到自己在实施某种犯罪，还认识到有其他共同犯罪人与自己一道在共同实施该种犯罪；各个共同犯罪人认识到自己的行为和他人的共同犯罪行为结合会发生危害社会的结果，并且认识到他们的共同犯罪行为与共同犯罪结果之间的因果关系。

根据案情通报，都某与刘某没有共同的犯罪故意，都某对刘某的诈骗行为不知情，其提供账户给刘某也是基于对事实错误的认知，故都某与刘某不构成诈骗的共同犯罪。

三、都某方收取的32万元应当如何处理？

根据上文可知，都某方对于收取吴某凡方50万元与刘某没有诈骗的共同故意，不构成共同犯罪，其中18万元被刘某骗取，刘某承担刑事责任的同时也要承担经济上的退赔责任，但都某方收取的32万元也没有法律上的依据，属于不当得利，都某方收取吴某凡方的32万元是没有合法根据的，其获取的利益是不合法的，应当返还给受害方。如果都某方不愿意返还，吴某凡方可以通过诉讼的方式来维护权益。

四、徐某与都某写微博爆料的行为应当如何定性？

《刑法》第二百四十六条规定："以暴力或者其他方法公然侮辱他人或者捏造事实诽谤他人，情节严重的，处三年以下有期徒刑、拘役、管制或者剥夺政治权利。"这就是侮辱罪和诽谤罪的规定。

诽谤罪的要点是故意捏造并散布虚构的事实，足以贬损他人人格，破坏他人名誉；而侮辱罪的要点是使用暴力或者其他方法，公然贬损他人人格，破坏他人名誉。

徐某与都某发布的"决战"宣告，说吴某凡是"吴签"，只有"三分钟"，次次进入前都要说"我的很大，你要忍下""MJ""LJ"等字眼，无论真假，都对吴某凡的名誉造成了损失，且影响巨大。至于是侮辱还是诽谤，那就需要吴某凡提供自己的"证据"予以证实了。

重点说明的是，无论是侮辱罪还是诽谤罪，根据我国法律规定，都是告诉的才处理，即民不告官不究。

另外，根据《最高人民法院、最高人民检察院关于办理利用信息网络实施诽谤等刑事案件适用法律若干问题的解释》第二条规定"利用信息网络诽谤他人，具有下列情形之一的，应当认定为刑法第二百四十六条第一款规定的'情节严重'：(一)同一诽谤信息实际被点击、浏览次数达到五千次以上，或者被转发次数达到五百次以上的"，以及第五条第二款规定"编造虚假信息，或者明知是编造的虚假信息，在信息网络上散布，或者组织、指使人员在信息网络上散布，起哄闹事，造成公共秩序严重混乱的，依照刑法第二百九十三条第一款第(四)项的规定，以寻衅滋事罪定罪处罚"，吴某凡事件多次冲上"热搜"，流传广泛、影响巨大，应当达到了相关司法解释规定的"情节严重"的入罪标准。

因此，徐某与都某在网络上的爆料行为，还可能构成寻衅滋事罪。公安机关在吴某凡事件中亦更应有所为。

五、吴某凡是否涉嫌强奸罪或者强制猥亵罪等犯罪?

虽然吴某凡一开始就被都某指控"选妃""迷奸""轮奸""强奸未成年人"等，但从警方通报的情况来看，吴某凡目前暂未涉及任何刑事犯罪。至于警方后续是否会对吴某凡的行为进行调查，调查结果如何，我们拭目以待。[①]但吴某凡作为一个享有很高地位、收入很高的艺人已被拉了下来，不仅名誉扫地，而且各大代言纷纷解约，损失惨重，可以说人设尽毁，下场悲催!

"都吴纠葛"逐渐落下帷幕，现实比剧本更加精彩。对于公众人物而言，德不配位，必有灾殃;行为放纵，早晚要接受道德的审判。最后借用罗翔老师说过的一句话:"法律只是对人最低的道德要求，如果一个人标榜自己遵纪守法，那么这个人完全有可能就是人渣。"因此，我们要始终坚守道德底线，更不能去触碰法律红线!

本文作者系北京德和衡（广州）律师事务所刑事业务中心律师

电子商业汇票到期无法承兑，持票人怎么办?

张　娜

近年，票据市场电子商业汇票逾期兑付事件频发，主要原因来自商业承兑汇票，而商业承兑汇票的承兑人为企业，企业的商业信用是电子商业汇票能否到期承兑的关键。电子商业承兑汇票不需要出票人、承兑人缴纳保证金来确保

[①] 本文发表于2021年7月26日。2021年7月31日，吴某凡被北京警方以涉嫌强奸罪依法刑事拘留;同年8月16日，吴某凡涉嫌强奸罪案已由检察院批准逮捕;2022年6月10日，法院开庭审理吴某凡强奸和聚众淫乱一案，法院将择期宣判。

票据到期后全额承兑。因此，通常我们认为相对于电子银行承兑汇票，电子商业承兑汇票的承兑风险更大。笔者从近期办理的电子商业汇票引发的纠纷，浅谈汇票到期无法承兑如何进行权利救济。

一、电子商业汇票的种类

电子商业汇票是出票人依托电子商业汇票系统，以数据电文形式制作的，委托付款人在指定日期无条件支付确定金额给收款人或者持票人的票据。电子商业汇票既具备票据的流通性、便捷性，又更具安全性，在市场交易中得到广泛应用。

电子商业汇票分为电子银行承兑汇票和电子商业承兑汇票。电子银行承兑汇票由银行业金融机构、财务公司承兑。电子商业承兑汇票由金融机构以外的法人或其他组织承兑。

实践中，多数人会认为电子银行承兑汇票是由银行作为承兑人或付款人，更安全，但该类票据中还隐藏"财务公司"承兑的汇票，并非由银行承兑，存在较大的法律风险。《企业集团财务公司管理办法》规定，财务公司是为企业集团成员单位提供财务管理服务的非银行金融机构。财务公司的设立，应当报经中国银行业监督管理委员会审查批准。如近年来引发热议的宝塔票据系列案件，正是由宝塔石化集团财务有限公司（以下简称宝塔财务公司）作为承兑人的电子银行承兑汇票引发的。自2018年底起，宝塔财务公司已有多名高管涉嫌票据犯罪。笔者通过Alpha案例库检索发现，与宝塔财务公司相关案件已超过3000件。案由多为：票据追索权纠纷、票据付款请求权纠纷、票据利益返还请求权纠纷。

时间分析可视化

当事人：宝塔石化集团财务有限公司

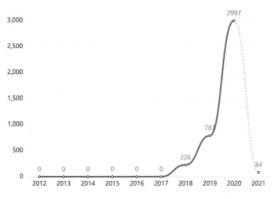

宝塔系列案近年案件量

案由分类分析可视化

当事人：宝塔石化集团财务有限公司　案由：与公司、证券、保险、票据等有关的民事纠纷

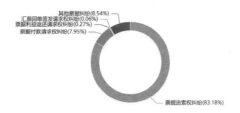

- 票据追索权纠纷（2804件）
- 票据付款请求权纠纷（268件）
- 票据利益返还请求权纠纷（9件）
- 汇票回单签发请求权纠纷（2件）
- 其他票据纠纷（288件）

宝塔系列案票据纠纷类案由及案件量

二、汇票到期无法承兑，持票人怎么办?

作为电子商业汇票持票人，汇票到期无法承兑该如何保护自己的权利？是基于基础法律关系（如买卖合同关系等），要求合同相对方履行付款义务，还是依据票据法律关系行使票据追索权？持票人应根据自身情况分析，从诉讼成本、举证责任等角度选择最有利于自身的诉讼策略。

（一）基于买卖合同，要求对方履行付款义务

持票人基于买卖合同，要求买方履行付款义务，可能会存在票据追索权与合同债权请求权竞合的问题。但竞合的前提是卖方为持票人也是债权人，身份重叠，卖方享有选择权，可以选择基于买卖合同关系或票据权利来进行诉讼。如卖方已将票据背书转让，则卖方选择买卖合同关系进行诉讼时，在案件审理过程中要对买方交付的票据相应的债权予以扣除，否则只有卖方为该票据承担付款义务后，卖方才可以对前手即买方和出票人行使票据追索权。

（二）以票据追索权提起诉讼

1. 行使的时间

汇票到期前	（一）汇票被拒绝承兑的； （二）承兑人或者付款人死亡、逃匿的； （三）承兑人或者付款人被依法宣告破产的或者因违法被责令终止业务活动的	可追索
汇票到期后	被拒绝付款的，持票人可以对背书人、出票人以及汇票的其他债务人行使追索权	可追索
追索被清偿	被追索人依照规定清偿后，可以向其他汇票债务人行使再追索权	再追索

2. 行使的条件

（1）首先行使付款请求权

付款请求权是持票人享有的第一顺序权利，追索权是持票人享有的第二顺序权利，持票人不先行使付款请求权而先行使追索权遭拒绝提起诉讼的，人民法院不予受理。

（2）取得拒付证明

建议持票人行使付款请求权（承兑）时通过录音或录像等方式留存好被拒

绝承兑或被拒绝付款的证据。

电子银行承兑汇票常见的票据状态为"提示付款待签收"，持票人提示付款后承兑人既不付款也不签收，致使票据状态为"提示付款待签收"，能否认定为汇票被拒绝付款？

如泰山集团股份有限公司诉山西科兴能源发展有限公司、上海是那国际贸易有限公司等票据追索权纠纷案中，法院认为，持票人科凯玛钢铸业公司向承兑人提示付款至该公司、向永宁机械厂行使追索权长达四个月之久，但承兑人不在电子商业汇票系统签收提示付款，应视为承兑人以其行为拒绝付款，科凯玛钢铸业公司向永宁机械厂行使票据追索权符合法律规定，永宁机械厂清偿票款后向泰山集团公司行使再追索权亦符合法律规定。

电子商业汇票本是为解决纸质汇票保存携带安全性较差、流转交易不便等问题而建立，电子商业汇票以数据电文形式在票据活动当事人之间签发、流转，对降低结算成本、提升结算效率具有重要作用，如机械理解《中华人民共和国票据法》（以下简称《票据法》）第六十二条有关拒付证明的规定，并不符合票据追索的立法本意，也徒增票据活动当事人的交易成本，有违电子商业汇票建立初衷。本案审理对于维护票据流通秩序方面具有示范作用。

（3）法定期限内履行通知义务

持票人应当在收到被拒绝承兑或者被拒绝付款的有关证明之日起三日内履行通知义务。

逾期通知的法律后果：未在法定期限通知的，持票人仍可以行使追索权。因延期通知给其前手或者出票人造成损失的，由没有按照规定期限通知的汇票当事人承担对该损失的赔偿责任，但是所赔偿的金额以汇票金额为限。

（4）通知的形式及要求

书面方式，注明被拒绝事由，通知其前手（前手应当自收到通知之日起三日内书面通知其再前手）或持票人，也可以同时向各汇票债务人发出书面通知。

3. 行使的时效

（1）票据追索权的时效

《票据法》	第十七条　票据权利在下列期限内不行使而消灭： （一）持票人对票据的出票人和承兑人的权利，自票据到期日起二年。见票即付的汇票、本票，自出票日起二年； （二）持票人对支票出票人的权利，自出票日起六个月； （三）持票人对前手的追索权，自被拒绝承兑或者被拒绝付款之日起六个月； （四）持票人对前手的再追索权，自清偿日或者被提起诉讼之日起三个月。 票据的出票日、到期日由票据当事人依法确定
《电子商业汇票业务管理办法》	第六十八条　持票人因电子商业汇票到期后被拒绝付款或法律法规规定其他原因，拥有的向票据债务人追索的权利时效规定如下： （一）持票人对出票人、承兑人追索和再追索权利时效，自票据到期日起2年，且不短于持票人对其他前手的追索和再追索权利时效。 （二）持票人对其他前手的追索权利时效，自被拒绝付款之日起6个月；持票人对其他前手的再追索权利时效，自清偿日或被提起诉讼之日起3个月

（2）超过票据权利时效的救济

《票据法》第十八条："持票人因超过票据权利时效或者因票据记载事项欠缺而丧失票据权利的，仍享有民事权利，可以请求出票人或者承兑人返还其与未支付的票据金额相当的利益。"

返还与票据相关的利益，虽然规定在《票据法》当中，但这是一种民事权利并非票据权利。票据利益返还请求权为一般的民事普通债权，时效起算点应自原告知道或应当知道权利被侵害时起计算。《民法典》施行前的法律事实引起的民事纠纷案件，适用当时的法律、司法解释的规定，应适用三年的时效规定。

4. 追索时可以主张哪些金额和费用

追索权		再追索权	
金额和费用	追偿实现后的义务	金额和费用	再追偿实现后的义务
（1）被拒绝付款的汇票金额； （2）汇票金额自到期日或者提示付款日起至清偿日止，按照中国人民银行规定的利率计算的利息； （3）取得有关拒绝证明和发出通知书的费用	被追索人清偿债务时，持票人应当交出汇票和有关拒绝证明，并出具所收到利息和费用的收据	（1）已清偿的全部金额； （2）前项金额自清偿日起至再追索清偿日止，按照中国人民银行规定的利率计算的利息； （3）发出通知书的费用	行使再追索权的被追索人获得清偿时，应当交出汇票和有关拒绝证明，并出具所收到利息和费用的收据

5. 行使追索权时常见的抗辩角度

在行使票据追索权时，最常见的被追索人的抗辩意见主要有以下几个方面：

（1）持票人是否具备起诉条件（如是否行使付款请求权，是否已取得拒付证明等）；

（2）不具备真实的交易关系或其他基础关系存在纠纷；

（3）票据纠纷涉及刑事案件，要求中止审理或驳回起诉。

如宝塔票据系列案中，宝塔财务公司以财务公司高管已涉嫌刑事犯罪为由要求驳回起诉。

三、结语

综上，笔者从票据追索权角度出发，从如何行使追索权，行使的条件、时效、救济以及可能存在的抗辩要点进行了分析，主要目的是提示读者在日常经营过程中，如持有电子商业汇票或其他票据，在享受票据带来的流转便捷、提升结算效率的同时，应当注意票据相关风险，及时行使权利并做好证据保留，降低票据无法承兑、难以追索等风险。

本文作者系北京德和衡（广州）律师事务所公司业务中心专职律师

广州旧村改造中"留守户"问题
有哪些法律解决方案？

王福坤　劳程熙

前言

　　广州旧村改造主要采用村集体自主改造模式和引入合作企业合作改造模式，并采取就地安置和货币补偿进行拆迁安置。由于公共利益与私权益无法有效协调，旧村"留守户"问题一直是阻碍旧村改造项目有效推进的难点。其中，在缺乏公权力保障的合作改造中（区别于征收），该问题更为突出。为有效合法解决"留守户"问题，助力旧村改造项目的推进，改善旧村人居环境，社会各界有识之士皆在努力探索该问题的解决路径。本文将以立法现状为基础，辅之以案例、先例，以及未生效政策，尝试对"集体经济组织收回集体土地使用权"路径进行探析。

一、集体经济组织能否为推进旧村改造，收回"留守户"集体土地使用权？

（一）收回"留守户"集体土地使用权的法律依据

　　关于农村集体经济组织收回集体土地使用权的情形，《中华人民共和国土地管理法（2019年修正）》（以下简称《土地管理法》）中有明确规定，即

《土地管理法》第六十六条："有下列情形之一的，农村集体经济组织报经原批准用地的人民政府批准，可以收回土地使用权：（一）为乡（镇）村公共设施和公益事业建设，需要使用土地的；（二）不按照批准的用途使用土地的；（三）因撤销、迁移等原因而停止使用土地的。"

虽《土地管理法》第六十六条并未明确规定旧村改造为收回集体土地使用权的情形之一，但可参照《土地管理法》第五十八条规定"为实施城市规划进行旧城区改建以及其他公共利益需要，确需使用土地的"，"有关人民政府自然资源主管部门报经原批准用地的人民政府或者有批准权的人民政府批准"。依据《土地管理法》第五十八条可知，为实施城市规划进行的旧城区改建符合公共利益需求。同时，由于旧村改造是为加快城乡一体化建设、优化社会管理水平、改善城市形象、推动产业转型，符合绝大多数城中村村民的利益，故在公益性质的认定上，旧村改造与旧城区改建具有同质性，旧村改造显然具有社会公共利益属性。

综上，笔者认为，旧村改造可适用《土地管理法》第六十六条第一款第（一）项"为乡（镇）村公共设施和公益事业建设，需要使用土地的"，收回旧村改造过程中"留守户"的集体土地使用权。

（二）旧村改造具有公益事业属性的案例支撑

虽然《土地管理法》及《中华人民共和国土地管理法实施条例》并未细化"公益事业"的范畴，但结合《土地管理法》第五十八条规定及现有案例中最高院的观点可知，城中村改造是为了加快城乡一体化建设进程，整合土地资源，有利于提高居民生活质量、优化社会管理水平、改善城市形象、推动产业转型，符合绝大多数城中村居民的利益，具有社会公共利益属性。本文选取部分案例展示如下：

（1）王冬生诉太原市小店区人民政府土地行政收回一案［（2018）最高法行申7565号］，最高院认为"被诉行政行为发生在太原市××城中村改造过程中，城中村改造符合绝大多数城中村居民的利益，具有社会公共利益属性"。

（2）赵八斤诉山西省太原市万柏林区人民政府土地使用权批复一案

[（2020）最高法行申410号]，最高院认为："彭村社区基于城中村改造目的，由集体土地所有权人彭村居民委员会经过'四议两公开'民主议事程序审议通过'交回整村范围内的集体土地使用权'事项，后上报所在街道办事处，街道办事处审核后再向万柏林区政府报请批准。故涉案项目具备集体土地使用权收回的法定条件。"

（3）宋小萌诉保定市莲池区人民政府土地行政管理一案[（2020）最高法行申14361号]，最高院认为："本案中，西大夫庄村委会收回宅基地使用权是为了实施旧村改造，改善村民居住环境，提升村民生活水平，符合公共利益属性。大部分村民已自愿签订安置补偿协议并交回宅基地使用权，村民签约率达到了90%。可见，案涉改造项目体现了大多数村民的意愿，符合大多数村民的利益。"

其他可参照最高院、部分省高院案例如（2018）最高法行申7562号、（2018）最高法行申7569号、（2020）最高法行申2324号、（2021）津行终343号。

二、广州市旧村改造中收回集体土地使用权的部分先例

序号	项目简称	收回主体	收回原因	表决事项	表决程序
1	茅岗旧村改造	茅岗股份经济联合社	部分未签约户	收回未签约村民集体土地	关联经济社成员大会
2	文冲村改造	文冲股份经济联合社	部分未签约户	收回未签约户宅基地并组织拆除	居民代表和股东代表
3	火村改造	火村社区经济联合社	部分未签约户	收回未签约户宅基地使用权并组织拆除	全体18岁以上村民
4	珠江村改造	下沙股份经济联合社	部分未签约户	收回占用的集体土地使用权并组织拆除	经济社股东大会、经联社股东代表大会
5	沙步村改造	沙步股份经济联合社	部分未签约户	限期签约，未签约的将收回占用的集体土地使用权	成员大会

三、广州旧村改造政策趋势

2021年7月7日，广州市住房和城乡建设局发布《广州市城市更新条例（征求意见稿）》。《广州市城市更新条例（征求意见稿）》第四十四条规定："项目实施方案生效后，农村集体经济组织可以依据《中华人民共和国土地管理法》报经原批准用地的机关批准收回集体土地使用权。宅基地使用权人拒不交回土地使用权，且旧村庄更新改造项目搬迁安置补偿协议签订人数占比达到百分之九十五的，农村集体经济组织可以向人民法院提起诉讼。"

虽然该文件属于征求意见稿，文件内容仍具有不确定性，但是仍能体现当前政策对收回"留守户"集体土地使用权的肯定性倾向。同时，该意见稿亦明确了当签约率达到百分之九十五时，农村集体经济组织可向人民法院提起诉讼，以解决宅基地使用权人拒不交回土地使用权的困境，这补强了收回集体土地使用权路径的公权力保障。

四、结语

因旧村改造具有公共利益属性，在大部分村民已自愿签订安置补偿协议并交回宅基地使用权的情况下，集体经济组织为了集体利益，维护大多数村民的利益，可通过收回集体土地使用权，解决部分"留守户"问题。但不足之处在于，现有法律、法规以及政策并未细化收回集体土地使用权的程序。因此，集体经济组织应保障收回程序的合法性，防止后续的诉讼风险。

本文作者王福坤系北京德和衡（广州）律师事务所房地建工业务中心专职律师
劳程熙系北京德和衡（广州）律师事务所房地建工业务中心实习律师

合资开公司没开成，投资款怎么办？

陈 杰

都说万事开头难，设立企业则更是如此，有人才、有资金也并不能保证一帆风顺。在设立企业的过程中，还存在许多法律风险。如果企业没有成功设立，投资人要如何维护自己的权益，取回投资款呢？

一、案情介绍

刘某与杨某签订《意向协议书》，协议成立荔乡酒厂。两人约定：由杨某付款300万元，占公司50.5%股份。杨某已于《意向协议书》签订后支付了180万元给刘某。因公司没有设立，杨某提起诉讼要求解除《意向协议书》，要求刘某返还投资款。并且，双方已就该《意向协议书》的解除达成一致。一、二审法院判决刘某返还给杨某180万元投资款。

二、再审事由

刘某申请再审称，二审判决后，刘某取得新证据证明未能合作设立公司的责任在于杨某怠于履行发起人责任的违约行为。杨某在刘某不知情的情况下，同他人设立饮品有限公司，经营场地设在荔乡酒厂内，经营产品与荔乡酒厂完全一致，说明杨某无意和刘某共同设立公司，其不遵守约定严重侵害了刘某的权益，公司不能设立的责任应由杨某完全承担。本案应为发起人之间的合伙合作关系纠纷，人民法院应当对杨某为设立公司投资的180万元款项进行性质认定，并确认公司未能设立的全部责任由杨某承担。一、二审法院判决刘某返还给杨某180万元投资款认定事实错误，适用法律错误。再审法院经审理后，认为刘某的再审申请不符合《中华人民共和国民事诉讼法》第二百条规定的应当再审的情形，裁定驳回了刘某关于荔乡天然果酒厂的再审申请。

三、相关法律规定

（一）合同解除权

所谓合同解除，其实分为两种。一种是法定解除，就是"依法办事"，不管对方有什么借口，只要符合法律规定，就可以主张解除合同；而另外一种，则是约定解除，就是"你情我愿"，只要两个人愿意，不管什么理由，都可以解除。

1. 法定解除

《民法典》第五百六十三条规定，有下列情形之一的，当事人可以解除合同：

（1）因不可抗力致使不能实现合同目的；

（2）在履行期限届满前，当事人一方明确表示或者以自己的行为表明不履行主要债务；

（3）当事人一方迟延履行主要债务，经催告后在合理期限内仍未履行；

（4）当事人一方迟延履行债务或者有其他违约行为致使不能实现合同目的；

（5）法律规定的其他情形。

在本案中，杨某已经在签协议后给了刘某180万元，已经完成了自己所负有的合同义务，不具有过错。同时，公司不能设立，《意向协议书》已不具备履行条件，合同目的不能实现。这种情况符合《民法典》所规定的法定解除权的情形，即上文法律规定所列出的第（4）项内容。因此，杨某拥有法定解除权。

2. 约定解除

《民法典》第五百六十二条规定："当事人协商一致，可以解除合同。"

在本案中，刘某与杨某早已就《意向协议书》的解除达成一致意见。因此，该协议也可以因协议解除而失去效力。

（二）合同解除后的处理方式

《民法典》第五百六十六条规定："合同解除后，尚未履行的，终止履行；已经履行的，根据履行情况和合同性质，当事人可以请求恢复原状或者采取其他补救措施，并有权请求赔偿损失。

"合同因违约解除的，解除权人可以请求违约方承担违约责任，但是当事人另有约定的除外。"

四、处理意见

在本案中，《意向协议书》符合解除条件。因此，在解除后，应按照《民法典》的规定进行处理。所以，刘某应当把杨某给的180万元投资款返还给杨某。这里还需要注意一点，如果对方存在相应的违约行为，还可以向违约方主张违约责任。

本文作者系北京德和衡（广州）律师事务所银行、保险与融资业务中心专职律师

商标侵权诉讼中关于类似商品或者服务的认定

李宝刚

在商标侵权诉讼案件中，认定商标侵权，除被诉商标需与注册商标相同或者近似以外，还需确认被诉商品或者服务是否与注册商标核定范围属于同一类别，如均用于服装上，或者均用于咖啡馆上，这种属于同一类别通常比较容易判断。

但在现实当中，有些商标侵权使用较为复杂，如注册商标使用在食品上，被诉商标使用在餐饮上；或者注册商标使用在钢笔上，被诉商标使用在文件盒上；等等。是否构成侵权，则需要结合具体案情进一步认定，若两者构成类似商品或者服务，则构成侵权。

所谓类似商品，是指在功能、用途、生产部门、销售渠道、消费对象等方面相同，或者相关公众一般认为其存在特定联系、容易造成混淆的商品。类似服务，是指在服务的目的、内容、方式、对象等方面相同，或者相关公众一般认为存在特定联系、容易造成混淆的服务。商品与服务类似，是指商品和服务之间存在特定联系，容易使相关公众混淆，认为商品和服务由同一市场主体提供。故判定商品与服务是否类似，应当综合各项因素考虑，下面通过一则案例展开分析。

一、案例分析

原告系某注册商标权利人，该商标核定在第43类"餐厅、饭店、餐馆"服务使用，由于经过长期使用，具有一定知名度。原告通过网络检索，发现被告网及其呈现的各种系列产品中，粗略统计有23款产品突出使用了原告的注册商标。被告主要经营的是第29类、第30类食品，产品主要是食材方面。就此，原告认为被告侵犯了其注册商标专用权，诉至人民法院。

由于原告注册商标核定类别与被告商标使用类别并非同类商品或服务，判定是否侵权，需要对商品与服务是否类似进行判断。

首先，从用途上看，被告销售的商品属于预制食材，经过消费者加工后即可食用；而原告目的也是提供消费者可食用的菜品，两者在用途上存在一定的交叉，均是为消费者提供美味可口的食物。

其次，从消费对象上看，预制食材的顾客还是宴席、餐厅服务的直接消费者，两者在用户上存在重叠，均是服务于就餐的消费者。

再次，从销售渠道和服务场所看，预制食材面向的主要销售渠道是宴席、酒店等，宴席、餐厅服务的主要场所是饭店，两者的销售渠道和服务场所存在一定的交叉。

所以，基于两者在用途、消费对象、销售渠道上具有一定的重叠和交叉，两者均是为了满足消费者对菜品、对美食的需要，容易使相关公众对预制食材与餐厅产生特定的联系，造成混淆，法院最终认定两者构成类似商品与服务。

二、结语

由此可见，不能仅以商品或者服务是否被列于同一类似群来判断商品、服务是否类似，列在不同类别下的商品、服务也可能是类似的。

关于是否构成类似商品或者服务的认定，相关司法解释也作出了具体规定：认定商品或者服务是否类似，应当以相关公众对商品或者服务的一般认识综合判断；《商标注册用商品和服务国际分类表》《类似商品和服务区分表》可以作为判断类似商品或者服务的参考。

所以判定商品与服务是否类似，可先参考《商标注册用商品和服务国际分类表》《类似商品和服务区分表》作出初步判断，若在区分表中属于同一个类似群内的商品和服务项目，原则上属于类似商品与服务；若无法区分，则进一步从功能、用途、生产部门、销售渠道、消费对象等方面综合考虑两者之间的密切程度，还可以结合注册商标知名度、侵权者的主观恶意等，最终以是否引起相关公众混淆为认定标准。

笔者认为，归根到底，商标侵权者的主要目的是攀附注册商标的商誉，让相关公众认为两者为同一商品或者服务，故判定商品与服务是否类似，可以是否使相关公众产生混淆为基本认定原则。只有在构成混淆的前提下，才可能发生侵权行为。

本文作者系北京德和衡（广州）律师事务所知识产权业务中心总监

境外互联网广告业务诉讼案件应注意的法律风险

蒋继元

本文中，我们将结合境外互联网广告业务的基本情况，阐述此类案件常见、疑难的法律问题，供共同学习与思考。

一、境外互联网广告业务介绍

在我国企业出海的背景下，不可避免境外互联网广告的投放。通常，Facebook（脸书）、Google（谷歌）、Twitter（推特）等公司（广告平台）并不直接接受国内企业的广告投放，而是各授权十家左右代理商开展广告业务。广告主（包括终端广告主及无法与境外广告平台直接建立广告投放渠道的次级代理商）需要通过上述代理商的广告渠道，实现在境外广告平台投放广告的商业目的。

代理商与广告主多数签订"代理"类服务合同，约定由代理商提供广告代理服务。合同履行上，代理商为广告主开通广告账户，视情况设定广告费可用额度，广告主自行操作广告账户。广告平台每月向代理商提供广告消耗账单，代理商以此为依据制作各广告主消耗账单，并发送作为结算依据，广告费用以美元结算。代理商的商业逻辑系为广告主提供境外广告平台投放广告的渠道，按照与广告平台的协议赚取广告费用佣金（返点），另一部分赚取广告主服务费及其他增值服务费用。

二、境外互联网广告纠纷中的法律风险

（一）代理商与广告主之间合同的效力及性质

（1）由于Facebook与Google等境外广告平台并未在中国大陆直接开展经营业务，就境外海外平台广告业务而订立的合同是否因此无效？

实践中，广告主可能提出合同无效的事由有以下几种：

1）Facebook、Google等公司在国内不能开展业务；

2）境外代理商未经国内商务部门、电信管理部门批准，未取得经营许可证而直接从事电信增值业务，违反我国关于外商产业投资负面清单以及电信管理条例的规定；

3）约定美元结算违反了我国外汇管理规定，境外代理商逃避国内税收征管。

对此，我们认为根据《民法典》规定，只有违反法律、行政法规的强制性规定的民事法律行为才会认定为无效，此处所涉Facebook、Google等投放的是境外广告，不涉及境外企业在国内经营电信增值业务的情形，且外汇、税收管理规定系行政管理性规定，不影响合同效力。实践中，我们代理的数起案件及同类型境外代理商涉及类似案件中，合同均被广州、深圳、北京、杭州等地法院确认有效。

（2）据我们了解，本文所提及的大部分代理商所使用的合同标题均是代理类服务合同，如网络推广代理服务协议、Facebook代理服务合同等。

从实际合同履行看，代理商系作为Facebook、Google等公司的代理人提供该广告平台的投放渠道，其为广告主开设广告账户后，广告主自行负责广告账户的日常操作与实际使用，因此代理商仅向广告主提供广告投放渠道，并不作为受托人代理广告主实际操作投放广告。因此，我们认为，二者应系特定行业内的特定服务合同关系，而非典型、单一的委托代理合同关系。

（二）合同主体、担保问题

代理商多注册于中国香港或新加坡，实际营业主体在中国内地，广告主虽为国内企业，但为其海外业务发展或投融资需要，也会在境外注册公司，另考虑美元结算等因素，多数会由国内广告主的境外关联公司与境外代理商订立广告服务合同，境内广告主实际投放广告并为其境外关联公司提供担保。如此设计，一方面考虑境外美元结算便利，另一方面又期望境内公司作为担保方承担责任，但在实践中就会带来各种法律风险。

（1）境外公司订约会产生法律适用、管辖问题，除境外广告业务特殊性外，交易主体各方实际均为中国内地主体，故通常合同中均会约定中国内地法律及在内地管辖。

但在实际发生争议后，也存在部分主体对境外合同订立的形式提出异议，如中国香港印章的形式与使用，是否正确使用备案公章，有无影响合同成立。对此，我们认为，除考虑合同对适用法律的约定，必要时还需要就境外当地法律规定向法院进行举证，并结合合同订立后的实际履行情况来印证合同不仅订立更已实际履行的事实。

（2）《九民纪要》及《民法典》施行，对此类业务中的担保情况产生了重大影响。据我们了解，有相当部分担保函非经担保方公司机关决议程序而作出，且至今公司业务部门反映仍有大部分担保方不愿意出具相应的股东会记录或董事会记录。

就此，我们与企业多次沟通，考虑此行业内实际情况，大多数担保方与被担保方存在关联关系，甚至控制与被控制的关系，二者股东、业务、人员、场所均存在混同，更有甚者，实际履行广告服务合同投放广告的主体反而是作为担保方的境内公司，境外公司的设立、运作仅作为缔约及结算方服务于境内公司。

因此，担保方提出担保未经有效决议无效后，我们建议可从两个途径追责，其一是担保方作为主合同的实际履行主体，应承担主合同的权利义务；其二是从订约方与担保方二者存在控制关系，担保符合担保方公司真实意思表示，认定应承担担保责任。此两个途径需结合个案具体情形选择。

（三）合同履行中的证据问题

互联网广告的履行主要在线上，即代理商与广告主通过微信、邮件沟通，广告主在广告平台操作广告账户投放广告，广告平台向代理商发送消耗账单，代理商制作并向广告主发送消耗账单并结算，且由于广告平台在境外，相应数据证据为域外证据。

在代理商与广告主就应付广告费（即广告消耗）产生争议后，往往需要核对广告平台发生的原始消耗账单，则产生如电子数据需"翻墙"才可取得，海量数据事先公证产生大额公证费用等问题。

就此，我们建议在合同签订时，可对广告费消耗产生异议的核对程序以及对公证费用的预计与承担约定作出安排。

（四）广告平台规则的适用

在境外互联网广告业务中，除法律、法规、双方约定之外，广告平台即Facebook、Google等公司的平台规则也作为调整双方权利义务的重要依据。诸如违规广告界定，广告账户封停、申诉机制等，往往是引发代理商与广告主矛盾的常见原因。

代理商与广告主作为境外互联网广告的"业内人士"，对于平台常识性规则很多是明知清晰的，属于常识性规则，但在发生争议后对作为业外人士的纠纷裁判者，则不存在常识性规则，需要律师向其举证、说明、解释。

对此，我们建议首先在合同中需明确约定平台规则作为调整双方权利义务依据，且广告主有义务了解平台规则及其更新并遵守，代理商作为服务商，除提供渠道外，也建议提高服务质量，对平台重要规则及其更新及时向其客户作出提示与推送，在广告主违背规则遭受平台处罚时及时有效固定相应责任，并积极介入、协助广告主与平台沟通减轻损失。我们律师在处理此类案例中，也需要事先有效整理平台重要规则，并结合个案对规则进行排序、组织、提交，以支持己方主张。

（五）常见违约情形

此业务常见的违约情形中有广告主违规发布广告导致代理商被广告平台处罚，针对此，代理商会在合同中约定相对高的违约责任，但由于裁判者对以上违约行为造成损失的不了解，可能会将违约金调整到较低标准。

这正是之前提到的业内业外对同一行为的理解偏差造成的。如广告主违规发布广告，单个违规广告并不会对代理商造成直接经济损失，但代理商年度违规广告数却是广告平台对其结算代理费用（返点）的重要指标之一，换言之，当代理商年度违规广告超过某一标准线，可能会损失数百万美元的返点，因此代理商对广告主违规发布广告约定非常严厉的违约责任，但裁判者却很难理解其中特有的商业逻辑，故先入为主认为损失不存在或不具有预见性，从而大幅调低违约金。为此，我们建议在合同中增加对广告主违约行为与损失的因果关系、背景的告知，实质是通过合同约定向可能发生争议后的裁判者进行预先告知，其效果远远好过法庭上律师脱离合同的高谈阔论，前者是双方合同约定的事实，后者只能算是代理律师的意见。

以上是境外互联网广告业务争议的相关问题，供大家处理此类业务时参考，也欢迎大家沟通交流。

本文作者系北京德和衡（广州）律师事务所互联网与TMT业务中心专职律师

看他俩"翻车"的姿势：合同诈骗面面观

梁 桥

天下熙熙皆为利来，天下攘攘皆为利往。商人逐利，乃是商业本质、无可厚非。然而部分商人却在逐利的道路上，从一般的不诚信走向了犯罪，从最初的合同欺诈滑向了犯罪深渊。须知，合同诈骗行为不是普通的合同欺诈，更不是普通的民事纠纷，而是犯罪行为，并且这个行为会令人付出惨重代价！

一、典型案例

（一）明知公司经营无以为继，企业家却仍要求供应商继续供货给其挥霍，构成合同诈骗罪

杜某是广东某科技有限公司的出资人，法定代表人。2011年10月至2012年8月期间，该科技公司共计拖欠27家供应商货款合计5834711.31元。在供应商不断催款的情况下，杜某以资金周转不开等理由拖延支付货款，并开出未提供密码的期票敷衍供应商以让供应商继续供货。2012年8月11日，在偿债无望的情况下，杜某变卖汽车携带家属离开深圳逃匿。而相关涉案款项则被杜某用作赌资以及其他事项的挥霍。

案发被抓后，杜某辩解称其不应构成合同诈骗，只能算是商业往来中的欺诈，是民事纠纷，不应构成犯罪。此外，其主张公司无力偿还货款的责任不在于他个人，而是因为市场大环境不好，公司拖欠的货款公司将通过变卖公司资产的方式进行偿还。杜某的上述辩解并未被法院接受，杜某因构成合同诈骗罪被法院判处有期徒刑11年，并处罚金人民币50万元。

（二）签订合同后将合同款项用于偿还非法集资的利息，民营企业家被控合同诈骗罪

李某是某县面粉加工厂的负责人，负责工厂的日常经营管理。该厂是当地著名的面粉加工企业，与当地各酒店、食肆等有较为密切的合作，年营业额将近500万元。2013年，李某为了筹措资金投资当地的房地产行业，同时为了偿还大量的民间借贷利息，在明知工厂达不到约定产能的情况下，通过虚增产量、提高合同价格、提前收取货款等方式，非法骗取酒店、食肆等受害人货款合计人民币800万元，且无法归还。

李某在合同签订之初，面对不能及时供货的客户，采取了退款或补发货物的方式进行安抚，但到了后期，李某的资金全部都用于房地产开发以及归还高额的民间借贷利息，致使其资金链断裂，无法归还货款也无法发货。案发后，李某被当地公安机关以合同诈骗罪、非法吸收公众存款罪等多个罪名进行立案侦查。

二、法律评析

缔结合同作为现代经济社会生活中最为普遍的社会现象，其已深入生活的方方面面。合同秩序的良好运行不仅关系到合同签订主体之间的经济利益实现，也关乎整个市场秩序的健康和稳定；故国家将其作为《刑法》上需保护的利益加以规定。现实生活中，合同诈骗屡见不鲜，企业家们既要防范合同诈骗陷阱，更要警惕自身触犯合同诈骗而深陷囹圄的风险。

《刑法》第二百二十四条规定，合同诈骗罪是指以非法占有为目的，在签订、履行合同过程中，采取虚构事实或者隐瞒真相等欺骗手段，骗取对方当事人财产数额较大的行为。根据2010年5月7日实行的最高人民检察院、公安部《关于公安机关管辖的刑事案件立案追诉标准的规定（二）》有关规定，以非法占有为目的，在签订、履行合同过程中，骗取对方当事人财物数额在2万元以上的，应予追诉。诈骗罪的入罪门槛较低，企业家们对此应予以高度重视，一旦合同行为被认定为合同诈骗，那将会付出极大的代价。

（一）认清常见合同诈骗手法，远离合同诈骗

《刑法》第二百二十四条列举了四种常见的合同诈骗行为：（1）以虚假的单位或冒用他人名义签订合同；（2）以伪造、编造、作废的票据或者其他虚假的产权证明作担保；（3）没有实际履行能力，以先履行小额合同或者部分履行合同的方法，诱骗对方当事人继续签订和履行合同；（4）收受对方当事人给付的货物、货款、预付款或者担保财产后逃匿。

上述四种行为是日常最普遍的合同诈骗手法，也是最容易被定性为合同诈骗的行为。案例1中，杜某在明知公司已不具备履行合同能力的情况下，为了谋取非法利益，通过利用不能兑现的期票作为担保，欺骗供应商继续履行合同然后转卖货物，将所得用于个人挥霍。杜某的行为与《刑法》第二百二十四条列举的第（2）项行为模式一致，最终被法院认定构成合同诈骗罪，杜某因此被判处有期徒刑11年并处罚金50万元。

（二）通过以下方法骗取钱财的，同样构成合同诈骗

《刑法》第二百二十四条除了列举了上文所介绍的四种诈骗手法，还留下了一个兜底条款，那就是以"其他方法骗取对方当事人财物"。而这里所说的其他方法，指的是在签订、履行经济合同过程中使用除上述四种手法外的方法，以合同为手段，以骗取合同约定的货物、货款、预付款、定金或者其他担保财物标的，签订不能履行的合同。

常见的其他方法有：（1）利用虚假的广告和信息，诱人签订合同以骗取中介费、好处费、培训费等；（2）通过虚构货源或其他合同标的签订空头合同，骗取合同款项；（3）通过假意联合经营、投资、合伙等名义，在签订、履行合同时骗取对方财物；（4）利用合同违约条款，故意制造对方违约，骗取对方定金、违约金等；（5）通过伪造合同，骗取对方当事人及代理人或权利义务继受人的财物；（6）直接挥霍合同款项或将合同款项用于违法活动，致使其无法返还。

案例2中的李某，为了获取资金投资房地产行业以及归还借款利息，利用其经营的面粉加工厂在当地的影响力，通过签订合同提前收取货款等方式，骗取酒店、食肆等客户大额货款。虽然李某具有一定的合同履行能力，但是其所签订的合同订单量已远超其面粉加工厂的生产能力，其早已预见将有大量合同不能履行的局面。此外，其更是将提前收取的合同款项用于投资房地产行业以及偿还面向不特定公众借款而产生的高昂利息。李某的上述行为符合以其他方法骗取财物，构成合同诈骗罪。

（三）单位犯合同诈骗罪，直接主管和负责的人员也要被处罚

根据《刑法》相关的规定，合同诈骗罪的犯罪主体既可以是个人，也可以是单位。若合同诈骗行为是经公司集体决策后实行的，依法可认定公司构成合同诈骗罪。企业家作为公司的高级管理人员，特别是作为公司法定代表人的，也会因合同诈骗行为而遭受处罚。《刑法》第二百三十一条规定，单位犯合同诈骗罪的，对单位判处罚金，并对其直接负责的主管人员和其他直接责任人员按照《刑法》第二百二十四条的规定进行处罚。

企业家作为企业的主要人员甚至是法定代表人，更应高度警惕合同诈骗的刑事法律风险，切勿有任何公司实施合同诈骗公司担责的想法。因为无论如何诡辩，此举都会令企业家承担巨大的刑事风险。

三、风险防范

《刑法》第二百二十四条规定，构成合同诈骗罪，数额较大的，处三年以下有期徒刑或者拘役，并处或者单处罚金；数额巨大或者有其他严重情节的，处三年以上十年以下有期徒刑，并处罚金；数额特别巨大或者有其他特别严重情节的，处十年以上有期徒刑或者无期徒刑，并处罚金或者没收财产。

（一）认清合同诈骗风险，防范商业对手利用合同诈骗打击报复

企业经营过程当中，企业家们除了要有盈利意识外，还需要有法律风险防

范意识；交易过程中除了要评估交易的可行性以及回报率外，还应考虑交易资金的安全性。企业家在签订、履行合同时应充分考虑对方是否存在非法侵占财物的目的以及行为，警惕对方存在合同诈骗的可能。如有条件，应在重大交易前做好法律尽职调查，尽可能排除交易对方合同诈骗的风险。

（二）经商诚信立天下，勿让小欺骗将自己变成大罪犯

企业家们应注意和规范自身的交易行为，稍有不慎，自身一些不规范的合同欺诈行为就很可能被认定为合同诈骗。通过分析中国裁判文书网上的相关案例，律师发现，合同诈骗与合同欺诈主要存在以下不同。合同诈骗与合同欺诈在"骗"的目的上有所不同，合同诈骗行为人的目的在于非法占有他人的财物；而合同欺诈行为人则是采用欺骗的手法使他人产生错误认识而做出对自己有利的行为，并通过这种行为获得民事上的"非法利益"。无论是合同欺诈还是合同诈骗，都不应是企业家们的选项，诚信才是企业发展壮大的基石。

（三）民事纠纷民事了，免得犯罪把牢坐

企业家们在应对合同诈骗罪法律风险过程中，应注意到合同纠纷与合同诈骗的不一样，高度警惕因合同纠纷而被认定为合同诈骗的法律风险。合同纠纷是指在商业交往中，合作双方因合同签订、履行过程当中的权利义务存在分歧而发生争议的行为。合同纠纷与合同诈骗二者存在明显的不同，主要从以下几个方面进行区分：

（1）签订合同的目的不一样。合同诈骗行为人的目的是通过合同骗取钱财，而合同纠纷当事人签订合同的目的为的是通过经营和交易来获取经济利益，这是二者的根本性区别。

（2）合同当事人是否有实际履行能力。合同诈骗的行为人无论是在合同签订之前或者签订时，都明知自身不具备合同的履行能力却仍要订立合同，即使是签订合同时具备履行能力，但合同签订后履行能力丧失了，仍以履行小额合同骗取签订大额合同的，也构成诈骗。而合同纠纷的当事人则是具备合同履行能力的，只不过是在履行过程中因某种原因而不能履行本合同。

（3）签订合同后是否有履行合同的实际行动。合同诈骗的行为人在合同签订后一般都不会像合同当事人那样，有实际行动去履行合同，他们的行动只是围绕着如何骗取合同对方当事人的钱财而展开的。

企业家若想在商海沉浮中谋得生存和发展，既要做到目光如炬不被商业对手利用合同进行诈骗，也要坚守诚信拒绝合同诈骗以免身陷囹圄。

附：相关法律条文

《刑法》第二百二十四条　有下列情形之一，以非法占有为目的，在签订、履行合同过程中，骗取对方当事人财物，数额较大的，处三年以下有期徒刑或者拘役，并处或者单处罚金；数额巨大或者有其他严重情节的，处三年以上十年以下有期徒刑，并处罚金；数额特别巨大或者有其他特别严重情节的，处十年以上有期徒刑或者无期徒刑，并处罚金或者没收财产：（一）以虚构的单位或者冒用他人名义签订合同的；（二）以伪造、变造、作废的票据或者其他虚假的产权证明作担保的；（三）没有实际履行能力，以先履行小额合同或者部分履行合同的方法，诱骗对方当事人继续签订和履行合同的；（四）收受对方当事人给付的货物、货款、预付款或者担保财产后逃匿的；（五）以其他方法骗取对方当事人财物的。

《刑法》第二百三十一条　单位犯本节第二百二十一条至第二百三十条规定之罪的，对单位判处罚金，并对其直接负责的主管人员和其他直接责任人员，依照本节各该条的规定处罚。

《最高人民检察院、公安部关于公安机关管辖的刑事案件立案追诉标准的规定（二）》第七十七条［合同诈骗案（刑法第二百二十四条）］以非法占有为目的，在签订、履行合同过程中，骗取对方当事人财物，数额在二万元以上的，应予立案追诉。

本文作者系北京德和衡（广州）律师事务所争议解决业务中心副总监

强奸罪中的违背妇女意志如何判定？

梁 桥

2021年8月24日，网友"小艺希望坏人被惩罚"在线爆料称"芒果台"主持人钱某对其强奸，并附有监控录像等证据材料。霎时间舆论一片哗然。

这令笔者想起了之前做的企业家刑事风险防范中何为违背妇女意志实施强奸这一课题。若违背妇女意志没有一个清晰的法律界限，那是不是所有男人都有可能在事后被举报强奸呢？

一、法律规定

讨论强奸罪，要先看我国法律对强奸罪的规定。《刑法》第二百三十六条规定："以暴力、胁迫或者其他手段强奸妇女的，处三年以上十年以下有期徒刑。奸淫不满十四周岁的幼女的，以强奸论，从重处罚。"

由此可见，采用暴力、胁迫或者其他手段强奸妇女或者奸淫未满14周岁幼女的，构成强奸罪。同时，上述规定也表明了，在我国强奸罪的受害对象仅限于妇女和未满14周岁的幼女，男性不在强奸罪的保护范围内（注：我国台湾地区强奸罪受害对象包括男性）。

二、强奸罪的构成要件

上述规定体现了我国刑事立法的一贯作风，就是以高度概括的方式规定何为强奸罪。但其并未讲明强奸罪的构成要素是什么以及哪些行为构成强奸罪。

按照刑法学界传统的四要件学说，构成犯罪需具备主体要件、客体要件、主观要件、客观要件，而只有在同时满足强奸罪四要件的情况下，强奸行为才能被认定为构成强奸罪。而实务当中，法律界人士普遍认同强奸罪的构成前提以及核心特征就是男性违背妇女意志与妇女实施性行为，也就是侵害妇女性自主权的行为。至于是否使用暴力、胁迫等手段，并不是构成强奸罪的前提，使用暴力、胁迫等手段仅是强奸罪的外在表现之一。

那何为违背妇女意志，什么是妇女的性自主权呢？其实二者的内涵是紧密联系并且相通的。妇女的性自主权是指其有权决定是否实施性行为、和谁产生性行为甚至是如何实施性行为；而违背妇女意志则是侵害妇女自主行使上述权利。在违背妇女意志的大前提下，男性与妇女实施性行为大概率会被认定构成强奸罪（需注意区分夫妻间的同居义务）。然而意志是一种主观意识，人只有通过行为手段才能展现其意志，也正是因为这样，意志具有一定外观性。

三、违背妇女意志的外在表现

要了解何为强奸罪中的违背妇女意志，违背妇女意志有哪些外在表现，则不得不再引入一个概念，那就是违背被害人性自主权程度。若简单机械地按照法律条文的规定去理解以及解释何为违背妇女意志，但凡妇女说发生性行为时是不愿意的，那是不是就可以认定为违背妇女意志呢？若真是如此，那所有的男人事后都可能会面临被指控强奸，就像国内某电商巨头在美国被指控强奸一样。故而只有结合违背被害人性自主权程度这一概念，方能较为全面地解释何为违背妇女意志，其有哪些外在表现。

常见的违背妇女意志的外在表现主要有：在未征得妇女同意下，以暴力手段强制实施性行为；以胁迫的方式使妇女不敢反抗而实施性行为；以灌酒使妇女失去抵抗能力、妇女熟睡将施害人误认为是伴侣等方式使妇女不知反抗而实施性行为。上述三种情况都是明显违背妇女意志的，这里面既包括采用了严重侵害妇女性自主权、违背被害人性自主权程度极高的暴力手段，也包括了妇女在熟睡状态将施害人误认为是伴侣并配合的、违背妇女性自主权程度较低的其他手段。

上面三种违背妇女意志的方式虽然体现了违背妇女性自主权程度高低，但这并不是违背妇女意志的全部外在表现。实务当中由于强奸行为发生的地方相对私密，再加上违背妇女性自主权程度是需要衡量的，所以出现了很多认定上的困难。例如半推半就发生的性行为；女方同意发生性行为但是要求采取特定姿势实施，男方不同意而强行实施或因身体原因未能达到的。那这些是否又属于违背妇女意志呢？更有甚者，有女方控告男方强奸的理由是男人以取消当月零花钱胁迫与其发生性关系。在这种纷繁复杂的意志表达下，如何判断是否违背妇女意志从而构成强奸罪，确系一个难题。

四、以案说法

案例一：邵某的妻子徐某沉迷网络，时常与陌生人网聊并拒绝与邵某同房。为此邵某多次劝诫妻子不要沉迷虚拟网络小心受骗，并与妻子多次发生争执，但妻子依旧如故。邵某遂购买面具偷偷潜回家中，戴着面具以言语胁迫的方式强行与正在上网的妻子发生性关系，后妻子报警。

案例二：因不满丈夫许某的恶习，妻子李某向人民法院提请离婚。一审法院查明双方分居多年，并且许某存在恶习且屡教不改，认定夫妻双方感情破裂判决双方离婚。许某收到判决以协商孩子后续抚养为借口，到李某的住处使用暴力手段强行与妻子李某发生性行为。

案例三：男子林某与女子黄某通过网络认识后相约开房，监控显示两人碰头后一同进入了酒店房间。一小时后，黄某哭着跑出房间并向前台求助报警，说遭遇林某的强奸。随后警察调查查明，双方均陈述在进入房间后二人先后洗澡然后发生性关系。黄某在发生性关系前要求林某必须佩戴安全套，否则不同意发生性关系，林某允诺全程佩戴。然而林某却在中途偷偷把安全套解下并继续进行，女方发现后遂立即停止性行为并高喊强奸，随后就发生前文所述的情况。

上述三个案例虽有删减和改编，但均为真实案例，其中案例一、案例二是最高人民法院名下网站及期刊公布的案例，案例三为新闻公布的案例。上述三种情形均属于违背妇女意志的情况，但是最终结果却各不相同。其中案例一因为缺少社会危害性而没有被认定构成强奸罪，案例三则是未采取令被害人不能、不敢、不知等手段强行发生性行为并且被发现后便终止了性行为而没有被认定为强奸。而案例二中的许某则被认定构成强奸罪并被判处有期徒刑。而除此之外，案例二以及案例三还涉及违背被害人性自主权程度的问题，显然案例三的程度是较低的，仅仅涉及是否佩带安全套的意愿。若有女方以姿势不对、时间过短、过程不满意等为由提出强奸呢？故在违背妇女性自主权程度上，相信每个人都有自己的判断。

五、写在最后

是否违背妇女意志历来是构成强奸罪与否的重大话题，争议颇多。有的人主张从性自主权的权利出发，也就是妇女对性交对象具有自由选择的权利、妇女对性交时间具有自由选择的权利、妇女对性交地点或者场合具有自由选择的权利以及妇女对性交行为的方式方法及粗暴程度具有自由选择的权利，只要违背妇女上述权利即视为违背妇女意志。但也有人持上述案例中的观点进行反驳，认为不能仅因违背上述权利就认定违背妇女意志，要不然就会使得办理强奸案只需要"一面之词"就行。

笔者认为，如何认定强奸罪中的违背妇女意志应结合发生性行为的基础、背景以及性行为发生后的反映，并综合违背被害人性自主权程度等情节综合评判。否则，是否违背妇女意志，极容易随时间的推移和想法的改变而发生改变，对法律的准确适用增加不确定性。

本文作者系北京德和衡（广州）律师事务所争议解决业务中心副总监

算好企业成长过程中的品牌账

梁　桥

因"李子柒"商标专用权纠纷（品牌权属纠纷），超级网红李子柒（本名：李佳佳）与原合作MCN机构杭州微念品牌管理有限公司近来频上热搜。因不满"资本盘剥"以及夺回对"李子柒"品牌的控制权，李子柒通过其参股并担任法定代表人的四川子柒文化传播有限公司将杭州微念品牌管理有限公司（同时是子柒文化公司的大股东）诉至四川省绵阳市中级人民法院。有鉴于此，字节跳动宣布将按协议约定退出对杭州微念品牌管理有限公司的投资。

一、商标专用权的品牌价值

因公司核心IP"李子柒"发生商标专用权纠纷，原先各大资本争先抢投的独角兽企业杭州微念品牌管理有限公司遭遇大牌投资机构字节跳动撤资。此举严重影响公司的品牌价值，引发信任危机，公司发展的前景更是遭到严重挑战。

而在"李子柒"商标专用权纠纷前，发生在鞋帽行业的"新百伦"商标专用权纠纷案则是另一起商标专用权直接影响企业品牌价值和发展生产的生动案例。美国New Balance公司因未注重商标专用权而被判侵犯他人商标一事，让当时站在潮流前沿的"N"字鞋一下子失去往日荣光。而时至今日，相信应该没有几个人能分得清"New Balance""新百伦""纽巴伦"之间鞋子的不同。

以上两个案例充分说明了商标专用权对品牌乃至企业的价值，这个价值不仅体现在公司估值上，甚至还体现在公司的发展与存亡上。若在企业发展过程中不能清楚认识商标专用权对品牌的价值，那极有可能会在企业成长的过程中付出重大代价。

二、从司法维度看商标专用权价值

受客户的委托，笔者的团队一直在处理淘宝和拼多多平台上涉嫌不正当竞争以及侵犯商标专用权、著作权纠纷的工作。笔者在处理这些工作时明显感受到，在遭遇同种侵权行为的情况下，创建有自身品牌以及享有商标专用权的权利人可获得的赔偿明显高于一般权利人，部分企业的商标在商标专用权纠纷中甚至可以被认定为驰名商标以及知名品牌，后续受到更有力的保护。

而在"新百伦"商标侵权案中，美国New Balance公司因违法使用"新百伦"商标而付出了人民币500万元的高额赔偿，同时之前附着在 "N" "NB" 上的品牌价值也随着禁止使用"新百伦"商标判决的作出而大幅减损。反而是"新百伦"商标专用权的持有人通过本案名声大振，大力推出以"新百伦"为商标的鞋子并积极抢占市场份额，美国New Balance公司似乎为他人作了"嫁衣"。但不得不说，司法判决起到的作用正是定纷止争，对"新百伦"商标专用权的保护正是向社会传达企业要对商标及品牌价值的重视，因为忽视它只会换来企业成长的滑铁卢。

三、以自然人姓名为商标的使用权判定规则

在"李子柒"商标专用权争夺纠纷中，"李子柒"既是国家商标局注册认可的商业标识、标志，受国家法律保护，也是李佳佳的艺名，是李佳佳的社会身份标识之一，受我国法律的保护。那当二者权利发生纠纷时，法律将会作出何种判定呢？

在知名歌手邓紫棋与前经纪公司发生商标专用权纠纷时，笔者曾写有《邓紫棋还能叫"邓紫棋"么？》一文，通过分析大量裁判文书，笔者总结了以自然人姓名为品牌商标的所有权司法判定规则，那就是这种商标的所有权大概率会判定为个人所有。故才会出现，邓紫棋时至今日依然是"邓紫棋"，其仍活跃在各大综艺节目上，当年持有这个商标的公司似乎早已消失于公众的视野。

而自李子柒与杭州微念品牌管理有限公司发生商标专用权纠纷以来，从后者接连申请注册的与"李子柒"相关的商标均被国家商标局驳回也可以看出，商标品牌所有权判定一般随人而走。

四、写在最后

在此，笔者想提醒所有的企业和个人，想以自然人姓名为商标以及建立品牌的，须事先考虑清楚其归属和后续使用方式等问题，否则辛苦建立起来的品牌价值有可能在一夜之间被夺走或丧失殆尽。同时，伴随国家对知识产权保护力度的不断增大，商标以及品牌的价值会在企业成长过程中不断累积和提升。若没能算好这个过程中的品牌账，那企业后续的发展必然会遭遇品牌困境。

本文作者系北京德和衡（广州）律师事务所争议解决业务中心副总监

"断卡行动"背后的帮助信息网络犯罪活动罪

梁 桥

自2020年10月10日国务院打击治理电信网络新型违法犯罪工作部际联席会议决定在全国范围内开展"断卡行动"以来，各地公安机关破获大量与"断卡行动"有关的案件，很大一部分人因为提供、出借、出售、贩卖电话卡和银行卡等行为而被拘留甚至判刑。而笔者也因此接到了该类案件的大量咨询。

一、何为"断卡行动"

根据公安部的相关新闻信息，为从根源上遏制电信网络诈骗的发生，严厉打击非法开办贩卖电话卡、银行卡等行为，国务院打击治理电信网络新型违法犯罪工作部际联席会议于2020年10月10日召开全国"断卡行动"部署会。

会议要求各地各部门采取坚决果断措施，严厉打击整治非法开办贩卖电话卡、银行卡违法犯罪，重点打击长期从事收购贩卖"两卡"的人员，依法从严惩处涉"两卡"犯罪团伙。会议还要求相关单位应对公安机关认定的出租、出售、出借、购买银行账户或者支付账户的单位和个人及相关组织者，假冒他人身份或者虚构代理关系开立银行账户或者支付账户的单位和个人，实施5年内暂停其银行账户非柜面业务、支付账户所有业务，并不得为其新开立账户的惩戒措施。

二、帮助信息网络犯罪活动罪

自"断卡行动"以来，笔者接受了大量与之相关的咨询，而当中咨询得最多的则是何为"帮助信息网络犯罪活动罪"。

（一）罪名规定

帮助信息网络犯罪活动罪是2015年11月1日起施行的《中华人民共和国刑法修正案（九）》［以下简称《刑法修正案（九）》］新增的罪名，该罪名规定在《刑法》第二百八十七条之二。条文为："明知他人利用信息网络实施犯罪，为其犯罪提供互联网接入、服务器托管、网络存储、通讯传输等技术支持，或者提供广告推广、支付结算等帮助，情节严重的，处三年以下有期徒刑或者拘役，并处或者单处罚金。"而出售电话卡、银行卡等行为正是符合了条款中所说的提供支付结算帮助，属于严厉打击的范围。

（二）犯罪主体及打击对象

帮助信息网络犯罪活动罪犯罪主体为一般主体，既包括自然人也包括单位。而此次"断卡行动"中，主要打击的对象包括：（1）负责开、办卡的团伙和个人，即自行或者经组织前往银行、营业厅或者通过信息化手段开办银行卡、电话卡的人员（即"卡农"），以及金融机构、运营商内部利用管理漏洞大批量开设电话卡、银行卡或者为开设提供便利的"内鬼"；（2）召集人员、带队交易的团伙和个人，即在各类QQ群、微信群等发布收购电话卡、银行卡信息，诱骗或者组织他人开办电话卡、银行卡的团伙，与开卡团伙交易，支付费用后收取电话卡、银行卡，交给收卡团伙的带队人员；（3）收卡团伙和个人，主要是接收带队团伙电话卡、银行卡的团伙，俗称"卡头"；（4）贩卡团伙，主要是接收全国各地收卡团伙办理的电话卡、银行卡，层层贩卖赚取差价的人员。

（三）何为"明知"他人实施网络犯罪

构成帮助信息网络犯罪活动罪的前提是明知他人实施网络犯罪而故意提供帮助。根据《最高人民法院　最高人民检察院关于办理非法利用信息网络、帮助信息网络犯罪活动等刑事案件适用法律若干问题的解释》（法释〔2019〕15号）第十一条的规定，具有下列情形之一的，推定为明知他人利用信息网络实施犯罪：

经监管部门告知后仍然实施有关行为的；接到举报后不履行法定管理职责的；交易价格或者方式明显异常的；提供专门用于违法犯罪的程序、工具或者其他技术支持、帮助的；频繁采用隐蔽上网、加密通信、销毁数据等措施或者使用虚假身份，逃避监管或者规避调查的；为他人逃避监管或者规避调查提供技术支持、帮助的以及其他足以认定行为人明知的情形。

在"断卡行动"中，上述行为最为常见的是：通过聊天软件低价向他人出售自己电话卡、银行卡或者收购、持有、转卖他人名下的电话卡、银行卡。

（四）构成犯罪需达到情节严重的标准

除了上述要求外，构成帮助信息网络犯罪活动罪还需要达到情节严重的标准，对犯罪情节尚未达到严重的行为一般不认为是犯罪。而根据《最高人民法院　最高人民检察院关于办理非法利用信息网络、帮助信息网络犯罪活动等刑事案件适用法律若干问题的解释》（法释〔2019〕15号）第十二条规定，明知他人利用信息网络实施犯罪，为其犯罪提供帮助，具有下列情形之一的，应当认定为《刑法》第二百八十七条之二第一款规定的"情节严重"：

为三个以上对象提供帮助的；支付结算金额二十万元以上的；以投放广告等方式提供资金五万元以上的；违法所得一万元以上的；二年内曾因非法利用信息网络、帮助信息网络犯罪活动、危害计算机信息系统安全受过行政处罚，又帮助信息网络犯罪活动的；被帮助对象实施的犯罪造成严重后果的；其他情节严重的情形。

实施前款规定的行为，确因客观条件限制无法查证被帮助对象是否达到犯罪的程度，但相关数额总计达到前款第二项至第四项规定标准五倍以上，或者造成特别严重后果的，应当以帮助信息网络犯罪活动罪追究行为人的刑事责任。

三、辩护思路

根据相关法律法规以及相关会议纪要等规定，结合笔者办理此类案件的心得体会，在办理此类犯罪的案件上，律师可从行为是否符合上述犯罪构成条件，证据是否充分，嫌疑人的身份地位、所起的作用、犯罪情节是否轻微、认罪悔罪态度是否良好、有无积极退赃等方面入手，通过多维度综合分析、论证作案过程以及案件细节，从而在分毫中找出对犯罪嫌疑人有利的事实和证据，为其提供罪轻甚至是无罪辩护。

帮助信息网络犯罪活动罪的最长刑期为有期徒刑两年，另可判处罚金。此外，根据对该类犯罪的裁判文书的统计，结果表明该罪名的量刑普遍在有期徒刑一年左右，并且有不少被判处缓刑的案例。故在此大环境下，只要辩护策略正确、辩护方案恰当，嫌疑人能积极地交代自身情况，即使涉嫌构成帮助信息网络犯罪活动罪，其所遭受的惩罚也不会太重。

四、案例介绍

2019年11月，被告人李某为获取非法利益，在他人（均另案处理）的指使下，使用其个人身份资料注册成立了杭州某科技有限公司、杭州某电子商贸有限公司等5家公司，并到银行办理了关联上述企业的对公账户、U盾等，随后将上述公司的所有资料出售给他人。2020年4月17日，陈某被他人网络诈骗，其中被骗款项人民币2005000元是通过李某名下杭州某科技有限公司的对公账户进行支付。2020年7月8日，被告人李某被公安人员抓获。

广州市越秀区人民检察院指控李某构成帮助信息网络犯罪活动罪并提出量刑建议。广州市越秀区人民法院经开庭审理，认定李某构成帮助信息网络犯罪活动罪，判处有期徒刑一年并处罚金人民币5000元。

而自"断卡"开展行动以来，像李某这样因出售电话卡、银行卡而被公安机关抓捕甚至被判刑的人员并不在少数。为了区区蝇头小利而出卖与个人身份信息密切相关的电话卡、银行卡，为隐藏在背后实施网络犯罪的团伙提供帮助，自己最终却落得锒铛入狱甚至还需支付罚金的下场，此行为实属不该！

本文作者系北京德和衡（广州）律师事务所争议解决业务中心副总监

"分手费"型敲诈勒索罪：以陈某敲诈勒索吴某波案为例

梁　桥

前有知名艺人吴某凡因涉强奸罪被逮捕，后有青年"艺术家"霍某遭前女友曝光隐私退圈，然而却有这么一位"倒霉"的前女友陈某，在锤明星情人时，被情人吴某波以敲诈勒索罪送进了看守所并被判了刑。明星分手是不是提分手费就会涉嫌敲诈勒索？且看下文分析。

一、是娱乐新闻也是今日说法

（一）陈某敲诈勒索吴某波案

2018年初，陈某以其与吴某波存在七年的不正当男女关系为由，分两次向吴某波索要300万元和800万元。吴某波要求陈某同意分手并写下不公开两人关系、删除两人照片等隐私材料的承诺书。此后，吴某波将上述钱款给付陈某。

2018年10月，陈某再次以曝光其与吴某波不正当男女关系为由，向吴某波索要4000万元。吴某波与陈某达成协议，吴某波同意支付，但约定分4年支付。随后，吴某波向陈某给付首笔款300万元。后陈某单方面要求变更约定的支付时间，并以公开两人不正当关系相威胁，胁迫吴某波一次性支付剩余钱款3700万元，后吴某波报案。陈某于2018年11月5日入境中国时被公安机关抓获。

2021年1月底，北京市朝阳区人民法院判决陈某犯敲诈勒索罪，判处有期徒刑三年，缓刑三年，并处罚金十万元。而此时，陈某被羁押在看守所超过两年。

（二）吴某凡母亲报警称被敲诈勒索案

2021年7月14日，知名艺人吴某凡的母亲吴某向北京市公安局朝阳区分局报案，称儿子吴某凡遭到都姓女子敲诈勒索。后朝阳警方依法查明，系有刘姓男子冒充相关关系人对涉事双方进行诈骗。

在刘姓男子的操弄下，双方达成了所谓的300万元的"和解赔偿"，吴某向都姓女子的账户转账了50万元。由于刘某未能取得款项，继而提出与吴某签订和解协议并要求继续转账。吴某遂报警宣称被敲诈勒索。而都姓女子则称遭遇"套路"，险些遭遇刑事风险。后刘姓男子被抓获，供认是自己冒充双方进行诈骗，不存在敲诈勒索事实。2021年8月16日，朝阳警方宣布吴某凡被批准逮捕。

在上述两案中，涉案明星都跟分手费牵扯上关系，都想把对方的行为往敲诈勒索罪上面靠。

二、敲诈勒索罪的法律分析

（一）法律规定

《刑法》第二百七十四条规定："敲诈勒索公私财物，数额较大或者多次敲诈勒索的，处三年以下有期徒刑、拘役或者管制，并处或者单处罚金；数额巨大或者有其他严重情节的，处三年以上十年以下有期徒刑，并处罚金；数额特别巨大或者有其他特别严重情节的，处十年以上有期徒刑，并处罚金。"

因为各地的经济发展状况不同，全国人大授权各省、自治区、直辖市高级人民法院、人民检察院确定当地数额较大、数额巨大以及数额特别巨大的标准。以广东省为例，一类地区珠三角六市数额较大的起点为4000元，而其他地区十五市数额较大的起点为2500元。由此可见，在广东部分地区，一旦敲诈金额超过2500元，就有可能构成敲诈勒索罪。

（二）构成要素

上述法律条文明确规定了什么是敲诈勒索罪，构成敲诈勒索罪要面临何种处罚，但可惜的是，一般人并不能直接从规定当中知悉做出何种行为会构成敲诈勒索罪。

无论是理论还是实务，基本都认可只要同时具备以下三个明显特征，就可以构成敲诈勒索罪。首先是具备非法占有的目的，其次需同时使用威胁或者要挟的方法，最后还必须存在强行索要财物的行为。相较于非法占有的目的，后两个特征是相对容易理解以及甄别的，因为是否使用威胁或者要挟的方法以及是否索要财物是相对直观并且能按照朴素的犯罪观予以确定。

（三）何为非法占有目的

财产犯罪中大多规定了以非法占有为目的，而敲诈勒索罪中的非法占有目的则主要体现为索要财物的行为缺乏合法依据或索要的财物内容和数额不具备合理性却主动索要或占有。举个例子，许某以知悉李某存在嫖娼行为为由提出向李某借钱，即使事后许某向李某出具了借条，但许某的行为同样可以被认定具有非法占有的目的。因为借款本就是双方你情我愿的事情，但是许某以此为由提出借款，其行为明显不具备合理性。

在陈某敲诈勒索吴某波案中，可以明显看出陈某向吴某波主张4000万元分手费严重缺乏合理性，同时我国法律对分手费的主张并未给予正面的支持，第三者索要分手费更是为法律所反对。故法院认定陈某存在非法占有的目的，构成敲诈勒索罪。而这也是都姓女子虽然收取了吴某凡母亲50万元的"分手费"却没有被认定构成敲诈勒索的理由之一。

三、常见"分手费"型敲诈勒索案件

笔者经过查阅有关法律文书以及案例资料，整理了以下几种常见的"分手费"型敲诈勒索案件。

（一）以掌握对方裸照、私密信息等要挟支付分手费

潘某与徐某相识，二人虽各自已婚，但却保持情人关系十多年。在此期间，潘某用手机拍摄了大量徐某的裸体照片以及性爱视频。2016年12月，在徐某丈夫发现两人的关系后，徐某主动向潘某提出断绝情人关系，但遭潘某拒绝。同时潘某还通过微信将之前的裸照发给徐某，要求徐某继续保持情人关系或支付5万元的分手费。然而潘某在收到费用后，却通过微信收藏保存的图片继续对徐某实施敲诈勒索。案发后，潘某被法院认定构成敲诈勒索罪［案号：（2017）赣0281刑初字第325号］。

（二）以公开对方违法证据、不道德行为等信息要挟支付分手费

2014年5月，郭某发现同居女友蒋某与国有企业总经理俞某存在不正当男女关系，自己被"戴绿帽"，遂纠集何某一同至俞某的办公室，以举报俞某和蒋某存在不正当男女关系以及弥补自己为由，向俞某索取分手费。在逼迫俞某就范后，郭某收到俞某给付的20万元分手费。案发后，法院依法认定郭某、何

某构成敲诈勒索罪［案号：（2016）沪0110刑初850号］。

（三）以轻微暴力胁迫对方或以伤害他人亲属、自残等手段胁迫支付分手费

2013年5月，被告人周某通过QQ聊天与被害人肖某认识，后二人发展为情人关系。2014年8月1日，因肖某提出终止情人关系，肖某遭到周某暴力对待，周某以伤害其家人等胁迫，要求肖某支付50万元分手费。当晚，肖某将10万元通过网上银行转账的方式转入周某的银行卡中。法院依法认定周某构成敲诈勒索罪［案号：（2014）杭西刑初字第906号］。

四、"分手费"型敲诈勒索罪的辩护思路介绍

纵观上文出现的各种案例，除了吴某凡案件中的都姓女子，其他人在索取"分手费"时都构成敲诈勒索罪。难不成索取分手费就一定会构成敲诈勒索罪？其实不然，有些索取分手费的行为并不违法，即使构成了敲诈勒索罪，也有可能会像陈某一样，获得轻判。

（一）索要的分手费是同居期间共同财产或适当补偿，不具备非法占有目的

按照敲诈勒索罪的构成要求，必须具备非法占有的目的才可能构成敲诈勒索罪。若主张的分手费是双方同居期间的共同财产，特别是共同财产的增值补偿，或者是诸如流产、身体损伤等的适当补偿，即使是在索要的过程中可能采取了稍微过激的方法，但笔者认为此举不应构成敲诈勒索罪。因为主张上述情形的分手费是有一定的法律依据的，可以证明不具备非法占有的目的，故不应被认定为构成敲诈勒索罪。

（二）获取的财物是对方主动给付的，不存在强行索要财物的行为

同理，若不存在强行索要财物的行为，即使出现过胁迫、要挟等情节，但

是获取的财物是对方主动给付的，也不构成敲诈勒索罪。现实生活中，有一部分情侣在分手时的确存在扬言报复或者过激的话语，但他们不存在主动索要财物的行为。若对方主动给付了分手费，也不应笼统认定收取款项的一方构成敲诈勒索罪。因为被胁迫的一方，有可能是基于恐惧，也有可能是基于弥补，甚至是基于故意陷害的心理而支付费用。所以在不存在强行索要财物的情况下，即使一方获取了财物，只要该财物是对方主动给付的，也不应认定构成敲诈勒索罪。根据现有的公开资料，法院也未将吴某波前期支付给陈某的1100万元认定为勒索款，要不然陈某的刑期肯定在十年以上。

（三）存在犯罪未遂、中止等减轻处罚或被害人谅解、被害人存在重大过错等从轻处罚情节

陈某敲诈吴某波案件中，法院认定陈某敲诈勒索的金额3700万元行为未遂，此外陈某还获得了吴某波的谅解，最终判决其有期徒刑三年，缓刑三年。虽然案件的具体细节不得而知，但根据已公开的案件信息，陈某受到的判罚已是此情形下可以获得的最轻判罚。

吴某波被敲诈勒索一案不是娱乐圈第一起敲诈勒索案，也不可能是最后一起。而有关"分手费"型敲诈勒索犯罪也不会只出现在明星中，普通人的分手中也会出现。要劝告大家的是，不要以为避开了敲诈勒索罪的三个特征，索要分手费就不构成犯罪，如果一味要求并且采取了错误的方式，同样会构成别的犯罪。

本文作者系北京德和衡（广州）律师事务所争议解决业务中心副总监

假冒注册商标罪：如何定罪量刑
和确定涉案金额？

王 楠

按语

　　近年来，国家保护知识产权的力度不断加大，各类知识产权民事纠纷、知识产权刑事犯罪频发。为严厉打击侵犯知识产权犯罪，《刑法》分则第三章第七节专门针对该类型犯罪进行规范。该节内容共计八条，内容涵盖商标权、专利权、著作权、商业秘密的保护，本次解读将主要围绕该节中较为常见的"假冒注册商标罪"进行展开，简要介绍该罪名的法律规定，并结合笔者的相关办案经验，浅谈该罪名中影响定罪量刑的涉案金额相关问题。

一、案例精选

以（2021）粤0105刑初167号为例。

事实经过：2020年6月起，被告人林某伙同其妻子被告人陈某霞、其妻弟被告人陈某明，在广州市荔湾区购买生产设备，在未经华为技术有限公司授权的情况下，加工有"HUAWEI"标识的手机屏幕总成、手机外屏。2020年8月21日，民警在上址抓获被告人林某、陈某霞、陈某明，并当场查获标有"HUAWEI"商标的各型号手机屏幕总成1660个、各型号手机外屏1700个、空气压缩机1台、全面屏贴合机2台、真空贴合机1台。经华为技术有限公司鉴定，查获的标识有"HUAWEI"商标的上述产品均为假冒"HUAWEI"注册商标之产品。经核实，上述假冒"HUAWEI"注册商标的产品实际销售价共计人民币96600元。

判决结果：人民法院认为，被告人林某、陈某霞、陈某明无视国家法律，未经注册商标所有人许可，在同一种商品上使用与其注册商标相同的商标，情节严重，其行为均已构成假冒注册商标罪。依照《刑法》第二百一十三条等规定，综合判断各被告人的事实、情节及社会危害程度，判决被告人林某犯假冒注册商标罪，判处有期徒刑一年，并处罚金人民币三万元；被告人陈某霞犯假冒注册商标罪，判处有期徒刑九个月，缓刑一年六个月，并处罚金人民币一万元；被告人陈某明犯假冒注册商标罪，判处有期徒刑九个月，并处罚金人民币一万元。

二、罪名规定

（一）条文规定

《刑法》第二百一十三条（假冒注册商标罪）："未经注册商标所有人许可，在同一种商品、服务上使用与其注册商标相同的商标，情节严重的，处三年以下有期徒刑，并处或者单处罚金；情节特别严重的，处三年以上十年以下有期徒刑，并处罚金。"

（二）本罪名的构成要件

（1）该罪的犯罪主体为一般主体和单位，即任何企业事业单位或者个人假冒他人注册商标，情节达到犯罪标准的即构成本罪。

（2）该罪侵犯的客体为他人合法的注册商标专用权，以及国家商标管理秩序。

（3）该罪主观方面为故意，且以营利为目的。过失不构成本罪。

（4）该罪的客观方面为行为人实施了《刑法》所禁止的假冒商标行为，且情节严重。

简而言之，任何单位或个人以营利为目的故意实施侵犯他人商标权的假冒注册商标行为，情节严重的，即构成本罪。

（三）本罪名的入刑及量刑标准

量刑档次	入刑标准	量刑标准
第一档"情节严重"	（1）非法经营数额在五万元以上或者违法所得数额在三万元以上的； （2）假冒两种以上注册商标，非法经营数额在三万元以上或者违法所得数额在二万元以上的； （3）其他情节严重的情形	三年以下有期徒刑或者拘役，并处或者单处罚金
第二档"情节特别严重"	（1）非法经营数额在二十五万元以上或者违法所得数额在十五万元以上的； （2）假冒两种以上注册商标，非法经营数额在十五万元以上或者违法所得数额在十万元以上的； （3）其他情节特别严重的情形	判处三年以上十年以下有期徒刑，并处罚金

三、涉案金额如何确定

如前所述，影响本罪名定罪量刑的重要情节之一，就是涉案金额多少。根据《最高人民法院、最高人民检察院关于办理侵犯知识产权刑事案件具体应用法律若干问题的解释》中规定，本罪名采取"非法经营数额"或"违法所得数额"进行涉案金额的确定。其中，"非法经营数额"是指行为人在实施侵犯知识产权行为过程中，制造、储存、运输、销售侵权产品的价值。已销售的侵权产品的价值，按照实际销售的价格计算。制造、储存、运输和未销售的侵权产品的价值，按照标价或者已经查清的侵权产品的实际销售平均价格计算。侵权产品没有标价或者无法查清其实际销售价格的，按照被侵权产品的市场中间价格计算。"违法所得数额"，是指行为人实际获利的数额，与"销售金额"相较，为"销售金额"扣除应得的违法收入与成本，仅包括销售侵权产品后所得的违法收入扣除成本后的获利部分。

由于违法所得数额并不容易确定，行为人违法成本难以计算扣除，无法得出实际违法所得数额，因此办案机关一般采用非法经营数额进行涉案金额认定。如开篇的（2021）粤0105刑初167号案例，办案机关采用侵权产品的实际销售价认定涉案金额，也就是非法经营数额，该案例中以非法经营数额认定涉案金额为人民币96600元，最终对被告人林某（主犯）判处有期徒刑一年，并处罚金人民币三万元的量刑较为合理，符合前述法律规定，足以体现罪责刑相适应的原则。

涉案金额是本罪名定罪量刑的关键，结合笔者的办案经验，笔者认为以下几点可以在具体案件辩护中重点留意：

（1）针对半成品的侵权产品，其价值能否计入非法经营数额？笔者认为，对于已经制作完成但尚未附着或尚未全部附着假冒注册商标标识的产品，需有确实、充分证据（如订货单、现场查获的商标标识样品等）证明该些半成品即将用于假冒他人注册商标，才可将其价值计入非法经营数额。

（2）正常情况下，侦查机关会由价格认证中心协助对侵权产品作出价格认定，出具《价格认定结论书》。由于价格认证中心具有严格的价格认定要求，因此该结论一般不易推翻，但也恰恰是因为其严格的价格认定要求，经常出现无法提供侵权产品的型号、销售状况等价格认定所必需的资料，而无法进行价格认定，最终对于该部分无法认定价格的侵权产品，相关的《价格认定结论书》中则会以"价格无法认定"作为结论，这点对于侵权被告人而言是相对有利的，鉴定后的非法经营数额会有所减少。

（3）在价格认证中心无法作出价格认定结论的情况下，侦查机关会采取向被害单位（商标权利人）要求提供产品真伪鉴定和价格认定。被害单位出具价格认定意见方便、快捷，有利于侦查机关立案、组织证据，而且商标权属于私权利，被害单位辨别涉案产品真伪和认定价格具有较强的证明力。但笔者认为，对于被害单位出具的意见有以下几点可抗辩的地方：首先，被害单位不具备鉴定资格，故不是鉴定意见；其次，被害单位出具的价格鉴定≠定案依据；最后，可以提供相反证据推翻被害单位出具的意见，如同类型产品此前的销售单据、微信聊天记录、转账记录等。

四、结语

近年来，知识产权刑事犯罪的比例和数量不断上涨，集中体现在广东地区。据检察机关统计，广东地区作出批捕决定的侵犯知识产权刑事案件占全国超过三分之一。知识产权犯罪领域具有一定的综合性和复杂性，辩护空间较大，笔者认为只要加以关注细节、辩护技巧应用得当，相对较容易带来辩护效果。

本文作者系北京德和衡（广州）律师事务所知识产权业务中心秘书长

"盲盒经济"野蛮生长会涉及哪些法律问题？

黄吴涵馨

引言

"人生就像一盒巧克力，你永远不知道下一颗是什么味道。"盲盒热衷者喜欢以《阿甘正传》电影中的这句经典台词来形容自己购买盲盒时的心态。但实际上，人生并不是巧克力，而充满"惊喜"的盲盒更不可能是"法外之地"。

一、"盲盒经济"爆火的原因

2019年，盲盒开始进入大众眼帘并逐渐掀起一股"未知神秘感"的浪潮。依靠不确定性和惊喜感，盲盒经济精准捕捉了大批以青少年及中年为主体受众的消费者的心理。虽为"舶来品"，但盲盒的概念并不陌生。如今的盲盒与国内早有的"扭蛋""福袋"及"集卡"等产品有着异曲同工之妙。那在已有珠玉在先的市场中，为何盲盒又另辟蹊径，引导了近两年的潮流，成为一种普遍的经济现象，甚至成为网红经济的风向标之一呢？究其原因，还是要从盲盒经济所扎根的消费心理和发展模式来分析。

首先，"盲盒经济"的爆红与其说是一场优质的营销展示，不如说是一次透彻的心理洞察和分析。所谓盲盒，就是在商品外包装没有展示属性等商品信息的情况下，消费者通过非传统观念的交易模式购买后，获取其中商品，进而满足其猎奇心理和惊喜感等需求的一种随机化消费的商品。在这种模式下，消费者的心理需求尤其被放大，主观性的消费观念甚至超过了客观上对商品属性的追求。而从马斯洛需求层次理论来分析，盲盒的消费者大多已满足了衣食住行的生理需求，在基础需求被满足后，就会进一步寻求更高层次的心理满足感和独树一帜的优越性。

其次，盲盒火爆的另一个原因在于部分盲盒产品有品牌、IP的加持。一方面，品牌效应会带来良好的宣传效果和市场基础；另一方面，IP的影响力可以给盲盒产业链输出持久的动力，使得购买盲盒成为一种情感体验的消费行为。比如，通过自身运营的93个IP，被称为"盲盒第一股"的泡泡玛特（POP MART），登陆港股后即在2020年12月11日的首日开盘后股价飙升，市值破千亿元，进而成为国内潮玩文化领军第一股。

然而，爆火的盲盒经济背后所产生的问题也日益突显。比如主导盲盒消费的不健康消费心理，以及盲盒经济发展中触及的法律问题等愈发引起人们的思考。本文将从法律视角，简要论述盲盒经济所涉相关的法律问题。

二、部分盲盒类型和存在的法律问题分析

（一）活体宠物盲盒

2021年5月3日，中通快递成都市荷花池网点揽收的177件快件（后发现为活体猫36只、狗141只），由成都发往外地。当晚19时，该批快件即被动物保护人士拦截，并向有关主管部门进行举报。5月8日，成都市邮政管理局对涉事企业作出行政处罚：中通快递成都荷花池网点因违规收寄活体动物被处罚款三万元，中通快递四川省管理中心因疏于管理被处罚款五万元。此次事件也让活体宠物盲盒这一事物进入了人们的眼帘，让这背后不规范甚至违法的运行模式昭然若揭。

活体宠物盲盒主要有以下特点：

从卖家方面，此类商家采取电商模式，以远低于市场价的超低价兜售活体的宠物。所兜售的宠物常以"开箱有惊喜"为名而不予过多介绍真实的商品信息。同时，作为参与规则之一，买家作为消费者的权利也大不同。卖家常以"尊重生命"为名，而声称不接受一切理由的拒收、退换货和中差评，且不允许买家评论及晒单，甚至有些增加"生死有命"的霸王条款，不负责任何商品售后事宜。买家收到货后，往往面临货不对板、收到的宠物因卖家或快递运输的原因已患病或死亡等问题却又无法寻求售后。这种盲盒的独特售卖机制，已经严重地违反了《中华人民共和国消费者权益保护法》（以下简称《消费者权益保护法》）和《中华人民共和国电子商务法》（以下简称《电子商务法》）等相关规定，彻底堵死了消费者的权益保障及售后维权之路。

从快递运营商方面，《中华人民共和国邮政法实施细则》第三十三条明确禁止寄递或者在邮件内夹的物品中就包括了"各种活的动物"，而对于活体宠物托运需要走正规的运输渠道。同时，《中华人民共和国动物防疫法》第五十二条规定："经航空、铁路、道路、水路运输动物和动物产品的，托运人托运时应当提供检疫证明；没有检疫证明的，承运人不得承运。从事动物运输的单位、个人以及车辆，应当向所在地县级人民政府农业农村主管部门备案，

妥善保存行程路线和托运人提供的动物名称、检疫证明编号、数量等信息。"

由此可见，作为托运人的商家需要对托运的宠物提前做好相关免疫、消毒、检测等工作，并向动物卫生监督机构申报检疫，获取检疫等相关证明。而作为快递运营商不仅应该要求寄件人提供检疫等相关证明予以核查，更应该通过正规的托运途径予以运输，而非通过普通快递的形式邮寄运输。承运人明知或应知邮寄包裹是禁止寄递的活体动物还进行揽收，就是违反相关规定和法律的行为。

（二）快递盲盒

快递盲盒是指一些二手交易平台或电商平台卖家自称以处理无人认领或因被拒签而长期滞留的快递为由，以低价进行出售。卖家常以快递内可能是数码产品、名贵化妆品，可"以小博大"进行夸张宣传。快递盲盒的法律问题，则需要根据快递的来源进行区别分析，究竟是商家为变卖廉价商品而虚构的营销噱头还是对真实的"无主快递"进行的二次销售而有所区别。

对于商家将廉价、积压货品甚至"三无产品"包装成快递盲盒，以可能收到较为贵重商品的宣传和暗示进行销售的，而事实上根本不存在收到手机、电脑等贵重物品的可能性，且快递盲盒中商品的实际价值远低于快递盲盒的价格的，商家则可能涉嫌虚假宣传，如构成对消费者的欺诈，还将可能面临三倍赔偿。

而如果货物来源于无主快递，则需要从快递的所有权和处分权进行分析。此类无主快递本质上是由于派件障碍导致无人认领，性质上是民法意义上的"遗失物"。而对于"遗失物"，《民法典》已作出清楚界定，其中第三百一十二条规定："所有权人或者其他权利人有权追回遗失物。该遗失物通过转让被他人占有的，权利人有权向无处分权人请求损害赔偿，或者自知道或者应当知道受让人之日起二年内向受让人请求返还原物。"故根据上述规定可知，收件人在一定期限届满之前，仍对快递享有法律上的所有权。

同时，对于问题快递的处理，《中华人民共和国邮政法》（以下简称《邮政法》）也有明确规定。《邮政法》第三十三条规定："邮政企业对无法投递的邮件，应当退回寄件人。无法投递又无法退回的信件，自邮政企业确认无法退回之日起超六个月无人认领的，由邮政企业在邮政管理部门的监督下销毁。"所以，对于问题快递，除非因快递公司原因导致向收件人理赔后获得快递所有权的情形，否则，快递员或快递公司都不对问题快递享有所有权，更无权擅自将快递进行二次销售或转让给他人。

三、从法律角度看盲盒经济的"野蛮生长"

（一）盲盒经济的法律性质

基于盲盒销售行为带有或然性和博弈色彩，所以部分学者认为其法律性质上属于与彩票和保险合同同类型的射幸合同。但反观盲盒的销售模式，其实际上还有一层商品的概念，且在买卖关系下，商品的价值和价格并不会有过大的落差，一般也不会存在空盲盒的情形。只是消费者在购买时对于商品属性无法得到全面的了解，使得存在商品价值高于或低于商品价格的博弈过程，此过程带有射幸的意味。但消费者在购买盲盒的过程中与盲盒经营者达成的权利义务关系，实际上仍属于商品买卖合同关系。无论盲盒销售模式如何变幻，其本质依然是商品，从事盲盒销售的经营者仍应当遵守《消费者权益保护法》《电子商务法》《中华人民共和国产品质量法》（以下简称《产品质量法》）等法律规定，经营者违法经营也应当承担相关的法律责任。

（二）产品质量和知识产权的保护

盲盒的产品质量问题被诟病已久，主要体现在部分盲盒产品常存在不符合国家标准安全性指标，或者是假冒的山寨产品、瑕疵产品、二次销售品，有的是没有生产日期、质量合格证以及生产厂家的"三无产品"等问题。盲盒的本质是商品，故作为盲盒经营者须按照相应的标准、标识等要求生产、销售合格产品。对此，《产品质量法》"生产者、销售者的产品质量责任和义务"一章中作出了明确规定。同时，其第四章"损害赔偿"和第五章"罚则"还分别规定了责任承担和处罚规则。

另外，盲盒涉及知识产权侵权的问题也须予以重视。根据从中国裁判文书网搜索结果显示：以"盲盒"作为关键词进行搜索，共得出39个民事案件，其中33个所涉案由为"知识产权与竞争纠纷"类别。时间跨度从2019年到2021年，其中95%以上的案件发生在2020—2021年。由该数据可见，近两年盲盒产品涉及知识产权的问题已不可小觑。

究其原因，一方面，盲盒中所售商品部分来源属于"三无产品"，此类产品由于成本低廉，多通过仿制或假冒市面上已有的产品进行销售，进而构成知识产权侵权；另一方面，一些依托大热IP的盲盒产品则常面临隐藏款产品知识产权侵权的困境。与"集卡"类似，这类盲盒的销售过程会控制部分产品的数量和获取概率，进而使得购买过程存在一定难度，所以部分隐藏款是盲盒购买者热衷追求的目标，也会产生巨大的收藏价值，但也因此存在部分商家假冒生产隐藏款产品从中获利，进而导致破坏市场、侵犯知识产权的问题。

（三）消费者的知情权和售后等权益问题

1. 消费者的知情权及寻求售后的权利被限制

对于盲盒销售，一方面经营者在出卖时并未对商品信息如实陈述，消费者对于商品信息和规则并不清楚知悉，另一方面，经营者常在售后问题上设置规则以减轻、免除自身的责任。比如前述的"宠物盲盒"，一些商家在出售时设定"生死有命、概不退换"，或"快递盲盒"商家所称的"不退不换，介意勿拍"的规则，均属于商家事先在未与消费者协商的情况下单方所作的霸王条款，实际上免除了自身的质保和售后责任，也限制了消费者寻求退换货甚至要求赔偿的权利。

我国《消费者权益保护法》及各大网络购物平台规则等均对退换货进行了具体规定，尽管盲盒存在"射幸"特质，但经营者仍需对其出售的盲盒商品的质量提供基本保障。当消费者收到的盲盒产品存在质量问题，仍有权适用《消费者权益保护法》第二十四条："经营者提供的商品或者服务不符合质量要求的，消费者可以依照国家规定、当事人约定退货，或者要求经营者履行更换、修理等义务。没有国家规定和当事人约定的，消费者可以自收到商品之日起七日内退货；七日后符合法定解除合同条件的，消费者可以及时退货，不符合法定解除合同条件的，可以要求经营者履行更换、修理等义务。"同时，《产品质量法》第四十条也规定了"售出的产品有法定情形之一的，销售者应当负责修理、更换、退货；给购买产品的消费者造成损失的，销售者应当赔偿损失"。

此外，法律规定消费者具有知情权，这就要求经营者对商品的真实情况予以基本保障，禁止过分地夸张、虚构和欺诈。《产品质量法》第二十七条规定："产品或者其包装上的标识必须真实，并符合下列要求：（一）有产品质量检验合格证明；（二）有中文标明的产品名称、生产厂厂名和厂址；（三）根据产品的特点和使用要求，需要标明产品规格、等级、所含主要成份的名称和含量的，用中文相应予以标明；需要事先让消费者知晓的，应当在外包装上标明，或者预先向消费者提供有关资料；（四）限期使用的产品，应当在显著位置清晰地标明生产日期和安全使用期或者失效日期；（五）使用不当，容易造成产品本身损坏或者可能危及人身、财产安全的产品，应当有警示标志或者中文警示说明。"

盲盒经营者不能以盲盒之"盲"而放弃或掩盖对产品信息的告知，否则这在实质上会构成对消费者知情权的侵害。

2. 虚假宣传和欺诈消费者的行为

盲盒与普通商品相比具有很强的信息不对称性，消费者仅能通过商家的宣传手段进行选择，在此情形下就容易被商家夸大或虚假的宣传所误导，甚至构成商家对消费者的欺诈。具体表现为商家夸大或虚构盲盒内商品的品质和价值、隐藏款（限量款）的数量和概率等。也由于信息不对称性，销售者和消费者处于不对等的地位。如以隐藏款作为销售噱头的盲盒，商家并不明示隐藏款抽取概率，即使明示，消费者也没办法验证，加之市场也无法进行有效监管，当权益受到了侵害，消费者易陷入难以维权的困境。

对虚假宣传和欺诈消费者的行为，相关法律已作出明确规定，构成虚假宣传或欺诈消费者的商家将因此承担相应的法律责任。其中，《侵害消费者权益行为处罚办法》第六条规定："经营者向消费者提供有关商品或者服务的信息应当真实、全面、准确，不得有虚假或者引人误解的宣传行为。"《消费者权益保护法》第五十五条亦规定："经营者提供商品或者服务有欺诈行为的，应当按照消费者的要求增加赔偿其受到的损失，增加赔偿的金额为消费者购买商品的价款或者接受服务的费用的三倍；增加赔偿的金额不足五百元的，为五百元。法律另有规定的，依照其规定。"构成刑事犯罪的，还将承担刑事责任。

四、结语

我们无法否认，"盲盒经济"的存在具备一定的合理性，也满足了一部分人的消费需求尤其表现为消费心理上的需求，但对于其发展过程中存在的种种问题也是不可忽视的。在如今新消费时代下，想要促进盲盒市场发展，还需要厘清盲盒的商业逻辑和法律逻辑，避免盲盒走入"盲道"。

本文作者系北京德和衡（广州）律师事务所争议解决业务中心副总监

"跨境电商走私犯罪第一案"给我们的法律风险提示

刘淑怡

2018年4月20日，广州市中级人民法院对某某供应链有限公司、冯某某等走私普通货物、物品罪一案①进行了宣判，鉴于该案是国内跨境电商平台企业走

---

① 援引自（2019）粤01刑初167号广东天章供应链有限公司、广州市惠德丰贸易有限公司走私普通货物、物品一审刑事判决书（https://wenshu.court.gov.cn/website/wenshu/181107ANFZ0BXSK4/index.html?docId=a42b7c75890c479d9ad5ab7300b74146）。

私犯罪案件中较早的判例，该案又被称为"跨境电商走私犯罪第一案"。

一、法院认为

被告单位对外承揽一般贸易的进口货物，利用行邮物品免税或低税率的监管规定，伪报贸易方式进口货物。其委托程某，申请海关备案，开发正路货网作为跨境电商平台用于推送虚假订单并设计程序逃避监管；再由其公司员工（冯某某、江某某、刘某某）非法收集、利用虚假身份信息生成虚假"三单"，实现"三单对碰"走私入境。

二、法院判决

被告单位某某供应链有限公司及被告人冯某某等均已构成走私普通货物罪，利用上述方式走私进口货物共19085票，偷逃税款共计人民币2070384.36元。最终判处被告单位某某供应链有限公司罚金157万元，没收违法所得200万元；判处其他被告人有期徒刑两年到三年不等，处罚金2万到40万元不等。

三、跨境电商行业的发展与监管变化

自2013年国务院多个部门发布政策，明确支持跨境电商这种新兴业态的发展到《关于跨境电子商务零售进出口商品有关监管事宜的公告》（海关总署公告2016年第26号）、《关于跨境电子商务零售进出口商品有关监管事宜的公告》（海关总署公告2018年第194号）、《电子商务法》的相继发布，我国跨境电商行业蓬勃发展，同时监管政策也呈现从宽松到逐步收紧、从鼓励发展到严格监管态势。

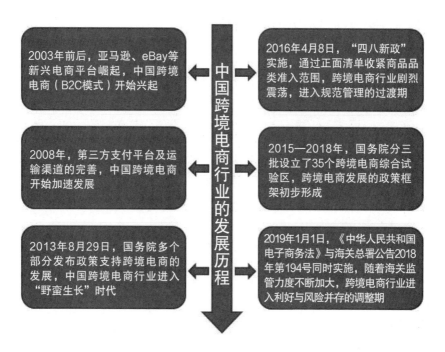

2003年前后，亚马逊、eBay等新兴电商平台崛起，中国跨境电商（B2C模式）开始兴起

2016年4月8日，"四八新政"实施，通过正面清单收紧商品品类准入范围，跨境电商行业剧烈震荡，进入规范管理的过渡期

2008年，第三方支付平台及运输渠道的完善，中国跨境电商开始加速发展

2015—2018年，国务院分三批设立了35个跨境电商综合试验区，跨境电商发展的政策框架初步形成

2013年8月29日，国务院多个部分发布政策支持跨境电商的发展，中国跨境电商行业进入"野蛮生长"时代

2019年1月1日，《中华人民共和国电子商务法》与海关总署公告2018年第194号同时实施，随着海关监管力度不断加大，跨境电商行业进入利好与风险并存的调整期

中国跨境电商行业的发展历程

随着稽查效率的不断提高，跨境电商平台企业作为消费者、电商企业、支付企业、物流企业的重要连接点和海关合规监管的重要对接点，关务合规风险防范是跨境电商平台企业乃至行业长足发展的重要课题。

根据《电子商务法》《关于完善跨境电子商务零售进口监管有关工作的通知》，跨境电商平台企业应当重点关注以下对接海关监管方面的义务：

（1）向海关实时传输施加电子签名的跨境电商零售进口交易电子数据，并对交易真实性、消费者身份真实性进行审核，承担相应责任。

（2）建立防止跨境电商零售进口商品虚假交易及二次销售的风险控制体系，加强对短时间内同一购买人、同一支付账户、同一收货地址、同一收件电话反复大量订购，以及盗用他人身份进行订购等非正常交易行为的监控，采取相应措施予以控制。

（3）电子商务平台经营者应当记录、保存平台上发布的商品和服务信息、交易信息，并确保信息的完整性、保密性、可用性。商品和服务信息、交易信息保存时间自交易完成之日起不少于三年。

四、合规建议与刑事辩护要点

走私犯罪的主要特征之一就是"虚假三单"的形成与申报，而跨境电商平台企业同时负有交易信息和消费者身份信息的审核义务，可谓责任重大。责任越大，风险越大，若有证据证明跨境电商平台在推送订单过程中知悉以上异常点，却知情不报，仍继续为该电商企业推送订单，即可能被推定为对走私行为具有放任的间接故意，进而被认定为"推单"或"刷单"。

（一）合规建议

（1）建立有效合规监控机制，充分审核交易数据的真实性并如实传输各项监管要素。

（2）发现异常交易信息，及时向海关或有关部门披露，积极配合调查，将合规风险最小化。

（3）高度重视日常经营活动中的合规管理，依托专业人士进行海关合规风险排查，建立与跨境电商企业、物流企业之间的风险防火墙，保证合规工作常态化。

（二）刑事辩护要点

（1）定性之辩：关于纯"推单"行为是否构成伪报贸易方式，是否应以走私普通货物、物品罪论处，根据商务部、发展改革委、财政部等部门《关于完善跨境电子商务零售进口监管有关工作的通知》规定，这类行为的监管要求主要有五条，一是商品范围符合清单要求；二是满足税收优惠限额；三是通过海关联网平台交易，实现真实三单对碰；四是跨境电商企业须为境外注册企业；五是进口商品系消费者个人自用，不得二次销售。

对于直接在电商平台上生成的订单，应着重关注订单的真实性，规避"刷单"风险。对于通过"推单"方式，即将实际产生于未与海关联网的电商平台上的交易在与海关联网的平台上生成订单，以跨境电商形式报关入境销售的情形，我们认为此种形式的违法点主要是违反了前述监管要求的第三种情形。而此种"推单"行为是否必然导致行政违法或是实质性的走私违法，仍需回归到走私普通货物罪的构成要件上，即是否导致国家税款的流失，此问题在理论及司法实践中仍存在较大争议，笔者将另行撰文论述。

对于被认定"刷单"走私的，则应着重从主观故意入手，确立出罪的辩点。

（2）偷逃税款之辩：应着重从完税价格的认定，涉案货物、物品的税率适用问题，《偷逃税额计核表》是否符合客观事实等方面寻找辩点。

（3）主从犯之辩：应着重从谁是犯意发起者、谁是组织策划者、谁是通关环节的直接实施者、谁是违法利益的获得者等方面寻找辩点。

（4）适时启动认罪认罚程序。

本文作者系北京德和衡（广州）律师事务所国际贸易业务中心海关团队律师助理

外卖骑手送餐途中致第三人损害，谁是民事责任承担主体？

孔林盛

引言

随着"美团""饿了么"等具备外卖服务的互联网平台逐渐壮大，外卖已经成为我们生活中的重要部分。在各大具备外卖服务的互联网平台争相提高配送效率的前提下，外卖骑手急于完成配送收获好评，每日在道路上风驰电掣，由此引发的交通事故数量与日俱增，因而带来了一个争议颇多的法律问题：外卖骑手送餐途中致第三人损害的民事责任应当由谁来承担？接下来，我们通过司法案例进行分析。

案例一：公司无须对外卖骑手造成的损害承担责任

浙江省平阳县人民法院作出的（2020）浙0326民初4707号《民事判决书》，法院认为："……被告（外卖骑手）通过在'蜂鸟众包'App上注册成为骑手，在第三方'饿了么'平台开展外卖服务，自主决定其工作任务、服务时间，并依此取得相应收入，被告××公司未分配其工作任务，亦无相应奖惩措施，不对其进行管理，亦不向其发放固定底薪。故被告××公司主张其与被告（外卖骑手）不成立雇佣等劳动关系，本院予以采纳。"因被告××公司与外卖骑手不成立雇佣等劳动关系，故对于外卖骑手造成的损害，被告××公司无须承担赔偿责任。

案例二：公司应当对骑手造成的损害承担责任

上海市闵行区人民法院作出的（2017）沪0112民初1965号《民事判决书》，法院认为："现原告提供的事发照片可证明被告（外卖骑手）驾驶的电动车上放置的篮筐印有被告×××公司所有的'饿了么'品牌，且被告×××公司亦确认被告（外卖骑手）系其公司的众包骑手，在被告×××公司未提供相反证据的情况下，本院推定事发时被告（外卖骑手）系履行被告×××公司职务的行为，其在工作期间造成他人伤害，应由被告×××公司承担赔偿责任。"

上述司法案例所描述的情形均属于外卖配送模式中的众包模式。所谓众包模式，即外卖骑手以个人身份进行验证注册众包平台，外卖骑手注册后可在平台接单抢单，完成配送。从上述案例分析，在司法实践中，关于众包模式的情况，公司是否应对外卖骑手造成的损害承担责任争论不一，类似案件在不同法院出现不同判决，主要原因在于此类模式根据市场环境的变化性大，法院暂无统一此类模式的判罚，需要具体问题具体分析。

在目前的市场环境下，外卖配送模式除了上述案例中提及的众包模式外，主要还存在以下三种模式：

自营模式：外卖平台直接招聘骑手并签订劳动合同，双方构成劳动关系。

劳务派遣模式：骑手与劳务派遣公司签订劳动合同后，劳务派遣公司将骑手派遣至外卖平台从事配送服务。

加盟模式：外卖平台与第三方签订合作协议，第三方承包特定区域内的配送服务，由第三方自行招聘外卖骑手，一般情况下骑手也需在外卖平台注册。

不同外卖配送模式下的民事承担责任主体有所不同，具体分析如下：

1. 自营模式的民事责任承担主体

鉴于外卖骑手与外卖平台构成劳动关系，根据《民法典》第一千一百九十一条第一款规定，外卖骑手送餐途中系执行外卖平台的工作任务，在此期间造成第三人损害的，由外卖平台承担侵权赔偿责任。但是，外卖骑手对损害事故的发生存在重大过失或者故意情形的，外卖平台向第三方承担侵权赔偿责任后可向外卖骑手追偿。

2. 劳务派遣模式的民事责任承担主体

在此种模式下，劳务派遣公司为用人单位，外卖平台为用工单位，根据《民法典》第一千一百九十一条第二款规定，外卖骑手在劳务派遣工作期间送餐造成第三人受损的，由用工单位即外卖平台承担侵权赔偿责任；此时，若劳务派遣单位对损害事实的发生存在过错，也应当承担相应的责任。

3. 加盟模式下的民事责任承担主体

根据《最高人民法院关于审理人身损害赔偿案件适用法律若干问题的解释》第九条以及《民法典》第一千一百九十一条规定，无论外卖骑手与第三方形成的是雇佣关系抑或是劳动关系，第三方均应对外卖骑手送餐途中致第三人损害承担侵权赔偿责任。

此种模式争议较多的是外卖平台是否需要对侵权事实承担赔偿责任，一种意见认为平台不需承担侵权赔偿责任，因外卖骑手并非平台员工，与平台不存在任何关系；另一种意见认为平台需要承担侵权赔偿责任，原因在于外卖骑手是以平台名义进行送餐服务，身穿平台制服，在一定意义上构成表见代理，而且平台也从骑手的送餐服务中获益，根据权利义务相一致的原则，平台应当承担连带责任。在加盟模式下，外卖平台一般都会与加盟商签订《合作协议》，笔者认为应当实质审查《合作协议》的性质、履行情况等，由此具体分析平台是否承担赔偿责任；另外，也存在外卖平台与加盟商之间的《合作协议》不得对抗第三人，平台需对损害结果承担赔偿责任的情况。

综合以上四种外卖配送模式来看，不同模式的处理情况不尽相同，具体问题应当具体分析。

本文作者系北京德和衡（广州）律师事务所政府、环保与税务业务中心专职律师

从代理的一件成功案例深度揭秘
二手房买卖的高频陷阱

钟玉婷

二手房买卖不同于一手房买卖，签署二手房买卖合同时需要较高的注意义务。笔者经办过多起二手房买卖合同纠纷案件，发现最容易发生争议的环节，在选择用按揭贷款方式支付尾款上。笔者将从自己亲手经办的一个成功案例谈起二手房买卖中按揭贷款的复杂性。

一、案情简介

笔者代理出卖方，对方是买受方。

2017年4月8日，我方当事人与对方签订《存量房买卖合同》，合同约定房屋总价为354万元，定金10万元，首期楼款107万元于取得房地产交易中心收缴证件收据当天付清，剩余楼款247万元由对方申请银行按揭贷款方式支付。签订合同时，由于我方当事人将用出卖房屋所得房款在中山购买房屋，我方当事人特意嘱咐对方及中介必须按照合同约定履行才会出卖该套房屋。

2017年4月17日，我方当事人配合对方到达按揭中心准备办理按揭贷款手续，但是对方表示其已在广州市拥有其他房产，不能按照合同约定支付按揭款项，需变更按揭付款方式，且需分三次支付，其中第一笔按揭款100万元在银行审批后直接支付给我方当事人；第二笔按揭款133万元，以装修贷款的形式支付，且需划拨到第三方银行账户后，对方直接提现支付；第三笔款项14万元于支付首期款时一并支付。我方当事人当即表示不同意该按揭付款方式，需按照《存量房买卖合同》第三条第二项按揭付款的约定支付按揭贷款，如按照上述按揭付款方式进行履行，我方当事人表示无法继续签署网签合同和办理相关按揭贷款手续。

2017年5月3日，我方当事人作出致对方的《关于存量房买卖合同通知函》。

2017年5月10日，对方作出致我方当事人的《催告函》。

2017年5月19日，受我方当事人委托，笔者作出致对方的《律师函》，表示由于对方一直无法按照合同约定办理按揭贷款，我方当事人要求解除合同。

其后，对方当事人向法院起诉，要求我方当事人承担合同总价款30%的违约责任，并申请查封我方当事人的房产。由于我方当事人已在中山购买了房产，急需款项支付，因此，委托笔者在开庭前联系法官和对方和解，对方明确表示必须支付违约金。法官初步判断后，也表示我方明显处于不利地位，案件很可能会败诉，表示违约金是要支付的。我方当事人由于急需房屋解封出来套现，表示可以同意，但是必须在解封后才能支付违约金，对方不同意。我方当事人再三思量，觉得要不然就放手一搏，反正最差的情况也就是支付106.2万元违约金。笔者分析案件后，觉得可以搏一搏，毕竟法官没有经过开庭审理，只是预判，只要我们准备充分，说不定可以推翻法官的预判。

二、代理思路

（1）举证证明我方为履行合同而积极配合办理按揭贷款的事宜。

（2）举证证明对方无法办理70%额度的按揭贷款问题。

（3）举证证明我方在得知对方贷款额度不够以后，如何积极协商解决的事宜。

（4）论证我方行使不安抗辩权的合理性问题。

笔者主要从两方面论述，涉案合同最终不能签署的根本原因在于对方故意隐瞒贷款额度不够，导致双方订立合同信赖的基础丧失。

第一，对方隐瞒贷款额度不足造成了涉案合同在经济上的履行受阻。虽然对方支付给我方的价款总额没有变化，但贷款额度的变化造成支付方式及支付时间的变化。买卖合同的价款总额、支付方式、支付时间构成一个整体，三者中任何一个变化都会影响买卖双方的履约情况。如果仍然按照原来的合同约定价款总额，在变更一次性支付的情况下，必然需要提高对方的即时支付能力，从而可能严重超出对方的承受能力，最终导致合同的履行受阻，而我方过户时有可能无法按期收到房款。

第二，买卖商品房对于大部分人来说是一生中发生不了几次的大宗交易，作出这一决定前需要综合考虑多方面因素，特别是自己的即时支付能力及预期支付能力；通过其他途径来筹齐房款差额对大部分人来说是超过自己的即时支付能力的。对于我方来说，出卖房屋最重要的是能够有保障按时收取房款，因此，我方签订合同时需要综合考虑对方的支付能力。对于我方来说对方是陌生人，我方能够信赖保障的就是涉案房屋的价值，用涉案房屋作为剩余70%房款的担保，我方是能够信赖并确信能够按时收到剩余70%房款的。但是在得知对方无法办理70%按揭贷款时，这种信赖基础丧失了。对方表示用现金支付全部房款，对于我方来说，这种付款方式已完全变更了合同的性质。对方在订立涉案合同前，我方有理由相信对方已结合自己的即时支付能力及当时贷款政策的规定，判断自己可以即时支付多少比例的房款，剩余比例的房款通过银行贷款来周转，通常不会超出自己的即时支付能力进行一项交易。

对方作为已购买过一套房屋的成年人，且合同也约定对方是明确知悉贷款政策的，因此我方在得知对方不能取得原定比例的贷款，需要提高即时支付的比例来弥补这部分差额，这种变化使得当事人订立合同时的基础动摇，也就是对方的70%按揭贷款额度是订立涉案合同时的信赖基础。

三、一审判决

对方在签订《存量房买卖合同》之后已向我方当事人支付定金10万元。《存量房买卖合同》第三条约定，247万元（即案涉房屋成交价的约70%）由对方申请以银行按揭贷款方式支付；对方应在签订本合同后5个工作天内办妥按揭贷款申请手续，而我方当事人应全力协助对方办理相关手续，包括提供资料、签署有关文件/合同等。对方、我方当事人均确认双方曾于2017年4月17日到按揭公司办理网签手续和按揭贷款申请手续，并确认因对方在广州市已有一套住宅且未还清贷款导致无法办理《存量房买卖合同》约定的七成银行按揭贷款，我方当事人当时不同意以三成银行按揭贷款和四成装修贷款的形式实现七成贷款并表示不同意于当天办理网签手续和贷款申请手续，导致当天未能办妥上述手续。一审法院认为，对方虽称其在签订《存量房买卖合同》前已告知我方当事人关于对方名下在广州市已有一套住宅且未还清贷款的情况，但我方当事人对此不予确认，在对方未能举证证明其上述陈述的情况下，一审法院对对方上述陈述不予采信，并据此认定我方当事人在签订《存量房买卖合同》时不知道上述情况。依据《存量房买卖合同》第三条约定，247万元是于买卖完成并办妥他项权利登记后由贷款银行直接划入我方当事人银行账号，但三成银行按揭贷款和四成装修贷款的方案中四成装修贷款并非直接划入我方当事人的银行账号，不符合《存量房买卖合同》的上述约定，我方当事人有权拒绝该付款方案。《存量房买卖合同》第三条约定"贷款额以银行审批为准，银行实际贷款额与对方申请贷款额之间差额由对方取得房地产交易中心收缴证件收据时支付给我方当事人"，这是以对方依据政策和规定有可能申请七成银行按揭贷款为前提的，但广州市在2017年3月17日发布的《广州市人民政府办公厅关于进一步完善我市房地产市场平稳健康发展政策的通知》已规定"居民家庭在本市拥有1套住房且贷款未还清的，购买普通商品住房首付款比例不低于70%"和"以上政策规定自2017年3月18日起执行"，《存量房买卖合同》是于2017年4月上旬签订的，且《存量房买卖合同》第十六条第四款已约定"对方知悉限购及贷款政策，确保可提交合资格文件（如纳税或社保缴纳证明、户籍证明等）以办理过户及贷款手续"，即对方在签订《存量房买卖合同》时应当知道其不可能申请到七成银行按揭贷款及按照上述政策其购买案涉房屋最多只能申请三成银行按揭贷款，即《存量房买卖合同》约定的四成银行按揭贷款合计约141万元是不可能以银行按揭贷款方式支付的，我方当事人以对方在签订《存量房买卖合同》时隐瞒其名下房产情况导致其对对方丧失信任及担心对方没有能力以现金方式支付相当于四成银行按揭贷款金额的购房款符合常理。《存量房买卖合同》第三条虽约定"贷款额以银行审批为准，银行实际贷款额与对方申请贷款额之间差额由对方取得房地产交易中心收缴证件收据时支付给我方当事人"，但在上述情况下，对方负有向我方当事人证明其具备以现金方式支付相当于四成银行按揭贷款金额的购房款的义务（非提前支付该款项）。但在我方当事人要求对方将资金交由银行托管以保障双方的资金安全和双方的利益或由对方提供资金流水证明对方具备付款能力两种方案后，对方均予以拒绝，在此情况下，我方当事人拒绝配合办理网签手续和三成银行按揭贷款申请手续属于我方行使不安抗辩权，并无不妥。关于我方当事人于2017年5月19日向对方发送微信和邮寄《律师函》要求解除《存量房买卖合同》的问题，一审法院认为，对方经双方多次协商后一直未能证明其具备上述付款能力，我方当事人有权解除《存量房买卖合同》。对方、我方当事人之间关于案涉房屋的买卖合同关系已于微信和《律师函》送达给对方之日解除。由于《存量房买卖合同》在对方提起本案诉讼之前已解除，对方主张解除《存量房买卖合同》，一审法院不予支持。

四、二审判决

本案争议的焦点问题为：我方当事人是否构成违约，是否应向对方支付违约金？

房屋买卖合同是出卖人转移房屋所有权于买受人，买受人支付房价款的合同。本案的我方当事人、对方就涉案房屋签订《存量房买卖合同》，对方作为房价款的付款义务人，应对自己的付款能力、付款方式作出合理预判，以确保《存量房买卖合同》得以顺利履行。涉案《存量房买卖合同》明确约定房价款中的247万元由对方以银行按揭贷款的方式支付，该约定是双方当事人的真实意思表示，合法有效，对双方均有约束力。对方因自身原因无法办理247万元的银行按揭贷款，其提出办理四成装修贷款的方式与合同约定不符，我方当事人有权拒绝。在对方无法按照合同约定的付款方式付款的情况下，我方当事人出于交易安全的考虑，提出要求对方对购房资金作第三方监管或提供资金流水证明，该要求合理合法，但对方对此未作出正面回应。在我方当事人对交易安全提出质疑的情况下，对方在履行过程中一直未向我方当事人出示其有付款能力的证据。在房价款能否支付处于不确定的情况下，我方当事人的合同权利处于难以保障的状态，其有权行使不安抗辩权，并要求解除合同。我方当事人发出解除合同的《律师函》符合《中华人民共和国合同法》（以下简称《合同法》）第六十八条、第六十九条的规定，该《律师函》发生解除合同的法律效果。对方上诉主张我方当事人解除涉案合同没有事实和法律依据，缺乏理据，本院不予支持。因涉案买卖合同在2017年5月21日已发生解除合同的法律效果，对方二审提交的拟证明其具备付款能力的证据已无意义，对方据此主张我方当事人构成违约并应支付违约金，缺乏事实和法律依据，本院不予支持。

五、教你四招破解按揭贷款的四大难题

（一）按揭贷款的资格问题

按照现行银行资金收紧的政策，签署二手房买卖合同时，一定要约定清

楚，如银行按揭贷款审批不通过的解决方式。比如买方，在申请按揭贷款时，如自身陷入黑名单等原因导致银行审批不通过按揭贷款，如何解决，合同是否继续履行，是否可以在一定期限内一次性支付；如买方没有一次性支付能力，合同是否解除，定金如何返还，中介费如何退还等问题。

（二）按揭贷款的比例问题

如本案例所述，注意约定清楚按揭贷款的比例，并且约定清楚如按揭贷款买方申请不到70%或60%，该如何解决，合同是否解除，还是可以继续寻找其他组合贷款方式，这都需要提前约定清楚。

（三）按揭贷款次数或期限问题

如在买方申请办理过两次按揭贷款后，银行都审批不过，合同是否解除；解除时，定金如何处理，是否需要追究违约责任。

（四）按揭贷款的政策问题

如果确实遇到银行政策因素导致买方无法办理按揭贷款，合同是否直接解除，定金如何处理，是否返还，返还金额多少，中介费是否退还，退还金额是多少。

本文作者系北京德和衡（广州）律师事务所争议解决业务中心专职律师

栏目三

《 Column

 实务经验

3

破产管理人如何行使合同解除权

王婉苏

> **导读**
>
> 　　伴随着疫情与监管机构紧缩的贷款政策的影响，企业作为市场经济的主体，在如今的经济环境下自身或交易对手往往面临着主动或被动进入破产程序的风险，以及如何在破产程序中实现经济体利益最大化的考验。破产制度设立的初衷是为最大限度地保障债权人利益，因而纵观各国破产法，都规定破产管理人享有合同解除权，以处理破产后债务人尚未履行完毕的合同，我国亦然。本文笔者通过对破产管理人所享有的法定合同解除权进行初步探析，以探讨如何实现市场经济主体有序进退问题，保障市场有序运行。

一、法律规定与各地审判指引

《企业破产法》第十八条规定：

"人民法院受理破产申请后，管理人对破产申请受理前成立而债务人和对方当事人均未履行完毕的合同有权决定解除或者继续履行，并通知对方当事人。管理人自破产申请受理之日起二个月内未通知对方当事人，或者自收到对方当事人催告之日起三十日内未答复的，视为解除合同。

"管理人决定继续履行合同的，对方当事人应当履行；但是，对方当事人有权要求管理人提供担保。管理人不提供担保的，视为解除合同。"

《最高人民法院关于适用〈中华人民共和国企业破产法〉若干问题的规

定（二）》（2020年修正）第三十四条："买卖合同双方当事人在合同中约定标的物所有权保留，在标的物所有权未依法转移给买受人前，一方当事人破产的，该买卖合同属于双方均未履行完毕的合同，管理人有权依据企业破产法第十八条的规定决定解除或者继续履行合同。"

与上述司法解释确定的精神相符，《山东省高级人民法院企业破产案件审理规范指引（试行）》在第二章第三节"非债务人财产的认定"关于管理人解除权在所有权保留合同中的适用上做出了一系列具体规定（其他规定后附），以及在所有权保留买卖合同中对管理人解除权做出了相应限制：

第七十四条　买卖合同双方当事人在合同中约定标的物所有权保留，在标的物所有权未依法转移给买受人前，一方当事人破产的，该买卖合同属于双方均未履行完毕的合同，管理人有权依据企业破产法第十八条的规定决定解除或者继续履行合同。

第七十五条　出卖人破产，其管理人决定继续履行所有权保留买卖合同的，买受人应当按照原买卖合同的约定支付价款或者履行其他义务。

买受人未依约支付价款或者履行完毕其他义务，或者将标的物出卖、出质或者作出其他不当处分，给出卖人造成损害，出卖人管理人依法主张取回标的物的，人民法院应予支持。但是，买受人已经支付标的物总价款百分之七十五以上或者第三人善意取得标的物所有权或者其他物权的除外。

因本条第二款规定未能取回标的物，出卖人管理人依法主张买受人继续支付价款、履行完毕其他义务，以及承担相应赔偿责任的，人民法院应予支持。

《广东省高级人民法院关于审理企业破产案件若干问题的指引》第三十六条对单方未履行完毕的合同作出了规定："破产受理前成立，债务人未履行完毕，对方当事人履行完毕的合同，自破产受理之日解除；债务人履行完毕，对方当事人未履行完毕的合同，管理人可以要求对方当事人继续履行。"

二、管理人解除权如何行使

综合上述规定可以看出，管理人的选择权不同于合同约定解除权，是《企业破产法》以立法的形式赋予管理人的法定权利，该等法律权利的行使均以法定的明确范围与限制为准。

首先应当明确的是，法律规定的管理人选择权行使的范围，仅及于"债务人和对方当事人均未履行完毕的合同"，可见管理人行使解除权的对象为破产申请受理前成立且生效的双务合同。

其次，《企业破产法》第十八条合同解除权的行使主体是管理人，行使解除权的对象是未履行完毕的合同。明示解除即明确通知对方当事人解除，自破产申请受理之日起两个月内未通知对方当事人或自收到对方当事人催告之日起三十日内未答复均视为解除。

最后，管理人行使合同解除权后，合同相对方的救济途径包括依法提起债权申报或确认之诉。《企业破产法》第五十三条规定"管理人或者债务人依照本法规定解除合同的，对方当事人以因合同解除所产生的损害赔偿请求权申报债权"，第五十八条第三款规定"债务人、债权人对债权表记载的债权有异议的，可以向受理破产申请的人民法院提起诉讼"，管理人行使法定合同解除权，合同相对方可就因合同解除事宜所产生的损害赔偿请求权向管理人申报债权，若对管理人认定的债权金额有异议的，可进一步提起债权确认之诉作为救济手段。根据《企业破产法》第四十二条"人民法院受理破产申请后发生的下列债务，为共益债务：（一）因管理人或者债务人请求对方当事人履行双方均未履行完毕的合同所产生的债务……"共益债权与破产费用在清偿时应优先于其他债权受偿。

三、案例分析

好×宜公司（甲方）与刘×佳（乙方）签订《投资协议书》一份，乙方暂向甲方投资255万元用于甲方"白马综合服务中心"的开发，该资金应于201×

年2月5日前足额到位。甲方以位于"白马综合服务中心"的第六栋至第十五栋共拾空门面用地回报乙方。后刘×佳向好×宜公司支付了款项，好×宜公司出具收据一张，注明收取现金，收款事由为白马安置地门面1号至14号款项。好×宜公司依法成立后经营范围为房地产开发经营。后一审法院立案受理好×宜公司申请破产重整一案。

刘×佳向一审法院起诉请求：1. 依法确认《投资协议书》合法有效；2. 依法确认房地产项目中北面第1至第14空门面房屋（共7层，地下1层、地面6层）为刘×佳所有。

一审法院认为：关于《投资协议书》的性质、效力问题。本案协议书虽名为《投资协议书》，但实为合作建房即合作开发房地产。理依《投资协议书》，刘×佳在支付了相应投资款以及相应的税费后，其可获得"第六栋至第十五栋共拾空门面"的房屋所有权，如果刘×佳欲退出投资，好×宜公司应将资金退还给刘×佳，并负担2.5%的月息。由此可见，刘×佳在合作开发房地产的过程中不承担任何经营风险，而依《最高人民法院关于审理涉及国有土地使用权合同纠纷案件适用法律问题的解释》的规定，合作开发房地产合同约定提供资金的当事人不承担经营风险，只分配固定数量房屋的，应当认定为房屋买卖合同。本案刘×佳在合作开发房地产过程中不承担任何经营风险，且享有要求分配固定数量房屋或收取固定数额货币的选择权。刘×佳以向法院诉请要求房屋所有权的形式表明其所选，本案应认定为房屋买卖合同。《投资协议书》系双方真实意思表示，且未违反法律禁止性规定，合同成立并已生效。

《投资协议书》是否已解除的问题。已完工部分的建设工程款为3700万元，总计55个空门面。刘×佳诉争的是其中的14个空门面，现刘×佳支付了1123.8万元，未足额承担相应款项，且本案诉争房屋建设未完工已停工，双方均未实际履行完毕合同义务。根据《企业破产法》第十八条规定："人民法院受理破产申请后，管理人对破产申请受理前成立而债务人和对方当事人均未履行完毕的合同有权决定解除或者继续履行，并通知对方当事人。管理人自破产申请受理之日起二个月内未通知对方当事人，或者自收到对方当事人催告之日起三十日内未答复的，视为解除合同。"自一审法院受理好×宜公司申请破产重整纠纷之日起二个月内，好×宜公司管理人并未通知刘×佳继续履行合同，依法《投资协议书》已解除，《投资协议书》解除后相应的权责，刘×佳可另行解决。

二审法院认为：刘×佳与好×宜公司签订的《投资协议书》系双方当事人真实意思表示，内容未违反法律、行政法规的强制性规定，合法有效。该《投资协议书》名为投资，实为合作开发房地产。由于刘×佳在合作开发房地产的过程中只提供资金，不承担经营风险，只分配固定数量的房屋，根据《最高人民法院关于审理涉及国有土地使用权合同纠纷案件适用法律问题的解释》的规定，一审判决认定刘×佳与好×宜公司签订的《投资协议书》实为房屋买卖合同正确。本案中，双方当事人未就应付房款和已付房款进行结算，不足以认定刘×佳已经足额支付房款，即使按照一审判决认定的刘×佳支付项目的款项为1123.8万元和一审判决推算的刘×佳应支付房款大约为1314.82万元，亦不足以认定刘×佳已经足额支付房款，且本案诉争所涉房屋建设工程未竣工验收，故一审判决认定双方当事人未实际履行完毕合同义务正确。根据《企业破产法》第十八条规定："人民法院受理破产申请后，管理人对破产申请受理前成立而债务人和对方当事人均未履行完毕的合同有权决定解除或者继续履行，并通知对方当事人。管理人自破产申请受理之日起二个月内未通知对方当事人，或者自收到对方当事人催告之日起三十日内未答复的，视为解除合同。"本案中，自一审法院于201×年3月17日受理好×宜公司破产申请之日起二个月内，好×宜公司管理人并未通知刘×佳是否继续履行合同，刘×佳亦未催告好×宜公司管理人，即使将刘×佳于201×年5月30日提起本案诉讼视为催告，好×宜公司管理人亦未在三十日内答复继续履行合同，故一审判决认定双方签订的《投资协议书》已经解除有事实依据和法律依据，并无不当。鉴于双方当事人签订的《投资协议书》依法已经解除，故刘×佳请求确认好×宜公司名下"泊心雅境"房地产项目中北面第1至第14空门面房屋（共7层，地下1层、地面6层）为刘×佳所有的诉讼请求没有事实依据和法律依据，一审判决不予支持正确。刘×佳的上诉请求不能成立。一审判决认定事实清楚，适用法律正确，应予维持。驳回上诉，维持原判。

再审法院认为：关于《投资协议书》性质问题。《合同法》第一百二十五条第一款规定："当事人对合同条款的理解有争议的，应当按照合同所使用的词句、合同的有关条款、合同的目的、交易习惯以及诚实信用原则，确定该条款的真实意思。"具体到本案，双方签订的《投资协议书》不但约定了刘×佳在合作过程中可以退出并收取利息，不符合合作开发房地产风险共担、利益共享的特征，而且《投资协议书》也没有约定共同投资、共同管理，反而约定刘×佳支付相应土地款，承担与建设有关的所有税费，且刘×佳在履约过程中就土地购买款进行了单独核算和支付，并约定承担修建房屋的工程款和相应税费，特别是好×宜公司向刘×佳出具的部分收条上注明的是"建房款"，因此，本案当事人的真实意思就是刘×佳委托好×宜公司代为建设案涉房屋。根据《合同法》第一百二十四条关于"本法分则或者其他法律没有明文规定的合同，适用本法总则的规定，并可以参照本法分则或者其他法律最相类似的规定"的规定，本院认为将案涉《投资协议书》认定为委托代建合同更为妥当。一、二审法院认为《投资协议书》名为投资协议实为房屋买卖合同欠妥，本院予以纠正。

关于本案能否适用《企业破产法》第十八条认定《投资协议书》已经解除的问题。本案《投资协议书》名为投资协议，实为委托代建，双方在合同中没有对各自的权利义务做出详细约定。根据《合同法》第六十二条第（五）项关于"履行方式不明确的，按照有利于实现合同目的的方式履行"的规定，本案双方当事人的合同义务只能从委托代建合同的主要义务来评判。在委托代建合同中，委托人的主要义务是提供土地并支付建设工程款，被委托人的主要义务是交付符合质量要求的建筑物。本案中，刘×佳已出资购买了土地，并委托好×宜公司代为建设，其支付工程款的义务也已履行完毕。《企业破产法》第十八条第一款规定，"管理人对破产申请受理前成立而债务人和对方当事人均未履行完毕的合同有权决定解除或者继续履行"。该条规定是合同双方当事人均未履行完毕的情况下，债务人才有权决定解除合同。本案刘×佳的合同义务已经履行完毕。案涉合同属于债务人单方未履行的合同，不符合《企业破产法》第十八条第一款的规定，好×宜公司管理人不享有解除权，故刘×佳关于本案不能适用《企业破产法》第十八条的规定认定《投资协议书》已经解除的再审理由成立，本院予以支持。

以此为例，债务人单方未履行完毕的合同在司法实践中多地法院也通过判决确认"管理人不享有相应的合同解除权"。

附：《山东省高级人民法院企业破产案件审理规范指引（试行）》摘要

第七十六条　出卖人破产，其管理人决定解除所有权保留买卖合同，并依据企业破产法第十七条的规定要求买受人向其交付买卖标的物的，人民法院应予支持。

买受人以其不存在未依约支付价款或者履行完毕其他义务，或者将标的物出卖、出质或者作出其他不当处分情形抗辩的，人民法院不予支持。

买受人依法履行合同义务并依据本条第一款将买卖标的物交付出卖人管理人后，买受人已支付价款损失形成的债权作为共益债务清偿。但是，买受人违反合同约定，出卖人管理人主张上述债权作为普通破产债权清偿的，人民法院应予支持。

第七十七条　买受人破产，其管理人决定继续履行所有权保留买卖合同的，原买卖合同中约定的买受人支付价款或者履行其他义务的期限在破产申请受理时视为到期，买受人管理人应当及时向出卖人支付价款或者履行其他义务。

买受人管理人无正当理由未及时支付价款或者履行完毕其他义务，或者将标的物出卖、出质或者作出其他不当处分，给出卖人造成损害，出卖人依据合同法第一百三十四条等规定主张取回标的物的，人民法院应予支持。但是，买受人已支付标的物总价款百分之七十五以上或者第三人善意取得标的物所有权或者其他物权的除外。

因本条第二款规定未能取回标的物，出卖人依法主张买受人继续支付价款、履行完毕其他义务，以及承担相应赔偿责任的，人民法院应予支持。对因买受人未支付价款或者未履行完毕其他义务，以及买受人管理人将标的物出卖、出质或者作出其他不当处分导致出卖人损害产生的债务，出卖人主张作为共益债务清偿的，人民法院应予支持。

第七十八条　买受人破产，其管理人决定解除所有权保留买卖合同，出卖人依据企业破产法第三十八条的规定主张取回买卖标的物的，人民法院应予支持。

出卖人取回买卖标的物，买受人管理人主张出卖人返还已支付价款的，人民法院应予支持。取回的标的物价值明显减少给出卖人造成损失的，出卖人可从买受人已支付价款中优先予以抵扣后，将剩余部分返还给买受人；对买受人已支付价款不足以弥补出卖人标的物价值减损损失形成的债权，出卖人主张作为共益债务清偿的，人民法院应予支持。

本文作者系北京德和衡（广州）律师事务所争议解决业务中心秘书长

知识产权侵权诉讼中关于合法来源抗辩的适用

李宝刚

在知识产权侵权诉讼中，合法来源抗辩是侵权者往往比较容易联想到的抗辩方式，也是众多抗辩方式中使用频率最高的一种，很多侵权者甚至认为只要提供了来源就等同于免责，不构成侵权。本文将根据《中华人民共和国著作权法》（以下简称《著作权法》）、《中华人民共和国商标法》（以下简称《商标法》）、《中华人民共和国专利法》（以下简称《专利法》）中有关合法来源抗辩规定来展开分析，剖解其适用标准及责任承担问题。

一、法律规定

《著作权法》《商标法》《专利法》都对合法来源作出了相关规定，但略有不同。如下表：

《著作权法》	第五十九条　复制品的出版者、制作者不能证明其出版、制作有合法授权的，复制品的发行者或者视听作品、计算机软件、录音录像制品的复制品的出租者不能证明其发行、出租的复制品有合法来源的，应当承担法律责任
《商标法》	第六十四条　销售不知道是侵犯注册商标专用权的商品，能证明该商品是自己合法取得并说明提供者的，不承担赔偿责任
《专利法》	第七十七条　为生产经营目的使用、许诺销售或者销售不知道是未经专利权人许可而制造并售出的专利侵权产品，能证明该产品合法来源的，不承担赔偿责任

除此以外，《最高人民法院关于知识产权民事诉讼证据的若干规定》第四条也有相关规定：“被告依法主张合法来源抗辩的，应当举证证明合法取得被诉侵权产品、复制品的事实，包括合法的购货渠道、合理的价格和直接的供货方等。被告提供的被诉侵权产品、复制品来源证据与其合理注意义务程度相当的，可以认定其完成前款所称举证，并推定其不知道被诉侵权产品、复制品侵害知识产权。被告的经营规模、专业程度、市场交易习惯等，可以作为确定其合理注意义务的证据。”

二、适用判断标准及案例

（一）适用主体

依据上述三大法律规定分析，合法来源抗辩的主体通常为销售者，并非生产者，但《专利法》对部分生产者有所例外。虽然《著作权法》并无明确说明销售行为，但从《著作权法》第十条“发行权，即以出售或者赠与方式向公众提供作品的原件或者复制件的权利”可以推断“复制品的发行者”的发行行为实则表现为销售行为。也就是说销售者免责仅限于销售、出租行为，若销售者在销售过程中存在展览、改编等行为，则仍然构成侵权，承担赔偿责任。《专利法》规定除了销售者可以主张合法来源外，为生产经营目的使用专利侵权产品的生产者同样可以免责。所以，相对于《商标法》《专利法》，《著作权法》的合法来源抗辩明显有一定局限性。

案例

最高人民法院（2020）最高法知民终841号案，欧普照明股份有限公司诉南京汉德森科技股份有限公司侵害实用新型专利权纠纷，汉德森公司主张的合法来源，指被诉侵权产品整体来自外购，法院认为："被诉侵权产品的包装上印有汉德森公司的企业名称、商标、地址、电话等信息，产品上亦印有汉德森公司的商标，并未披露其主张的实际生产商信息，汉德森公司有向消费者作出被诉侵权产品为其制造的意思表示，汉德森公司作为制造者无权主张合法来源抗辩。"

（二）主观要件

合法来源抗辩制度的设立主要是为了保护不知情的善意第三人，以平衡知识产权权利人与善意第三人之间的利益冲突，让知识产权权利人打击源头而非善意第三人。所以主张合法来源抗辩，前提是侵权者主观意识上必须是善意的；相反，若明知是侵权产品，则无法主张合法来源抗辩。如何判断善意，从三大法来看，主要考虑侵权人"不知道"销售的为侵权产品。结合司法实践，"不知道"应当理解为实际上不知道且不应该知道。根据此理解，则可根据知识产权的知名度、知识产权权利人与侵权人关系、是否同城同区域等因素综合考虑，认定侵权者的主观状态——不知道还是应当知道。

案例

广东省佛山市中级人民法院（2016）粤06民终1966号案，广东骆驼服饰有限公司诉泉州琛宝商贸有限公司等商标侵权纠纷，法院认为："关于琛宝公司所提合法来源主观方面，琛宝公司作为专业的销售和代理各类商品和技术进出口业务的企业，对其所销售的商品和代理的业务是否存在侵犯知识产权情况负有相应的审查义务。骆驼公司涉案系列注册商标的显著性和知名度均较高，琛宝公司应当知道其所销售的被诉侵权商品存在侵犯骆驼公司涉案系列注册商标权的可能性，琛宝公司仍予以销售，故其主观上难谓善意。"

（三）客观要件

依据《最高人民法院关于知识产权民事诉讼证据的若干规定》第四条规定"被告依法主张合法来源抗辩的，应当举证证明合法取得被诉侵权产品、复制品的事实，包括合法的购货渠道、合理的价格和直接的供货方等"，以及《最高人民法院关于审理侵犯专利权纠纷案件应用法律若干问题的解释（二）》第二十五条"合法来源，是指通过合法的销售渠道、通常的买卖合同等正常商业方式取得产品"，主张合法来源，侵权者必须证明通过正规合法途径取得产品，包括买卖合同、合理对价交易、支付凭证、提供者主体信息等，还要履行与其行业相当的合理注意义务。

案 例

同样在上述提到的广东骆驼服饰有限公司诉泉州琛宝商贸有限公司等商标侵权纠纷案中，琛宝公司主张合法来源抗辩，提供了与某洲贸易公司的代理合同，但法院认为："按照双方合同的约定和常理，琛宝公司还应当提交相关进货单据与结算有关的商业发票、经营记录等以证明其确实从某洲贸易公司购入了被诉侵权商品，但琛宝公司并未提交相关证据，故琛宝公司并未尽到其在合法来源抗辩客观方面的举证责任。"

三、总结

综上，合法来源抗辩看上去美好，却并非适用于所有侵权行为。同时，即使合法来源抗辩成立，销售者虽可免去赔偿责任，但停止销售、承担权利人因维权所产生的合理开支仍属于销售者所承担的法律责任。

如《最高人民法院知识产权法庭裁判要旨（2019）》第7条［（2019）最高法知民终25号］中，最高人民法院指出："合法来源抗辩仅是免除赔偿责任的抗辩，而非不侵权抗辩；销售者的合法来源抗辩成立，既不改变销售侵权产品这一行为的侵权性质，也不免除停止销售侵权产品的责任，仍应承担权利人为获得停止侵害救济所支付的合理开支。"

本文作者系北京德和衡（广州）律师事务所知识产权业务中心总监

比例原则在合同法定解除权中的适用

吴煜伦

比例原则作为传统意义上的公法原则，近些年来开始得到私法理论界和实务界的青睐，越来越多的学者也开始探索比例原则在民法中的适用路径。一般认为，比例原则由三个子原则构成，即适当性原则、必要性原则和均衡性原则。其中，适当性原则要求为干预基本权利所采取的手段必须适合于目的之达成；必要性原则要求在数个可供实现目的之手段的选择上，必须采用对基本权利干预最轻的手段；均衡性原则要求对基本权利的干预与其所追求的目的之间必须相称，二者在效果上不能不成比例。[①]由此可见，比例原则的适用不仅需审查行为的目的和手段，还需要评价其必要性和恰当性，其于合同法定解除权中很有参考意义。

合同法定解除权，是指合同当事人依据法律规定享有的解除合同的权利。《民法典》第五百六十三条规定："有下列情形之一的，当事人可以解除合同：（一）因不可抗力致使不能实现合同目的；（二）在履行期限届满前，当

---

① 郑晓剑：《比例原则在民法上的适用及展开》，载《中国法学（文摘）》，2016年第2期。

事人一方明确表示或者以自己的行为表明不履行主要债务；（三）当事人一方迟延履行主要债务，经催告后在合理期限内仍未履行；（四）当事人一方迟延履行债务或者有其他违约行为致使不能实现合同目的；（五）法律规定的其他情形。以持续履行的债务为内容的不定期合同，当事人可以随时解除合同，但是应当在合理期限之前通知对方。"

上述规定中，第一项为不可抗力解除，第二项为预期违约解除，第三项为延迟履行解除，第四项为根本违约解除。所谓根本违约，正如法条规定的"违约行为致使不能实现合同目的"；而"合同目的"是当事人通过订立合同的行为所想要得到的结果，这种结果通常表现为一种经济利益。[①]上述第四项中根本违约的判定是法定解除权适用条件的一大重点，也是实务工作中的一大难点。

一、案例分析

通过一个案例，能更好地理解比例原则于合同的法定解除中的适用：甲乙双方签订一个采矿权转让合同，约定甲将其采矿权转让给乙，乙向甲支付承包款，承包款1000万元分两期支付，首期款200万元签订合同当天支付，剩余800万元在签订合同90天内支付。乙支付了200万元之后，双方对于800万元是否支付各执一词，甲认为乙未支付，乙认为与其他债务相抵消，但双方合同一直在履行。甲在合同签订十年后向乙发出律师函要求支付剩余承包款，此后，甲以"乙逾期支付承包款导致甲的合同目的不能实现"为由提出其具有法定解除权，诉请解除合同，其诉请能否成立？答案是否定的。

首先，合同解除的手段与合同目的之间需具备适当性。甲的合同目的就是获得承包款，甲的该合同目的完全可以通过请求对方支付而履行，并不会导致合同目的不能实现，其以根本违约为由诉请解除合同，不利于其合同目的的实现。

其次，合同解除需具备必要性。"继续履行"的违约责任承担方式比其他

---

① 江平：《中华人民共和国合同法精解》，中国政法大学出版社，1991年版。

违约责任的承担方式更经济便宜有效，更有利于促进实现当事人的合同目的，更有利于维护当事人的信赖利益和交易安全，更有利于社会效益和社会资源的整合和利用。①

而根据《民法典》第五百七十九条规定"当事人一方未支付价款、报酬、租金、利息，或者不履行其他金钱债务的，对方可以请求其支付"，第五百八十条规定"当事人一方不履行非金钱债务或者履行非金钱债务不符合约定的，对方可以请求履行，但是有下列情形之一的除外：（一）法律上或者事实上不能履行；（二）债务的标的不适于强制履行或者履行费用过高；（三）债权人在合理期限内未请求履行。有前款规定的除外情形之一，致使不能实现合同目的的，人民法院或者仲裁机构可以根据当事人的请求终止合同权利义务关系，但是不影响违约责任的承担"。

可知，如合同可以继续履行，则继续履行是首选，甲的合同目的属于金钱债务，并非不可以继续履行，其可以通过请求对方支付的继续履行的方式得到实现，且在甲发出律师函的前十年，合同一直处于稳定的履行状态，由此可见，甲诉请解除合同缺乏必要性。

最后，合同解除需具备均衡性，即效果上需成比例。双方合同一直处于稳定履行，仅是对于剩余的800万元承包款是否支付存在争议，在乙的违约行为尚不足以导致对方合同目的不能实现的情况下，如适用法定解除，则乙在签订合同后近十年在矿场经营上的投入将处于严重的不确定性之中，不仅行为及效果不成比例，亦不利于保护交易的安全。

二、结语

比例原则在合同法定解除权的适用，实际上是运用成本效益分析对法定解除权进行衡量，本文尝试立足于具体案例，浅析三个子原则的具体适用。至于

---

① 李卫国、何兆磊：《"继续履行"违约责任承担方式的逻辑和具体适用》，载《法律适用》，2015年第4期。

比例原则的具体适用规范及其边界把握，仍需要深入研判，欢迎交流。

本文作者系北京德和衡（广州）律师事务所争议解决业务中心实习律师

初创企业法律风险及其防范

马　滢

前言

笔者身边的几个好友每日朝九晚五之余，把自己的兴趣爱好发扬光大，成为某个领域的专才。他们因共同的爱好而形成了好友圈，又因为出色的专业能力，得到好友圈内有资金实力的朋友关注后递来橄榄枝，邀请这些朋友合作共同创业，颇有"无心插柳柳成荫"之势。得到投资方青睐的创业者们时常向笔者咨询：创业伊始，有哪些风险需要规避？需要考虑哪些方面的问题？笔者从法律的角度对此作了一些探讨和提示，希望为这些朋友在到处有鲜花和荆棘的创业旅途开一个好头。本篇文章主要讨论初创企业需要防范的具体法律风险。

一、初创企业可能遇到的主要法律风险

（一）业务合法性以及相关的法律法规、政策性风险

创业，一般说来都和行业创新紧密联系。然而对一些新兴行业，尤其是高科技型初创公司，其经营模式可能有违反现行法律法规而导致不能持续经营的风险。比方说，一些"互联网+"项目可能涉及需要审批的传统行业，如食品生产、医药销售、餐饮服务、金融证券、期货经纪等，并不因互联网的介入而

有所改变。因此，建议聘请律师对初创企业的产品服务、销售方式、销售对象等进行多维度分析论证，出具专业意见，据此来决定是否开展此项业务，或者对业务模式进行修正以规避法律风险。

（二）劳务用工风险以及创业团队成员是否有"竞业限制"风险

技术入股型的股东，一般在初创企业工作时也领工资，具有股东和劳动者的双重身份。作为劳动者，应该签订劳动合同和享受其他劳动者待遇，规范用工之余还可以避免股东矛盾与劳动纠纷牵扯不清，增加问题的复杂性。

另外一个值得注意的问题是，很多初创公司中的合伙人在创业初始时均在其他公司或单位任职，如创业者与就职企业签订过竞业限制方面的协议，则务必将这些问题妥善解决后再进入初创公司担任职务。

最后，初创企业还需避免聘用未离职人员和不当使用兼职人员的问题，员工入职手续必须清晰合规，避免因用工问题与其他企业发生纠纷。

（三）商标、域名、微信公众号、专利等知识产权保护与侵权防范

关于知识产权的重要性，相信很多创业者都有很深的认识。首先，要具有前瞻性地对初创企业的商标、专利、著作权等各项知识产权进行注册、申报、保护，避免业务壮大后被别有用心的人"摘了桃子"。

其次，创业者们注意保护自己的知识产权的同时，也要尊重他人的知识产权，避免因侵权引起的纠纷。此处需重点留意的是，针对创业团队或雇佣人员在原服务机构中获取的商业秘密、专有技术以及属于原服务机构所有的其他知识产权，如初创企业不当使用，需承担民事甚至刑事责任。

关于如何有效规避这些风险，接下来继续进行分析讲解。

二、创业初期法律风险的防范建议

（一）与投资方、合伙人的投资合作协议

创业项目成立之初，创始股东一定要订立协议，并在协议中约定以下几点

重要事项：

（1）投资的规则：每位创始股东各自出多少资金？什么时候必须资金到账？项目如果出现亏损，每位股东追加出资的原则，以及未及时出资的法律责任承担。

（2）分红的规则：股东多久（或者在什么条件成就之时）可以分红？分红按什么比例？

（3）财务管理规则：负责管账的不管钱，负责管钱的不管账。如何确保财务账目公开透明？财务原始账簿的查阅规则是什么？

（4）退出机制：股东在什么情况下可以退出？股份的转让规则是什么？项目亏损时股东可以退出吗？项目结业的时候剩余的财产怎么分？

（5）引入新投资者后，如何确保原始股东的股权不被稀释？新旧投资者应该如何划分权利义务？

君子不患寡而患不均，很多股东矛盾源自财务数据不公开透明，损害了信任基础，互相猜忌而造成股东反目、创业失败。因此，关于"钱"的问题，宜在股东们开展合作之前约定明晰，先小人，后君子。最后提醒那些不出资、纯技术入股的股东，还需要和负责投入大部分资金的股东约定对项目的管理权限，例如投资股东只有分红和查账的权利，没有项目管理权等。

（二）创业的企业组织形式选择

企业组织形式多种多样，初创项目可根据行业类型、组织体量的不同，划分为以下几种形式。笔者简单列举几种组织形式及其特点如下：

1. 个体工商户

成立个体工商户的好处是设立程序简便，税负相对较低，符合小规模纳税人条件的个体户可采取定额交税的方式，但是不能开具增值税专用发票（如果需要开增值税专用发票，可以向国税局申请按照征收率代开，并缴纳增值税）。不能自行开立增值税专用发票意味着购买商品的企业无法进行进项抵扣，会令一部分作为一般纳税人的企业类型客户望而却步。另则，个体工商户一旦出现较大债务，设立个体户的个人要以其个人资产承担无限连带责任，风险较高。

2. 合伙企业

合伙企业分为两大类：普通合伙和有限合伙。普通合伙企业的合伙人对企业债务承担无限连带责任，对内则按约定承担按份责任。有限合伙企业中既有普通合伙人，也有有限合伙人。普通合伙人的责任等同于普通合伙企业中的普通合伙人，承担无限连带责任；而有限合伙人以认缴的出资为限承担责任。目前很多私募基金公司、新三板企业对于员工的持股多采取有限合伙的形式。

3. 有限公司

有限责任公司的股东以其认缴的投资额为限对外承担有限责任。有限公司设立较为容易，公司管理架构也相对比较简单，人数少的公司可以不设董事会和监事会。有限公司还有一个比较灵活的优势，可采取同股同权、同股同利，或者同股不同权、同股不同利的形式，适合中性体量的创业项目，相对于前文提到的个体工商户来说，也更加正规，后续引来投资者也比较容易。

4. 股份有限公司

股份有限公司分为发起设立和募集设立两种模式。发起设立的股份公司必须同股同权，同时，对于公司管理架构的要求较为严格，规定必须设立股东会、董事会和监事会。募集设立的门槛则更高，发起人必须认购公司应发行股份的35%，其余股份向社会公开募集或者向特定对象募集。所以，募集设立既可以通过向社会公开发行股票的方式设立，也可以通过向特定对象发行股票的方式设立。由于募集设立的股份有限公司资本规模较大，涉及众多投资者的利益，故各国公司法均对其设立程序严格限制。如果一些创业的朋友对企业的设想是上市，那么建议咨询专业律师作一个长远的规划。

了解了以上企业设立形式的特点后，创业者们可根据创业项目的需求"量体裁衣"。对于规模较小、风险不大的项目，可选用个体工商户的形式，既节省税负，运营模式也简便。对于有多个合伙人、风险不确定的项目，可选择有限责任公司的形式；后续真有上市的那一天，也可经向法律、财税专业人士咨询后，将有限公司改造为股份有限公司。

（三）股权结构设计与公司章程的问题

初创企业寻求发展，初创股东想要掌握项目的全局，如何通过股权运用取得控制权呢？其实股权结构设计的问题与公司初创股东对项目的设想、未来发展方向以及资金投入的来源都息息相关，可谓牵一发而动全身。律师需要充分了解公司股东的理念、项目背景，再根据个案设计不同的股权架构，还需结合公司章程、股东投资协议、股份代持协议等一系列配套法律文件，使得股权架构得以顺利搭建。因此在股权结构设计这个问题上，没有最好的设计，只有合适的设计。创业者们千万不要以为在百度上搜一搜就能"拿来主义"，殊不知"甲之蜜糖，乙之砒霜"，别人用得好的股权架构，不一定适合自己的企业。

公司章程是公司成立最基本的条件和最重要的法律文件，也是公司实行内部管理和对外经济交往的基本规范。同时，公司章程亦是所有股东达成共识的书面依据，是作为有效解决股权纠纷最主要的证据材料。因此，章程内条款需要得到所有初创股东的充分重视，条款约定得越清晰具体，将来发生股权纠纷的概率就越低。无论是公司设立协议中的约定，还是在公司运行中股东就公司管理、权力制约、利益分配等方面达成一致的约定，都可以作为公司章程的内容。此外，股东应尽可能预测纠纷产生的可能性，并建立相应的解决机制，这将是章程在公司运行管理中发挥重要作用的关键点。

章程内很多细节是需要专业人士完善和度身定制的，创业者们千万不要以为下载一份工商局的规范版本就万事大吉了。举个例子，对于技术入股的小股东而言，提出扩大股东会表决事项的比例要求，就等于为自己争取今后的发言权。如果公司章程中将重大事项均列入需全体股东一致同意才能通过的范围，则小股东将在公司运营中占有优势地位。另外，针对违反章程所造成的后果，制定应对措施也很重要。再者，《公司法》第四十一条第二款规定："出席会议的股东应当在会议记录上签名。"但如果股东参加会议却拒绝在会议记录上签名，那么意味着什么？是认定该股东弃权、反对还是同意？类似以上诸多细节，是一份标准化章程模板无法满足的。

创业者们描绘项目美好前景的同时，一定要提前谋划好公司的股权结构，制定个性化的公司章程，在保证公司控制权的同时，完善公司治理结构的规则。同时还需注意：当创业发展中引入新的投资者、合作伙伴时，全部股东也需要连同新股东一起重新审视调整公司章程以配合公司的整体发展，避免股权被削弱，或者新来者和旧股东在议事规则、投票机制上起冲突等问题。

（四）股权代持方面的法律问题

股权代持的问题在实践中并不少见，由于种种原因，实际出资人不方便出现在工商登记和章程中，需要找他人成为注册公司的名义股东，实际出资人则隐于幕后。这种操作背后必须签订一份完善的代持股协议，以明确代持人（名义股东）与被代持人（实际股东）的权利义务关系。由于股权代持存在诸多风险，在代持人的选择上一定要找值得信赖的人，同时建议对代持人的资信、个人婚姻状况作背景调查。笔者就曾遇到有客户咨询，由于代持人（名义股东）的配偶对外负债，被代持人（实际股东）的股份面临被执行的风险。

最后再强调一点，在创业初期，不少创业者相对重视对外业务拓展而轻视内部规章制度建设，而一套全面、系统的企业规章管理制度对企业运作效率的提高和各类风险的规避具有非常重大的意义。笔者重点提示创业的朋友们：攘外必先安内，无规矩不成方圆，务必重视企业内部的财务制度（如借支/报销规则）、印章使用规则（用印登记制度）、对外签订合同审批流程（规范对外签订合同审批/用印/存档规定）等各类规章制度的搭建。由于篇幅有限，笔者将对这部分内容另外撰文分析。最后，笔者预祝各位创业的朋友早日成功，成就更优秀的自己！

本文作者系北京德和衡（广州）律师事务所银行、保险与融资业务中心副总监

国有企业股权转让实务要点及流程解析

张 英

> **背景**
>
> 　　2018年11月2日，国务院国有资产监督管理委员会发布《中央企业合规管理指引（试行）》，要求中央企业建立健全合规管理体系。2020年3月3日，广东省国资委发布了《广东省省属企业合规管理指引（试行）》，要求省属企业建立健全合规管理体系。2020年12月1日，广州市国资委发布了《广州市市属企业合规管理指引（试行）》，要求市属企业建立健全合规管理体系。不管是中央还是省、市，资产交易都是合规管理的重点领域之一，而国有企业的股权转让则属于国有资产交易行为之一。
>
> 　　国有企业的股权转让，不仅需要遵守《公司法》的规定，还需符合《中华人民共和国企业国有资产法》《企业国有资产交易监督管理办法》等国有资产监管的相关要求，同时也需要遵守地方政府国资监管相关政策，以及相应产权交易机构的交易规则。本文就《企业国有资产交易监督管理办法》中所涉及的国有企业股权转让的要求在实务操作中应关注的重点和广东省省属国有企业股权转让流程进行梳理、解读，供法律同行、国有企业法务等相关人员参考，也欢迎各位探讨、交流、指正。

一、国有企业的认定

　　在分析国有企业股权转让的实务要点和流程时，首先需要了解的是何为国有企业，如何认定一家企业属于国有企业。根据我国现行的法律法规规定，对国有企业的定义作梳理如下 ①。

（一）法律法规对国有企业的定义

从历史沿革来说，国有企业的前身是计划经济时期的国营企业，即全民所有制企业。随着国有企业改革不断深化，国有企业替代了国营企业，范围也随之发生了变化。

目前，"国有企业"一词经常被使用，但我国现行法律规范并未就"国有企业"形成统一的定义。因不同部门的监管职责和范围不同，导致不同部门、层级的法律法规对国有企业的外延和内涵规定不同。本文梳理了部分法律法规对"国有企业"的规定，便于大家理解。

1.《国家统计局关于对国有公司企业认定意见的函》（国统函〔2003〕44号，2003年4月18日发布，简称《函》）

国家统计局在《函》中指出，国有企业有广义、狭义之分。广义的国有企业是指具有国家资本金的企业，可分为三个层次：一是纯国有企业，包括国有独资企业、国有独资公司和国有联营企业三种形式，企业的资本金全部为国家所有；二是国有控股企业，包括国有绝对控股和国有相对控股两种形式；三是国有参股企业，是指具有部分国家资本金，但国家不控股的企业。国有与其他所有制的联营企业，按照上述原则分别划归第二、三层次中。狭义的国有企业，仅指纯国有企业。

2.《国家统计局、国家工商行政管理总局关于划分企业登记注册类型的规定调整的通知》（国统字〔2011〕86号，2011年9月30日发布，简称《企业登记注册规定》）

《企业登记注册规定》第三条规定："国有企业是指企业全部资产归国家

---

① 兰台律师事务所商事合规团队：《国有企业合规"兰"皮书|国有企业的认定与分类》，2020年4月15日。

所有，并按《中华人民共和国企业法人登记管理条例》规定登记注册的非公司制的经济组织。不包括有限责任公司中的国有独资公司。"此规定中，国有企业属于非公司制的经济组织，与有限公司属于不同注册类型，因此此规定中的国有企业实际上仅指全民所有制企业。

3. 《中华人民共和国企业国有资产法》（2009年5月1日实施，简称《国有资产法》）

《国有资产法》第五条规定："本法所称国家出资企业，是指国家出资的国有独资企业、国有独资公司，以及国有资本控股公司、国有资本参股公司。"第四条规定："国务院和地方人民政府依照法律、行政法规的规定，分别代表国家对国家出资企业履行出资人职责，享有出资人权益。"

《国有资产法》使用的表述是"国家出资企业"而非"国有企业"，此处的"国家"与《公司法》国有独资公司定义中的国家概念一致，即由国务院和地方人民政府授权国有资产监督管理机构或其他部门、机构对其履行出资人职责。从层级上来说，国家出资企业只能是"一级企业"。《国有资产法》将国有资本参股公司归到了国家出资企业的范畴，主要是从国有资产的保护角度出发，与《中华人民共和国审计法》上的审计角度一致，此规定中的"国家出资企业"意指广义概念上的国有企业。但需注意的是，国家出资企业并不完全等同于国有企业。

4. 《中华人民共和国公司法》（2018年修订，简称《公司法》）

《公司法》从公司治理的角度出发，明确了"国有独资公司"概念，并在第二章"有限责任公司的设立和组织机构"单设了"国有独资公司的特别规定"章节。《公司法》第六十四条规定："国有独资公司，是指国家单独出资、由国务院或者地方人民政府授权本级人民政府国有资产监督管理机构履行出资人职责的有限责任公司。"

根据《公司法》规定，国有独资公司股东只能是国家，只能由国家单独出资设立，这里的"国家"不仅包括国务院或地方人民政府，也包括国务院和各级政府的组成部门。从持股比例来看，国有独资公司就是国家直接持股100%的公司，由两个国有资产监督管理机构分别履行出资人职责的公司，如国务院国资委与地方国资委共同投资设立的公司，不属于国有独资公司；从层级上来看，只能是"一级企业"，例如：由广东省人民政府持有100%股权的公司就属于国有独资公司，而其下设的全资子公司为"二级企业"，就不再是《公司法》意义上的"国有独资公司"。

《公司法》上述规定中的"国有资产监督管理机构"是否仅限于各级政府所属国有资产监督管理委员会？目前，仍有一部分国有独资公司是依据修订前的《公司法》设立，但不是由国有资产监督管理委员会而是由其他部门履行出资人职责，因此该规定中的"国有资产监督管理机构"应作较为宽泛的理解，即理解为承担国有资产监管职能的政府机构，包括但不限于各级国有资产监督管理委员会、各级政府的财政部门等。

5. 《企业国有资产交易监督管理办法》（国务院国资委、财政部令第32号，2016年6月24日颁布，简称"32号令"）

"32号令"第四条规定："本办法所称国有及国有控股企业、国有实际控制企业包括：（一）政府部门、机构、事业单位出资设立的国有独资企业（公司），以及上述单位、企业直接或间接合计持股为100%的国有全资企业；（二）本条第（一）款所列单位、企业单独或共同出资，合计拥有产（股）权比例超过50%，且其中之一为最大股东的企业；（三）本条第（一）、（二）款所列企业对外出资，拥有股权比例超过50%的各级子企业；（四）政府部门、机构、事业单位、单一国有及国有控股企业直接或间接持股比例未超过50%，但为第一大股东，并且通过股东协议、公司章程、董事会决议或者其他协议安排能够对其实际支配的企业。"

"32号令"是目前国有资产交易领域的重点依据，是实际操作层面的指导性文件，本文所称"国有企业股权转让"中的"国有企业"也是指"32号令"中对国有企业的定义。

6.《中华人民共和国审计法》（2021年修订，简称《审计法》）

《审计法》第二十二条第一款规定："审计机关对国有企业、国有金融机构和国有资本占控股地位或者主导地位的企业、金融机构的资产、负债、损益以及其他财务收支情况，进行审计监督。"第二十四条第一款规定："审计机关对国有资源、国有资产，进行审计监督。"

《审计法》中对国有企业未直接明确定义，从规定中理解，审计机关审计监督的对象为国有资产。根据《国有资产法》的规定，国家对企业各种形式的出资所形成的权益均为国有资产，因此《审计法》中的"国有企业"应作广义理解，不管国家对企业出资比例多少，只要形成了国有资产，审计机关都有权对其进行审计监督。

（二）国有企业的类型

根据上述法律规定，将国有企业的类型梳理如下：

1. 国有独资企业（公司）、国有全资企业

国有独资企业，是根据《中华人民共和国企业法人登记管理条例》规定登记注册的非公司制的经济组织，不包括有限责任公司中的国有独资公司。我们一般所称的国有独资企业即是指全民所有制企业，受《中华人民共和国全民所有制工业企业法》的调整，很多央企以及省属、市属国企在完成改制前均为全民所有制企业。

国有独资公司，《公司法》在第二章"有限责任公司的设立和组织机构"单设了"国有独资公司的特别规定"一节，在此不再赘述。

国有全资企业，"32号令"第四条第（一）款中明确国有企业范围包括政府部门、机构、事业单位出资设立的国有独资企业（公司），以及上述单位、企业直接或间接合计持股为100%的国有全资企业。

通俗来说，国有独资企业（公司）、国有全资企业是指国家持股100%的纯国有企业。该类别在工商登记中又有不同，在工商登记注册时，"国有独

资公司""全民所有制企业"为不同登记类别，而没有国有全资企业的登记类型，两个及两个以上国有主体设立的企业登记为"国有控股"类型。如：南方报业传媒集团、广东省出版集团均为国有独资；广晟集团，登记为有限责任公司（国有控股）；广东省建筑设计研究院在改制前登记为全民所有制企业，改制后变更为广东省建筑设计研究院有限公司，登记为有限责任公司（法人独资）。经过多年国企改革，目前存续的全民所有制企业较少。

2. 国有控股企业

国有控股企业主要以持股比例作为判断"控股"标准，要求持股比例超过50%不足100%。根据"32号令"的规定，国有控股企业可以分为两类：一类是政府、机构、事业单位或国有独资企业（公司）或国有全资企业，单独或共同出资合计拥有产（股）权比例超过50%，且其中之一为最大股东的企业；另一类是国有独资企业（公司）、国有全资企业或前述第一类企业对外投资超过50%的各级子企业。

不管是哪种，判定的标准一般都是国有资本持股超过50%，此类企业一般为二级或三级企业（公司），该类企业比较多，如：广东省广晟电力燃料有限公司，广晟集团持股70%、凤台县国杰商贸有限公司持股30%。该类企业一般为二级企业（公司）。

3. 国有实际控制企业

"32号令"第四条第（四）款规定："政府部门、机构、事业单位、单一国有及国有控股企业直接或间接持股比例未超过50%，但为第一大股东，并且通过股东协议、公司章程、董事会决议或者其他协议安排能够对其实际支配的企业。"简单总结，国有实际控制企业应当具有以下四个条件：

（1）国有股东为政府部门、机构、事业单位、单一国有（即国有独资或全资）及国有控股企业；

（2）国有股东直接或间接持股比例未超过50%；

（3）国有股东必须是第一大股东；

（4）国有股东能够通过股东协议、公司章程、董事会决议或者其他协议安排来实际支配企业。

4. 国有参股企业

国有参股企业是一个相对于国有控股企业的主体概念。国有参股企业一般是指在企业的全部资本中，国有资本股本占较低比例，国有资本对公司没有实际控制权的企业。在国有资产交易监督管理领域，国有参股企业不在其监督管理范围内。

二、国有企业股权转让的方式

如前文所述，国有企业在不同国资监管机构、不同监督管理领域所表达的内涵不同，而"32号令"是企业国有资产交易监督管理的重要法律依据，因此本文"国有企业股权转让"中的"国有企业"仅指"32号令"中对国有企业的规定。根据"32号令"，国有企业股权转让的方式有两种，一种为公开转让，一种为非公开协议转让，具体如下。

（一）公开转让

"32号令"第三条对企业国有资产交易行为进行了分类，其中之一包括履行出资人职责的机构、国有及国有控股企业、国有实际控制企业转让其对企业各种形式出资所形成权益的行为，该行为在"32号令"中被称为企业产权转让。对于国有企业来讲，企业股权转让应称为"企业产权转让"。

"32号令"第十三条规定企业"产权转让原则上通过产权市场公开进行"，本文接下来主要分析公开转让方式的具体操作流程。

（二）非公开协议转让

根据"32号令"的规定，有以下两种情形的产权转让可以采取非公开协议转让方式：

（1）涉及主业处于关系国家安全、国民经济命脉的重要行业和关键领域企业的重组整合，对受让方有特殊要求，企业产权需要在国有及国有控股企业之间转让的，经国资监管机构批准，可以采取非公开协议转让方式。

那么，何为重要行业和关键领域呢？根据《关于推进国有资本调整和国有企业重组的指导意见》（国办发〔2006〕97号）规定，重要行业和关键领域主要包括：涉及国家安全的行业，重大基础设施和重要矿产资源，提供重要公共产品和服务的行业，以及支柱产业和高新技术产业中的重要骨干企业。

根据《国务院关于国有企业发展混合所有制经济的意见》（国发〔2015〕54号）规定，重要行业和关键领域主要包括：1）重要通信基础设施、枢纽型交通基础设施、重要江河流域控制性水利水电航电枢纽、跨流域调水工程等领域；2）重要水资源、森林资源、战略性矿产资源等开发利用领域；3）江河主干渠道、石油天然气主干管网、电网等领域；4）核电、重要公共技术平台、气象测绘水文等基础数据采集利用等领域；5）粮食、石油、天然气等战略物资国家储备领域；6）国防军工等特殊产业，从事战略武器装备科研生产、关系国家战略安全和涉及国家核心机密的核心军工能力领域；7）对其他服务国家战略目标、重要前瞻性战略性产业、生态环境保护、共用技术平台等重要行业和关键领域。

此外，参考国资委在其官网发布的《关于〈企业国有资产交易监督管理办法〉第31条的理解》，命脉行业包括军工国防科技、电网电力、石油石化、电信、煤炭、民航、航运、金融、文化9个行业，关键领域包括重大装备制造、汽车、电子信息、建筑、钢铁、有色金属、化工、勘察设计、科技9个领域。

（2）同一国家出资企业及其各级控股企业或实际控制企业之间因实施内部重组整合进行产权转让的，经该国家出资企业审议决策，可以采取非公开协议转让方式。

非公开协议转让的前提是履行批准手续，同一集团公司内部之间由国家出资企业审议决策，不同国资监管机构的要报共同上级机构审批。

三、国有企业采用公开方式进行股权转让的流程解析

因国有企业监管层面的政策文件具有明显的地域性特征，各地国资监管机构依据上位法，会出台落地执行层面的政策文件。本文依据"32号令"和广东省国资监管的相关规定，对广东省省属企业的股权转让流程进行梳理、解读。

（一）制定方案

根据"32号令"、《广东省省属企业混合所有制改革操作指引》（以下简称《省属企业混改指引》）规定，产权转让首先应当制定产权变动的相关方案或混改方案，方案一般包括以下内容：企业基本情况，混改必要性、可行性和目的，混改思路和基本原则，混改后股权结构设置，党的建设具体举措，转变运营机制的主要举措，引进非国有资本的条件要求、方式、定价办法，员工激励计划，债权债务处置方案，职工安置方案，历史遗留问题解决方案，改革风险评估与防范措施，违反相关规定的追责措施，混改组织保障和进度安排，等等。

1. 可行性研究

根据《省属企业混改指引》规定，转让方应当按照企业发展战略做好产权转让的可行性研究和方案论证，省国资委要求省属企业混改时要分析企业在资源、技术、资本、人才、市场、机制等方面的优势、短板与瓶颈，梳理需要通过混改解决的问题，明确混改目的。

2. 转让后的股权结构

根据《省属企业混改指引》规定，省属企业混改时，要合理设计混改后企业的股权结构，其中公益基础类企业保持国有控股地位；市场竞争类企业不设国有股权持股比例限制，宜控则控，宜参则参；处于充分竞争领域的省属企业以及国有资本运营公司出资企业，可探索将部分国有股权转化为优先股，强化国有资本收益功能。

3. 受让方的资格条件

"32号令"第十四条规定，产权转让原则上不得针对受让方设置资格条件，确需设置的，不得有明确指向性或违反公平竞争原则，所设资格条件相关内容应当在信息披露前报同级国资监管机构备案，国资监管机构在5个工作日内未反馈意见的视为同意。《省属企业混改指引》中要求，拟混改企业根据省属企业整体战略、产业发展趋势和混改目的，选择合适的投资者。战略投资者的选择，应当考虑以下因素：（1）是否与拟混改企业产业具有协同效应，优势互补；（2）是否处于行业领先地位；（3）是否有契合的发展理念、价值理念和文化理念；（4）是否有助于推进企业运营机制改革；（5）是否依法诚信经营，治理规范，具有良好的市场声誉。

4. 考虑资产整合方面的因素

《省属企业混改指引》中明确，企业实施混改，应合理确定纳入改革的资产范围，需要对资产、业务进行调整的，可按照相关规定选择无偿划转、产权转让、产权置换等方式。资产业务的整合，应当考虑以下因素：（1）是否立足发展战略，与集团内部资源整合统筹考虑；（2）是否聚焦主业，与所处行业产业相匹配；（3）是否兼顾上市规划，保障拟混改企业资产规模、盈利能力满足上市条件；（4）是否有利于用好用足财税优惠、土地处置等混改支持政策，降低改革成本。

5. 职工安置

"32号令"第十条规定，产权转让涉及职工安置事项的，安置方案应当经职工代表大会或职工大会审议通过。《省属企业混改指引》规定，拟混改企业应当根据《中华人民共和国劳动法》、《中华人民共和国劳动合同法》、《国务院关于印发加快剥离国有企业办社会职能和解决历史遗留问题工作方案的通知》（国发〔2016〕19号）等法律法规政策妥善处理劳动关系，确保职工队伍稳定。涉及职工安置事项的，职工安置方案须经职工大会或职工代表大会审议通过。

6. 债权债务处置

根据"32号令"第十条规定，涉及债权债务处置事项的，应当符合国家相关法律法规的规定。根据《省属企业混改指引》规定，拟混改企业应当对债权债务进行全面梳理，关注与所出资企业及其他企业的债权债务、担保责任、涉及司法案件等情况，并根据企业实际需要通过剥离、重组、转让等方式进行处置，依法依规维护各方权益，防范风险。

（二）履行决策手续

1. 内部书面决议

《公司法》第七十一条第二款规定，股东向股东以外的人转让股权，应当经其他股东过半数同意。"32号令"第九条规定，产权转让应当由转让方按照企业章程和企业内部管理制度进行决策，形成书面决议。国有控股和国有实际控制企业中国有股东委派的股东代表，应当按照本办法规定和委派单位的指示发表意见、行使表决权，并将履职情况和结果及时报告委派单位。

根据上述规定，转让方和标的企业均需按照企业章程和内部管理制度就转让股权事宜进行决策，形成股东会决议等书面决议。

2. 履行批准程序

"32号令"规定，国资监管机构负责审核国家出资企业的产权转让事项。其中，因产权转让致使国家不再拥有所出资企业控股权的，即涉及改制的，须由国资监管机构报本级人民政府批准。国家出资企业应当制定其子企业产权转让管理制度，确定审批管理权限。其中，对主业处于关系国家安全、国民经济命脉的重要行业和关键领域，主要承担重大专项任务子企业的产权转让，须由国家出资企业报同级国资监管机构批准。根据《广东省企业国有产权转让管理实施意见》（粤国资产权〔2004〕110号），重要子公司是指符合原国家经贸委、原国家计委、财政部、国家统计局《关于印发中小企业标准暂行规定的通知》（国经贸中小企〔2003〕143号）的大中型标准的企业。转让方为多家国有股东共同持股的企业，由其中持股比例最大的国有股东负责履行相关批准程序；各国有股东持股比例相同的，由相关股东协商后确定其中一家股东负责履行相关批准程序。

（三）资产审计评估

1. 清产核资

根据《省属企业混改指引》规定，拟混改企业如确有必要开展清产核资的，按照《国有企业清产核资办法》（国务院国资委令第1号）等规定开展。《国有企业清产核资办法》第八条规定："符合下列情形之一，需要进行清产核资的，由企业提出申请，报同级国有资产监督管理机构批准：（一）企业分立、合并、重组、改制、撤销等经济行为涉及资产或产权结构重大变动情况的；（二）企业会计政策发生重大更改，涉及资产核算方法发生重要变化情况的；（三）国家有关法律、法规规定企业特定经济行为必须开展清产核资工作的。"

根据上述规定，经济行为涉及资产或产权结构重大变动情况，需要进行清产核资的，由企业提出申请，报同级国有资产监督管理机构批准。

2. 财务审计

产权转让事项经批准后，由转让方委托会计师事务所对转让标的企业进行审计。涉及参股权转让不宜单独进行专项审计的，转让方应当取得转让标的企业最近一期年度审计报告。

3. 资产评估

对按照有关法律法规要求必须进行资产评估的产权转让事项，转让方应当委托具有相应资质的评估机构对转让标的进行资产评估，产权转让价格应以经核准或备案的评估结果为基础确定。

（四）公开交易

1. 委托产权交易机构

根据省国资委《关于确定从事我省企业国有资产交易机构的通知》（粤国资函〔2017〕1285号）的规定，自2017年12月1日起，广东联合产权交易中心（以下简称"统一平台"）作为全省唯一从事企业国有资产交易的机构，省内4家交易机构——南方联合产权交易中心、广州产权交易所、深圳联合产权交易所、珠海产权交易中心作为广东联合产权交易中心的独立子平台，4家机构将通过统一平台开展国有资产交易业务。转让方在进行国有产权转让时，要委托上述符合条件的交易机构通过公开转让方式进行处置。

2. 信息披露

转让方可以根据企业实际情况和工作进度安排，采取信息预披露和正式披露相结合的方式，通过产权交易机构网站分阶段对外披露产权转让信息，公开征集受让方。其中正式披露信息时间不得少于20个工作日。产权转让导致转让标的企业的实际控制权发生转移的，转让方应当在转让行为获批后10个工作日内，通过产权交易机构进行信息预披露，时间不得少于20个工作日。在正式披露信息期间，转让方不得变更产权转让公告中公布的内容，由于非转让方原因或其他不可抗力因素导致可能对转让标的价值判断造成影响的，转让方应当及时调整补充披露信息内容，并相应延长信息披露时间。

3. 产权转让底价的确定及变动

产权转让项目首次正式信息披露的转让底价，不得低于经核准或备案的转让标的评估结果。

信息披露期满未征集到意向受让方的，转让方可以延期或在降低转让底价、变更受让条件后重新进行信息披露。降低转让底价或变更受让条件后重新披露信息的，披露时间不得少于20个工作日。新的转让底价低于评估结果的90%时，应当经转让行为批准单位书面同意。

4. 确定受让方

产权交易机构负责意向受让方的登记工作，对意向受让方是否符合受让条件提出意见并反馈给转让方。产权交易机构与转让方意见不一致的，由转让行为批准单位决定意向受让方是否符合受让条件。

产权转让信息披露期满、产生符合条件的意向受让方的，按照披露的竞价方式组织竞价。竞价可以采取拍卖、招投标、网络竞价以及其他竞价方式，且不得违反国家法律法规的规定。关于具体竞价方式的选择，转让方可与选定的产权交易机构进行沟通确定。

5. 签订产权交易合同

受让方确定后，转让方与受让方应当签订产权交易合同，交易双方不得以交易期间企业经营性损益等理由对已达成的交易条件和交易价格进行调整。

6. 支付交易价款

产权交易合同签订后，交易价款应当以人民币计价，通过产权交易机构以货币且仅能以货币进行结算。因特殊情况不能通过产权交易机构结算的，转让方应向产权交易机构提供本次转让批准单位的书面意见以及受让方付款凭证。

根据"32号令"的规定，交易价款原则上应当自合同生效之日起5个工作日内一次付清。金额较大、一次付清确有困难的，可以采取分期付款方式。采取分期付款方式的，首期付款不得低于总价款的30%，并在合同生效之日起5个工作日内支付；其余款项应当提供转让方认可的合法有效担保，并按同期银行贷款利率支付延期付款期间的利息，付款期限不得超过1年。

7. 公告交易结果

产权交易合同生效后，产权交易机构将交易结果通过交易机构网站对外公告，公告内容包括交易标的名称、转让标的评估结果、转让底价、交易价格，公告期不少于5个工作日。

8. 出具交易凭证

产权交易合同生效且受让方按照合同约定支付交易价款后，产权交易机构会为交易双方出具交易凭证，以便办理工商变更登记手续。

（五）办理登记手续

1. 产权登记

《省属企业混改指引》规定，拟混改企业完成混改后应当按照相关规定及时办理涉税事项和商事登记，并按照《国家出资企业产权登记管理暂行办法》（国务院国资委令第29号）、《关于印发〈有限合伙企业国有权益登记暂行规定〉的通知》（国资委产权规〔2020〕2号）等规定办理产权登记，变更资料信息。

《企业国有资产产权登记管理办法》第八条规定："企业发生下列变动情形之一的，应当自变动之日起30日内办理变动产权登记：（一）企业名称、住所或者法定代表人改变的；（二）国有资本占企业实收资本比例发生变化的；（三）企业分立、合并或者改变经营形式的；（四）有国务院国有资产管理部门规定的其他变动情形的。"第九条规定："企业发生下列情形之一的，应当自各该情形发生之日起30日内办理注销产权登记：（一）企业解散、被依法撤销或者被依法宣告破产的；（二）企业转让全部产权或者企业被划转的；（三）有国务院国有资产管理部门规定的其他情形的。"

根据上述规定，企业国有产权交易程序完成后，转让方应当按照有关规定及时办理相关企业国有产权变更、注销登记手续。转让方转让部分产权，导致标的企业国有股东出资比例发生变化的，办理变动产权登记；转让方转让全部产权，导致标的企业不再占有国有资产的，办理注销产权登记。

2. 工商变更

根据《公司法》第三十二条相关规定，企业国有产权交易程序完成后，转让方和受让方应及时办理相应工商变更登记手续。

四、股权转让中律师出具法律意见书重点论证事项

根据《广东省国资委关于实施法律意见书制度的指导意见》，对于广东省省属国有企业的股权转让，律师出具的法律意见书应当重点论证如下事项：

1	产权持有单位的主体资格
2	受让方的资格或应当具备的条件
3	被处置产权是否存在权属纠纷或法律障碍，可能存在的风险
4	被处置产权涉及的企业职工安置、债权债务处理
5	处置产权的内部决策和批准程序
6	拟报文件资料是否齐备有效

在股权转让过程中，为保证顺利通过审批，律师出具法律意见书时应按照监管机构要求对重点事项进行论证。

本文作者系北京德和衡（广州）律师事务所公司业务中心专职律师

BT合同法律性质的司法裁判变迁

陈乙芳

摘 要

关于BT合同的效力，司法实践中基本已达成共识，即只要BT合同不违反法律法规的效力性强制规定，应属有效。但是对于BT合同的法律性质，在司法实践中却颇有分歧，在2018年上半年前，多地法院还是以承包方需要负责工程建设的全部资金为由，认定BT合同属于建设工程施工合同，其实质就是带资承包，而忽视了合同当事人在合同中已经明确双方是投融资关系的约定，以及承包方需承担投融资、管理、建设、工程回购前等全部风险的约定。将复杂的投融资合同，简单地认定为单一性质的带资承包合同，明显违背了合同当事人的意思表示。2018年下半年开始，无论是最高人民法院还是各省的法院，开始将BT合同认定为独立的合同，即使不直接明确其为独立的合同，也基本上不再将BT合同认定为带资承包合同。这一司法实践的变化，其实就是尊重合同当事人意思自治的法律精神的回归。

关键词：BT合同 带资承包

一、引言

BT（Build-Transfer）模式，是将市政道桥等公共设施项目作为商品投入建设市场供政府采购，简称"建设-移交"模式。它由BT投资人按政府部门的采购要求（包括设计标准、招投标程序、竣工交付时限等），进行投资并参加施工，竣工验收合格后由政府部门进行回购。BT（建设-移交）融资建设模式曾是政府投资项目热门使用的建设模式之一，各部委先后出台了不同的文件，对BT建设模式进行鼓励，比如《建设部关于培育发展工程总承包和工程项目管理企业的指导意见》（建市〔2003〕30号），就鼓励承包企业根据业主要求，采取BT、BOT、BOOT、BOO等方式组织实施。

及至2006年，建设部、国家发展和改革委员会、财政部、中国人民银行出台《关于严禁政府投资项目使用带资承包方式进行建设的通知》（建市〔2006〕6号）明令禁止政府项目实行带资承包[1]，明确指出BOT、BOOT、BOO不属于带资施工，但对BT是否属于带资承包并未提及，而国内对BT模式也没有任何法律、行政法规加以规范。自始，关于BT模式是否属于带资承包，引起了广泛的争议。

2012年，财政部、发展改革委、人民银行、银监会《关于制止地方政府违法违规融资行为的通知》（财预〔2012〕463号，已于2016年8月18日废止）规定，除法律和国务院另有规定外，地方各级政府及所属机关事业单位、社会团体等不得以委托单位建设并承担逐年回购（BT）责任等方式举借政府性债务。该通知的出台，再一次将BT模式推到风口浪尖上，引起了更多的关注。

2014年8月31日，全国人大常委会发布修正后的《中华人民共和国预算法》（2015年1月1日生效，以下简称《预算法》），将原《预算法》第二十八条改为第三十五条，在保留原第二十八条的内容作为第一款的基础上，增加了第二、三、四、五款，规定除经国务院批准或经国务院报全国人民代表大会或者全国人民代表大会常务委员会批准的以外，地方政府及其所属部门不得以任何方式举借债务。至此，BT模式是否属于政府举债、是否违反了《预算法》从而导致BT合同无效等问题，又一次成为司法实践的热点话题。

BT模式从政府鼓励到变相禁止，原因在于BT投资项目的过热带来政府债

---

[1] 带资承包是指建设单位未全额支付工程预付款或未按工程进度按月支付工程款（不含合同约定的质量保证金），由建筑业企业垫款施工[见建设部、国家发展和改革委员会、财政部、中国人民银行《关于严禁政府投资项目使用带资承包方式进行建设的通知》（建市〔2006〕6号）]。带资承包通常又称垫资施工。

务剧增，但此前签订和履行的大量BT合同并未因政策的改变而终结，相反，大量的争议随着项目的建成、交付期限届满而产生。历经多年的司法审判实践，司法实践对BT合同的投资方是否需要具有承包资质、是否需要招投标等基本已经形成了一致的意见，但在BT合同是否属带资承包合同这个问题上，司法审判在2018年上半年前还基本上认为BT合同的本质就是带资承包合同。从2018年下半年起，无论是最高人民法院还是各省的法院，开始将BT合同认定为独立的合同，即使不直接明确其为独立的合同，也基本上不再将BT合同认定为带资承包合同。

为此，笔者试图从司法实践对BT合同认识的变化，结合自己的见解，对BT合同的法律性质进行简单的分析，希望对BT这种新型的投融资建设模式有越来越准确的法律定性。

二、司法实践对BT合同是否是带资承包合同的判决变化

（一）BT合同是带资承包合同

1. 最高人民法院（2015）民申字第928号甘肃华民房地产开发有限公司（以下简称华民公司）与兰州新区城市发展投资有限公司（以下简称城投公司）、甘肃煤炭第一工程有限责任公司（以下简称甘煤公司）建设工程施工合同纠纷申请再审民事裁定书

本案中，华民公司与兰州二建集团组成联合体投标，公开招投标中标兰州新区保障性住房项目B区三标段建设项目，由华民公司与城投公司签订了《兰州新区保障性住房项目建设工程BT项目合同》（以下简称《BT合同》），约定华民公司就工程进行投融资、组织工程建设，在工程竣工后将该项目依法向城投公司移交并在质量保修期内承担工程质量保修责任。合同签订后，因华民公司资金不到位，兰州二建集团有限公司拒绝施工，华民公司与甘煤公司签订《建设工程施工合同》，约定由甘煤公司负责施工，结算依据甘肃省建设工程造价管理文件汇编（2009）年取费标准三类工程计取，规费不计取。建安营业

税由发包人（华民公司）代扣代缴。

关于《BT合同》，最高人民法院认为：由联合体投标协议书、授权书、投标书以及华民公司与城投公司所签《BT合同》的内容看，华民公司与兰州二建集团有限公司组成联合体，通过公开招投标的方式中标兰州新区保障性住房项目B区三标段建设项目，与城投公司签订《BT合同》，负责该工程项目的施工和竣工验收，并承担全部建设资金，待项目建成后由业主回购。由此可见，华民公司与兰州二建集团有限公司的合同义务是带资承建涉案工程，故《BT合同》系建设工程施工合同。

2. 四川省高级人民法院（2015）川民终字第235号四川省屹立建设有限公司与冕宁县人民政府建设工程合同纠纷二审民事判决书

四川省高级人民法院认为：对于屹立公司主张本案法律关系为BT合同性质即建设移交合同，本院认为，BT模式是当前政府基础设施非经营性项目建设的一种投资融资模式，并非一种法律关系。按照该模式签订的BT合同的性质，要依据合同约定的双方权利义务关系来认定。而依据《建设工程合同》约定，冕宁县人民政府作为案涉工程的发包人，不支付工程预付款和进度款，由屹立公司直接进行施工。因此，该合同实质上为垫资施工的建设工程合同。

3. 贵州省黔西南布依族苗族自治州中级人民法院（2018）黔23民终123号贵州省安龙县钱相建设投资有限公司、贵州泰宁房地产开发有限公司建设工程施工合同纠纷二审民事判决书（判决日期：2018年3月15日）

贵州省黔西南布依族苗族自治州中级人民法院认为，BT、BOT属投融资行为，BT、BOT项目公司是项目业主，这是区分BT、BOT与垫资工程总承包的关键特征。垫资工程总承包尽管在表现形式上具有一定投资的属性，但由于承包商对垫资项目不享有所有权，因此投资与获得所有权是分离的，承包商不能以项目业主身份在特许期内对项目享有占有、使用、收益和处分的权利。而BT、BOT项目公司在整个项目建设过程中则是项目业主或建设单位的身份，享有法律赋予建设单位的各种权利和承担各种义务。本案中，双方均认可《框架协议》并未赋予泰宁公司在建设过程中对本案工程享有所有权、处置权或将本案工程以产权人名义进行抵押融资等权利，即钱相投资公司并未在《框架协议》中赋予泰宁公司对本案工程项目业主的法律地位，故本案《框架协议》在法律性质上应属建设工程施工合同中的垫资工程总承包范畴，依法应受《中华人民共和国建筑法》《最高人民法院关于审理建设工程施工合同纠纷案件适用法律问题的解释》等建筑法律法规的调整。

从以上判决可以看到，审理法院以BT合同投资方承担全部的建设资金、发包方不支付工程预付款和进度款为由直接将BT合同认定为带资承包合同；或者虽然认为BT合同与垫资承包总合同是有本质的不同，但由于BT合同投资方对承建工程不享有所有权、处置权或以产权人名义进行抵押融资等权利，从而还是将案涉的BT合同认定为垫资承包合同。

（二）BT合同是独立的合同，不是带资承包合同

1. 最高人民法院（2018）最高法民终802号广西城中建筑工程有限责任公司、北部湾建设投资集团有限公司建设工程合同纠纷二审民事判决书（判决日期：2018年12月29日）

2012年7月11日，云县政府与北部湾集团公司在中国香港签订了一份《云南省临沧市云县基础设施项目建设合作框架协议书》，约定双方以BT模式合作建设云县基础设施项目。2013年1月11日，广西城中公司、北部湾集团公司、南宁路桥工程处签订联合体协议书，自愿组成联合体共同参加省道S线312云县至凤庆公路云县段施工招标并中标，其后与云县政府签订了《BT合同》，对各方的权利义务进行了详细的约定。2013年3月6日，广西城中公司与舒振刚签订了《云南省道S312云县至凤庆公路云县段（第二标段）公路工程建设项目承包协议》，约定由舒振刚承包约2900万元的项目，即省道S312云县至凤庆公路云县段（第二标段）范围内的路基、路面、桥涵、隧道、绿化、交通等工程项目。

云南省高级人民法院认为，涉案的《BT合同》系在《云南省临沧市云县基

础设施项目建设合作框架协议书》的基础上，由广西城中公司、北部湾集团公司、南宁路桥工程处组成联合体与云县人民政府在平等自愿的基础上达成的，内容并未违反法律法规的规定，BT合同与承包合同系不同的法律关系，承包合同无效，并不能推定BT合同也无效，故本案《BT合同》合法有效，云县人民政府认为本案《BT合同》无效的理由不能成立，不予支持。最高人民法院对此予以维持。

2. 四川省高级人民法院（2018）川民申3034号四川省西充县协力建筑工程有限责任公司、西充县人民政府建设工程施工合同纠纷再审审查与审判监督民事裁定书（判决日期：2018年9月3日）

四川省高级人民法院认为：BT即建设-移交的意思，BT合同是指政府回购人与投资人之间就政府基础建设项目通过投资人投融资、建设管理及施工等事宜签订的合同，投资人经融资、建设、验收合格后移交政府，政府向投资方支付项目总投资加上合理回报，BT合同从本质上是根本区别于建设工程施工合同的。

案涉西充县人民政府与星球公司所签订的《西充县工业园区二期还房工程BT模式投资建设项目合同》即上述BT合同，同时该合同还明确约定由星球公司负责筹集本工程所需资金和建设过程中的组织和管理，并独立承担责任。虽然案涉BT合同因为违反了《中华人民共和国招标投标法》第三条关于国有资金投资项目必须进行招标的强制性规定，应当认定为无效，但不影响案涉BT合同的性质，案涉BT合同不是建设工程施工合同。

3. 最高人民法院（2018）最高法民终386号扬州展诚投资发展有限公司、高邮湖西新区管理委员会合同纠纷二审民事判决书（判决日期：2018年6月28日）

一审法院江苏省高级人民法院认为：双方确认《投资合同》性质为BT合同，由展诚公司投资建设案涉工程并交付湖西新区管委会，湖西新区管委会按期支付回购金。依据该合同，展诚公司负有对案涉项目进行投资的义务，故其是否具备施工资质不影响合同效力。湖西新区管委会曾在诉讼中提出《投资合同》应为建设工程施工合同，其未经法定的招投标程序，应为无效的答辩意见。一审庭审中，湖西新区管委会不再坚持合同无效的意见。《投资合同》系双方当事人真实意思表示，不违反法律、行政法规的强制性规定，应为有效，双方均应依约履行。

最高人民法院认为：《投资合同》系双方当事人真实意思表示，其内容不违反法律、行政法规的强制性规定，合法有效，应予遵守。

从以上判决可以看到，审理法院认为BT合同是出于双方自愿，内容没有违反法律法规的规定，就当属有效，即使存在由于应当招投标而没有招投标的情形导致BT合同无效，亦不影响BT合同的性质，并且不再将BT合同认定为带资承包合同。甚至在最高人民法院（2018）最高法民终386号案中，BT合同投资方为投资发展公司，并没有取得施工许可证，其中标后将案涉工程交由有施工资质的第三方施工，但最高人民法院依然将该BT合同认定为有效合同，投资方是否具备施工资质并不影响BT合同的效力。

此后，在司法审判中，虽然部分法院还是没有将该类纠纷直接定性为BT合同纠纷，但基本上都会定性为合同纠纷，而不再像之前那样将此类纠纷定性为建设工程施工合同纠纷，尤其很少会因为承包方需要解决建设资金的问题，而草率地将合同性质定性为垫资施工合同。比如在最高人民法院（2020）最高法民终743号中冶建工集团有限公司、四川三岔湖建设开发有限公司合同纠纷二审民事判决书（判决日期：2020年11月13日）中，一审法院四川省高级人民法院在一审判决中，甚至将立案案由"建设工程施工合同纠纷"直接纠正为"合同纠纷"，而最高人民法院在二审中对此亦予以维持。

三、BT合同是独立的合同，与带资承包合同具有本质的区别

从一开始，笔者就认为BT合同是独立的合同，与带资承包合同具有本质的不同，而司法审判的变化也增强了笔者对此的理解和认定，现简单分析如下。

（一）BT合同的标的是工程融资项目，而不单纯只是工程施工

BT（建设-移交）和BOT（建设-经营-移交）、BOOT（建设-拥有-经营-移交）、BOO（建设-拥有-经营）均属新型的建设融资模式，只是BT模式缺省了经营环节，在建设完成验收完毕后直接由发包方回购。但是，无论是哪种模式，只要涉及转让的，其转让给发包方的均不是简单的一个单位工程或分部工程，而是工程融资建设项目，这个建设项目的所有权归投资方所有，转让前的毁损、灭失风险由投资方承担。因此，尽管建设部、国家发展和改革委员会、财政部、中国人民银行《关于严禁政府投资项目使用带资承包方式进行建设的通知》没有明确指出BT不属于带资承包，但BT和BOT、BOOT、BOO的本质其实是一样的，均属于融资建设模式。

在贵州省黔西南布依族苗族自治州中级人民法院（2018）黔23民终123号案中，审理法院认可BT、BOT投资方在整个项目建设过程中的身份是项目业主或建设单位，享有法律赋予建设单位的各种权利并承担各种义务，但认为案涉的《框架协议》并未赋予投资方泰宁公司在建设过程中对本案工程享有所有权、处置权或将本案工程以产权人名义进行抵押融资等权利，即发包方钱相投资公司并未在《框架协议》中赋予泰宁公司对本案工程项目业主的法律地位，从而认定《框架协议》在法律性质上应属建设工程施工合同中的垫资工程总承包范畴。对此，笔者认为，这是因为审理法院并没有考虑到中国的现实情况才会对BT合同作出垫资承包合同的认定。尽管按照BT合同定义，建设项目的所有权在发包方回购前，其所有权应属于投资方所有，但由于我国不允许土地私有，以及由于政府投资项目的特殊性和政府所扮演的角色，发包方在招标公告同时发布的BT合同，基本上都不会约定建设项目的所有权由投资方享有，但均会约定项目回购前的毁损、灭失风险均由投资方承担，并对发包方回购项目等事宜予以约定。从风险承担及项目回购的角度也可以看出，BT合同和带资承包合同的本质不同。作为BT合同的投资方要承担融资、建设管理、工程施工、验收移交、项目风险等内容，即使合同没有约定其为项目所有权人，但投资方却在事实上履行项目所有权人的义务，而垫资施工方仅负责工程施工，不承担工

程的毁损、灭失的风险，工程竣工验收合格后，其合同义务即告完成，不存在发包方回购一说。

（二）尽管BT合同投资方和带资承包合同承包人均需要负责筹措资金，但前者要负责筹集并投资建设工程项目的全部资金，而后者仅负责项目业主要求其垫资的部分资金

BT合同投资方从签订BT合同开始，与建设项目有关的所有费用，包括前期的可行性研究、勘察、设计、图纸会审、工程施工、办理各样证照等费用，均需要投资方自行筹集，融资的费用和风险均由投资方承担；在工程施工过程中，投资方还要向工程承包方支付工程预付款、进度款等规定款项。BT合同发包方只负责筹集和支付按合约约定的工程项目竣工后的项目回购资金。

在带资承包模式中，发包方只负责建设项目实施过程中的部分资金，其余资金则由承包方垫资，不负责全部建设资金的筹集。

（三）BT是一种投资，而带资承包只是一种施工合同

作为BT合同投资方，其不但需要承担项目建设管理、施工技术、安全、质量、工期、造价等的风险，还需要承担融资失败导致的风险，以及不能及时获得回购资金的风险，而项目业主仅承担项目前期一些工作的责任和风险，进行项目的管理。而在带资承包中，承包方需要承担的只是施工部分的工程款无法及时获得及资金占用利息的风险，并不承担其他风险。因此，我们可以说，BT是一种投资，投资能否获利，取决于投资方的眼光、经验、融资渠道及风险管理能力，而带资承包只是施工合同的一种，其利润来自合同约定。

综上可见，BT合同和带资承包合同有着本质的区别，BT合同并不是单纯的建设工程合同，而是囊括了融资、管理、施工、回购、投资风险等内容的独立的合同，属于原《合同法》和现《民法典》没有明文规定的无名合同。从司法判决也可以看出，越来越多的司法裁判倾向于赋予BT合同独立的合同地位，而不是将其草率认定为带资承包合同。只要合同是双方真实一致的意思表示，没有违反法律法规的效力性强制规定，就应当尊重当事人的缔约合意，支持当

事人对合同地位及其预期效果的约定。

本文作者系北京德和衡（广州）律师事务所争议解决业务中心专职律师

非公企业员工舞弊行为的预防与处置

董　娟

非公企业的特点决定了其反舞弊措施应始终以预防为主，一方面，应从"管理源头"，即非公企业内控制度的不断完善着手进行预防；另一方面，应从"思想源头"，即开展专项的员工反舞弊培训进行预防；双管齐下，形成预防为主、惩治为辅的强有效的反舞弊措施。

非公有企业（以下简称"非公企业"）是非公有制经济最重要的经济主体之一，其范围广泛，就我国目前而言，除了国有（含国有控股）和集体企业以外的企业，应统称为非公企业（个体工商户除外）。非公有制经济是社会主义市场经济的重要组成部分，非公企业是完善社会主义市场经济体制的直接参与者和推动者，其权益应同样受到法律的重视和保护。本文所涉及的"舞弊行为"，是指非公企业员工实施的侵害企业合法权益的系列违法违规行为。

一、非公企业舞弊现象日益严峻，国家立法对非公企业权益的平等保护亦日益加强

在非公企业内控和反舞弊领域，常见的刑事罪名有职务侵占罪、非国家工作人员受贿罪、挪用资金罪、侵犯商业秘密罪等，其中，涉嫌职务侵占罪的案件最频发。我本人专注企业法律服务十五年有余，服务的企业类型有上市公司、集团企业和大量中小微企业，仅2020年下半年到现在，已处理六单涉嫌职

务侵占罪的案件，有的涉案人员同时涉嫌职务侵占及侵犯商业秘密罪，该六单舞弊案件的涉案当事人均为企业员工。2020年4月，ACFC China（美国注册舞弊审查师协会中国分会）向各国发布了《2020年舞弊防范与调查报告》，该报告显示，"私人公司报告的舞弊案例最多，损失中值最大"；同时，该报告显示，企业员工发生的舞弊行为比例大大高于企业主舞弊行为所占的比例。可见，大量实务案例和调查报告均显示，非公企业员工舞弊类犯罪不仅呈更高发状态趋势，且造成的损失也更大，该现象需要非公企业及企业主们予以高度重视。

我国现行《刑法》明文规定了罪刑法定原则、适用刑法人人平等原则、罪责刑相适应原则。其中，《刑法》第四条规定："对任何人犯罪，在适用法律上一律平等。不允许任何人有超越法律的特权。"该条是适用刑法人人平等原则的体现。同时，《刑法》第五条规定："刑罚的轻重，应当与犯罪分子所犯罪行和承担的刑事责任相适应。"该条则是刑法罪责刑相适应原则的体现。尽管我们国家一直强调对非公企业的保护，但总体而言，过往刑事立法方面存在以下几个突出的问题：一是公有制经济主体和非公有制经济主体身份方面存在差别待遇；二是针对同一行为，在罪与非罪的认定上，因侵犯的客体利益不同而存在差别；三是针对同一行为，在处以刑罚的轻重方面，因侵犯的客体利益不同，也存在差别。

1999年《中华人民共和国宪法修正案》将非公有制经济提高到"社会主义市场经济的重要组成部分"的高度，这为非公有制经济主体在《刑法》上的平等待遇提供了根本法上的保障。《刑法》作为整个法律体系中最为严厉、最具强制性的部门法，公正性是其生命；对非公有制经济给予平等的刑法保护是刑法公正性的内在要求。近年来，各级党委、政府以及司法机关多次强调要重视非公企业的发展，树立非公企业与国企同等对待、同等保护、同等服务的理念，高度重视非公企业预防和打击腐败问题。2021年3月1日，《中华人民共和国刑法修正案（十一）》（简称《刑修十一》）正式施行，新规中的很多内容关乎非公企业的舞弊行为导致的违法犯罪行为的处理，可以说，对非公企业的同等保护的理念在《刑修十一》中得到了明显的体现。

二、《刑修十一》相关法律条文的修订和完善，是国家对非公企业保护力度的进一步加强，以及对非公企业内控及舞弊领域愈加重视的具体体现

如前所述，众所周知，在非公企业舞弊实务案例中，最为典型、最为常见的罪名是职务侵占罪，其次还有非国家工作人员受贿罪、挪用资金罪、侵犯商业秘密罪等，对于这几个罪名，《中华人民共和国刑法修正案》及《最高人民法院关于适用〈中华人民共和国刑事诉讼法〉的解释》进行了比较颠覆性的改变。以职务侵占罪、侵犯商业秘密罪为例，新规对刑罚配置均进行了调整，加大了对民营企业的保护力度。

《刑修十一》："二十九、将刑法第二百七十一条第一款修改为：'公司、企业或者其他单位的工作人员，利用职务上的便利，将本单位财物非法占为己有，数额较大的，处三年以下有期徒刑或者拘役，并处罚金；数额巨大的，处三年以上十年以下有期徒刑，并处罚金；数额特别巨大的，处十年以上有期徒刑或者无期徒刑，并处罚金。'"

可见，针对职务侵占罪，一是在量刑档次上进行了提升，由原来的两档增至三档，新增第三档刑期为"十年以上有期徒刑或者无期徒刑"；二是量刑标准上进行了提高，增加"数额特别巨大"情形的处理；三是刑罚种类增加了"罚金"处罚。

《刑修十一》："二十二、将刑法第二百一十九条修改为：'有下列侵犯商业秘密行为之一，情节严重的，处三年以下有期徒刑，并处或者单处罚金；情节特别严重的，处三年以上十年以下有期徒刑，并处罚金：（一）以盗窃、贿赂、欺诈、胁迫、电子侵入或者其他不正当手段获取权利人的商业秘密的；（二）披露、使用或者允许他人使用以前项手段获取的权利人的商业秘密的；（三）违反保密义务或者违反权利人有关保守商业秘密的要求，披露、使用或者允许他人使用其所掌握的商业秘密的。明知前款所列行为，获取、披露、使用或者允许他人使用该商业秘密的，以侵犯商业秘密论。本条所称权利人，是指商业秘密的所有人和经商业秘密所有人许可的商业秘密使用人。'"

对侵犯商业秘密罪的修正，除了删除对"商业秘密"定义的表述，从原来的以后果论（"造成重大损失的""造成特别严重后果的"）到以情节论（"情节严重的""情节特别严重的"）的转变，一是对企业而言，一定程度上有助于减轻企业的证明难度；二是对行为人而言，相对来说，降低入罪门槛；三是对办案机关而言，明确办案依据。总体而言，该条的修正，较之原有的规定，更有利于保护企业及相关权利人合法利益。

三、非公企业的特点决定了其反舞弊措施应始终以预防为主，一方面，应从"管理源头"，即非公企业内控制度的不断完善着手进行预防；另一方面，应从"思想源头"，即开展专项的员工反舞弊培训进行预防；双管齐下，形成预防为主、惩治为辅的强有效的反舞弊措施

从网上公布的大量审判案例来看，除了前面专门论述的职务侵占罪、侵犯商业秘密罪外，非公企业舞弊行为涉及的主要刑事罪名还有挪用资金罪、非国家工作人员受贿罪等罪名；各罪名分别涉及财务管理、知识产权及商业秘密的保护、劳动合同的签订，以及保密协议、竞业限制协议的签署，企业外部市场竞争行为的规范等多方面，需要企业在经营的过程中注重内外风险防控措施的建立和不断完善。

内控制度的不断完善，能很大程度上消灭舞弊行为生存的源头和土壤，并能对舞弊行为起到威慑作用，有效减少舞弊行为的发生；在舞弊行为发生后，完善的内控制度在舞弊行为处置方面，能提供及时有效的证据，不管是在企业自行针对员工舞弊行为依法依约进行处置方面，还是在企业配合公安机关进行调查取证方面，都能让企业方占据相对主动的地位，更好地维护自身的合法权益。所以，企业内控制度的不断完善是预防、惩治舞弊行为最行之有效的"管理源头"防控措施。

另外，大多数非公企业员工往往错误地认为，职务性的犯罪行为与特定身份有着密切的关系，只有国家工作人员的不法行为才能构成刑事犯罪，因为自身不具备国家工作人员的身份，所以对自己错误行为的法律风险认识和风险评

估存在非常错误的理解。究其原因，是外部因素和内部因素两方面导致。一方面，虽然目前我国已在立法、执法、司法等层面日益加强对非公企业的平等保护，但是在相关法治宣传教育方面，还是存在很大不足，比较突出的表现是，我们在市场上可见大量的如《公职人员违纪违法案例警示录》《党员干部公职人员违纪违法案例剖析之忏悔与警示》之类的书籍，但是比较难找到一本专门针对非公企业员工舞弊行为的书；另一方面，员工自己的法律素养和风险意识有待提升，就我个人处置的涉嫌职务侵占和侵犯商业秘密案件里面，一旦员工发生类似舞弊行为，通常会以企业劳动违规或企业涉嫌偷税漏税等各种违法违规甚至犯罪行为与企业进行"谈判"，企图与企业进行"抗衡"。所以，在企业合法合规经营、各项内控制度相对完善的前提下，加强员工的法制及道德教育，让员工知晓舞弊行为的非法性、危害性、法律的惩罚力度，以及企业针对舞弊行为采取的预防措施、管制和处罚手段，让员工牢牢树立"手莫伸、伸手必被捉"的意识，从思想源头进行防控，让反舞弊专项法律培训成为预防非公企业员工舞弊行为的"思想源头"的防控措施。

四、律师参与非公企业舞弊预防、调查、处置的优势与价值

总体而言，内控制度比较完善的非公企业，一般会采购专项的合规法律服务，或聘请常年的法律顾问服务，相对来说，该类企业发生员工舞弊行为的情形也相对较少。律师参与非公企业舞弊预防、调查、处置的优势和价值体现在如下几个方面：

（一）律师的相对独立性决定了律师能更大程度地站在维护企业长远利益的角度考虑和处理问题

非公企业往往是一个比较复杂的组织体，里面的人际关系盘根错节，舞弊腐败现象产生后，牵涉其中的人员往往是多人，尤其容易形成"窝案"。发现员工舞弊腐败行为后，企业权力层出于各方面利益以及各种因素的考虑，处理意见可能会很不一致，甚至会由此在股东之间产生激烈的冲突。这种情况下，

律师鉴于其自身相对独立的位置，会更好地摒弃非必要考虑的因素，更大程度地站在维护企业长远利益的角度考虑和处理问题。

（二）具备丰富实务经验的律师或律师团队，在反舞弊措施的设计和制定方面，会更科学、更专业、更严谨、更能贴合企业的实际需求

企业反舞弊内控制度的建立，是一个需要全方位、多角度考虑的系统性工程，需要参与的律师具备比较综合的法律专业知识背景，包括刑法、劳动法、知识产权法、反不正当竞争法、民事诉讼法、刑事诉讼法等。一方面，律师要熟悉与企业经营相关的各实体法、程序法；另一方面，律师要有大量类似舞弊案例的诉讼、非诉讼案例实务处置的经验积累，比如我在《商事合同草拟审核的技巧与艺术》一文里面已阐述的观点："一个没有相当诉讼经验和技巧的商事律师，因为欠缺风险识别和防范的能力，所以不可能出具一份相对完美的商事合同；同理，一个没有大量商务合同磨炼和沉淀的律师，也不可能在诉讼法律文书的草拟、法律语言和文字的驾驭方面有特别突出的表现。二者在法律水平的提升上面，更多的会是一种相辅相成、共同促进的关系。"

该观点也同样适用于企业内控系统的制定和完善与舞弊实务案例的处置两方面的关系，理由如下：有舞弊相关诉讼实务经验的律师，会更善于将各类舞弊行为在内控制度的制定过程中逐一进行风险识别和防范；反过来，如果律师仅仅是有一些相关案例的处理经验，却对各部门法的综合法律知识掌握不够，或缺乏各专业背景律师协作，其很难给企业制定出科学、专业、严谨的，更能贴合企业实际需求的反舞弊的合规措施。

（三）律师能更好地协助、指导非公企业和实际控制人对员工的舞弊行为及时、合法合规地进行处置，尤其在舞弊员工道德风险进一步恶化的情况下，避免企业陷入被动局面甚至涉嫌违法犯罪情况的发生

在企业发生员工舞弊情况后，需要及时进行处置，但是处置的方式方法需要专业的法律指导和协助。大量实务案例表明，发现员工舞弊行为后，企业实际控制人和相关部门负责人一方面会因为舞弊员工缺乏起码的职业道德、辜负

公司的信任与培养、导致公司的巨额损失而痛心疾首；另一方面，害怕对已发现象处置不力，不能达到杀鸡儆猴、以儆效尤的效果。所以，企业和实际控制人在处理舞弊员工方面，因为受到愤怒和急切心理的支配，往往多有失误，尤其在舞弊员工的道德风险进一步恶化的情况下，相关人员包括企业实际控制人或相关的处置人员可能陷入更加被动的局面，甚至会涉嫌违法犯罪。

律师作为相对的"局外人"，看待和处理问题会更加冷静、克制，在兼具专业法律知识和大量实务案例处理经验的背景下，能更好地协助、指导非公企业和实际控制人对员工的舞弊行为及时、合法合规地进行处置，尤其在舞弊员工道德风险进一步恶化的情况下，避免企业及相关人员陷入被动局面，甚至涉嫌违法犯罪。笔者近期处理的两个案例很好地证明了上面的观点。

案例一

某制造企业，某片区销售人员涉嫌职务侵占罪。公司在律师的指导和协助下，保留和收集相关证据，在报警的同时，进行外部财务审计并暂停涉案员工工作，同时告知所有合作客户该员工工作对接事宜。后员工提起劳动仲裁，请求金额巨大。律师同时参与劳动仲裁的处理，鉴于律师积极有效的前期参与，将大量有力的证据呈给仲裁委，员工于开庭前提出撤诉申请。

案例二

某建筑企业，员工涉嫌职务侵占罪、非国家工作人员受贿罪、诈骗罪等，企业相关人员在处置过程中因为系列失误，以及舞弊员工道德的进一步沦丧，导致相关人员涉嫌非法拘禁罪被刑事拘留。

本文作者系北京德和衡（广州）律师事务所公司业务中心副总监

从庭审实践看"书证提出命令"的应用

胡潇鹏

引言

"谁主张，谁举证"是一般民事诉讼的基本原则。

但在诉讼实践中，我们有时会遇到这么一种情形：能够证明一方当事人所主张事实的证据却掌握在另一方当事人的手中，但另一方当事人拒不向法院提交……如此，主张该事实的一方当事人无法做到为其主张举证，无法让法官看到客观事实真相，进而也就无法保障、维护自己的合法权益。

笔者近期在办理一件离婚诉讼中就遇到了该种情形。在该案中，笔者作为客户代理律师，运用"书证提出命令"，为客户破解了上述难题，为其多争取了100万元补偿。

一、案情

A先生与B女士于20多年前从相识相知到相亲相爱，并于2005年登记结婚。二人相识后一起奋斗事业，取得了一定的成就，身家也超过了"半个小目标"。在事业发展期间，A先生负责产品的研发、生产及销售；B女士负责财务、人事，一直掌握公司及家庭的财政大权，掌握夫妻共有资产的出租、收益情况。后因常年缺乏有效沟通，双方误解很深，A先生与B女士的感情走到了尽头，B女士提起诉讼离婚。

我们作为A先生的代理律师参加诉讼。

二、问题应对

经过梳理，我们发现，B女士在提起诉讼时就夫妻共有财产部分仅针对部分财产要求分割，对其控制的两个厂房等资产的租赁、收租情况绝口不提。针对此种情况，经与当事人核实，我们向法庭递交了夫妻关系存续期间的全部财产清单（含债权债务），要求法院一并对此进行分割。

在我方提交财产清单后，法官就对照着我方的财产清单一项一项审理，该案历经五次开庭，但自始至终B女士都拒绝向法庭及A先生提供其控制的两个厂房的租赁合同及收租明细情况。

针对B女士拒绝提供书证这一情况，我们根据"书证提出命令"的规定以书面的形式向法院提出了申请，要求法庭责令B女士向法庭提供两个厂房租赁情况的资料，并要求法官对B女士这种拒不向法庭提交其控制的证据的行为进行处罚。

随后，每次开庭我们都反复提及B女士隐瞒证据的行为，要求法院予以追究，但B女士仍拒绝提交相关的租赁合同及收租明细情况。

三、有关"书证提出命令"的法律规定

《最高人民法院关于适用〈中华人民共和国民事诉讼法〉的解释》的相关条款：

第一百一十二条　书证在对方当事人控制之下的，承担举证证明责任的当事人可以在举证期限届满前书面申请人民法院责令对方当事人提交。申请理由成立的，人民法院应当责令对方当事人提交，因提交书证所产生的费用，由申请人负担。对方当事人无正当理由拒不提交的，人民法院可以认定申请人所主张的书证内容为真实。

律师解读：由于该规定比较笼统，在司法实践中难以操作，实施后在司法

实践中运用得并不多。因此，2019年12月25日，最高人民法院再次出台《最高人民法院关于民事诉讼证据的若干规定》细化了"书证提出命令"这一规定。

《最高人民法院关于民事诉讼证据的若干规定》的相关条款：

第四十五条　当事人根据《最高人民法院关于适用〈中华人民共和国民事诉讼法〉的解释》第一百一十二条的规定申请人民法院责令对方当事人提交书证的，申请书应当载明所申请提交的书证名称或者内容、需要以该书证证明的事实及事实的重要性、对方当事人控制该书证的根据以及应当提交该书证的理由。

对方当事人否认控制书证的，人民法院应当根据法律规定、习惯等因素，结合案件的事实、证据，对于书证是否在对方当事人控制之下的事实作出综合判断。

第四十六条　人民法院对当事人提交书证的申请进行审查时，应当听取对方当事人的意见，必要时可以要求双方当事人提供证据、进行辩论。

当事人申请提交的书证不明确、书证对于待证事实的证明无必要、待证事实对于裁判结果无实质性影响、书证未在对方当事人控制之下或者不符合本规定第四十七条情形的，人民法院不予准许。

当事人申请理由成立的，人民法院应当作出裁定，责令对方当事人提交书证；理由不成立的，通知申请人。

第四十七条　下列情形，控制书证的当事人应当提交书证：

（一）控制书证的当事人在诉讼中曾经引用过的书证；

（二）为对方当事人的利益制作的书证；

（三）对方当事人依照法律规定有权查阅、获取的书证；

（四）账簿、记账原始凭证；

（五）人民法院认为应当提交书证的其他情形。

前款所列书证，涉及国家秘密、商业秘密、当事人或第三人的隐私，或者存在法律规定应当保密的情形的，提交后不得公开质证。

第四十八条　控制书证的当事人无正当理由拒不提交书证的，人民法院可以认定对方当事人所主张的书证内容为真实。

控制书证的当事人存在《最高人民法院关于适用〈中华人民共和国民事诉讼法〉的解释》第一百一十三条规定情形的，人民法院可以认定对方当事人主张以该书证证明的事实为真实。

律师解读：上述规定对"书证提出命令"的申请条件、所提交申请文书客体的范围、法院审查程序、拒不履行"书证提出命令"的法律后果均作出了详尽的规定，使得"书证提出命令"具有了切实的可操作性。

四、结果

2021年7月底，我们收到法院对该案的判决书，法院认定B女士隐瞒夫妻财产，作为对其拒不提供其控制的两个厂房租赁资料这一不诚信诉讼行为的一种惩罚，判令B女士向A先生补偿100万元。

A先生对该判项深表满意。

五、结语

这次运用"书证提出命令"是我们办案律师对《最高人民法院关于民事诉讼证据的若干规定》的首次运用。在法庭审理的过程中，代理律师利用"书证提出命令"的倒逼机制，促使掌握书证的一方交出书证，极大地维护了处于弱势地位一方的合法权益，最终法院判令掌握证据的一方作出补偿，这其实就是法庭对掌握证据却又故意拒不提交的当事人的一种惩罚。

同时，该案的判决也提醒我们律师在办案过程中，应及时告知当事人，如其控制证据却拒不依照法庭的要求提交，则其会有很大风险，将加大自己一方的经济损失。

本文作者系北京德和衡（广州）律师事务所争议解决业务中心专职律师

走私"冻品"辩护要点解析

张志欣

引 言

　　2021年9月8日，广东阳江海警局对外通报，该局于2021年8月30日在阳江附近海域查获涉嫌走私冻品货船1艘，缴获标准冻品集装箱29个，涉案人员13名，船上装载涉嫌走私冻品约700吨，案值约6000万元。据了解，该批来自疫区的冷冻肉品，部分在运输过程中脱离冷链时间较长，已经出现解冻腐败变质等情况，此类商品一旦流入市场，将会对人民群众的生命健康造成严重威胁。此次行动是阳江海警局深入开展"国门利剑2021"专项行动的重大战果，是该局成立以来查获涉案冻品量最多和案值最大的一起涉嫌走私冻品案件。

　　自新冠疫情全球暴发以来，冻品也成为疫情传播的载具，由于冻品走私基本上不存在通关走私的情形，更多的是通过海上绕关走私冻品入境从而逃避海关监管，本文基于此背景，浅谈关于绕关走私冻品犯罪的实务问题。

一、走私"冻品"的常见方式

　　走私犯罪中的"冻品"指的是在冷冻状态下储存且能运输、销售的肉类、水产品等食品。冻品走私一方面存在破坏海关监管秩序以及偷逃税款、扰乱市场经济秩序对国家造成损失等问题，另一方面还存在走私的冻品未经海关检测检验，有危害人民群众生命健康的潜在危险等问题，因此冻品走私一直都是国家重点打击对象之一。

走私冻品的犯罪团伙一般采取绕关走私的方式来逃避海关监管。对于广东省这一沿海地区来说，因为毗邻中国香港和中国澳门，冻品走私团伙一般都采取海上绕关走私的方式。走私过程，简单来说就是由揽货人即货主从境外购得冻品，境外供货商一般会将冻品运送到离境较近的地方（一般为中国香港等地），揽货人再组建走私团伙，租船雇人将冻品非法走私入境后在某个岸边卸货，组织者再安排车辆人员将冻品运至仓库存放或者直接售卖流入市场。

二、走私"冻品"的定罪量刑问题

绕关走私冻品在具体定罪量刑问题上具有其自身的特殊性，在最高人民法院、最高人民检察院、海关总署、公安部、中国海警局五部门联合印发《关于打击粤港澳海上跨境走私犯罪适用法律若干问题的指导意见》（以下简称《指导意见》）之前，走私冻品的具体定罪量刑在实务中有所争论，对这一问题按照之前的主流观点来说，走私冻品可能会涉及两个罪名，一是走私普通货物罪，二是走私国家禁止进出口的货物罪，走私冻品是被认定为走私普通货物罪还是走私国家禁止进出口的货物罪，须看走私的冻品是否来自境外疫区。

（1）若走私来自境外非疫区冻品（包括无法查明是否来自境外疫区的冻品），则按照走私普通货物罪定罪量刑。

量刑标准依据《刑法》第一百五十三条规定：

走私本法第一百五十一条、第一百五十二条、第三百四十七条规定以外的货物、物品的，根据情节轻重，分别依照下列规定处罚：

（一）走私货物、物品偷逃应缴税额较大或者一年内曾因走私被给予二次行政处罚后又走私的，处三年以下有期徒刑或者拘役，并处偷逃应缴税额一倍以上五倍以下罚金。

（二）走私货物、物品偷逃应缴税额巨大或者有其他严重情节的，处三年以上十年以下有期徒刑，并处偷逃应缴税额一倍以上五倍以下罚金。

（三）走私货物、物品偷逃应缴税额特别巨大或者有其他特别严重情节的，处十年以上有期徒刑或者无期徒刑，并处偷逃应缴税额一倍以上五倍以下罚金或者没收财产。

单位犯前款罪的，对单位判处罚金，并对其直接负责的主管人员和其他直接责任人员，处三年以下有期徒刑或者拘役；情节严重的，处三年以上十年以下有期徒刑；情节特别严重的，处十年以上有期徒刑。

对多次走私未经处理的，按照累计走私货物、物品的偷逃应缴税额处罚。

结合《最高人民法院、最高人民检察院关于办理走私刑事案件适用法律若干问题的解释》第十六条规定：

走私普通货物、物品，偷逃应缴税额在十万元以上不满五十万元的，应当认定为刑法第一百五十三条第一款规定的"偷逃应缴税额较大"；偷逃应缴税额在五十万元以上不满二百五十万元的，应当认定为"偷逃应缴税额巨大"；偷逃应缴税额在二百五十万元以上的，应当认定为"偷逃应缴税额特别巨大"。

走私普通货物、物品，具有下列情形之一，偷逃应缴税额在三十万元以上不满五十万元的，应当认定为刑法第一百五十三条第一款规定的"其他严重情节"；偷逃应缴税额在一百五十万元以上不满二百五十万元的，应当认定为"其他特别严重情节"：

（一）犯罪集团的首要分子；
（二）使用特种车辆从事走私活动的；
（三）为实施走私犯罪，向国家机关工作人员行贿的；
（四）教唆、利用未成年人、孕妇等特殊人群走私的；
（五）聚众阻挠缉私的。

因此，结合《刑法》第一百五十三条规定以及《最高人民法院、最高人民检察院关于办理走私刑事案件适用法律若干问题的解释》第十六条规定，根据偷逃税款数额和犯罪事实及情节进行定罪量刑。

（2）若走私的冻品来自境外疫区，那么应当按照《刑法》第一百五十一条规定的走私国家禁止进出口的货物罪进行定罪处罚。

该罪的量刑标准是依据《最高人民法院、最高人民检察院关于办理走私刑事案件适用法律若干问题的解释》第十一条第一款第四项的规定，走私来自境外疫区的动植物及其产品五吨以上不满二十五吨，或者数额在五万元以上不满二十五万元的，处五年以下有期徒刑或者拘役，并处或者单处罚金；超过前款标准的，处五年以上有期徒刑，并处罚金。

（3）对于走私冻品的定罪量刑问题，一直以来各界争论不休，但这个问题在前述所讲的《指导意见》于2021年12月14日发布时有了明确定论。

该《指导意见》第一条内容为："非设关地走私进口未取得国家检验检疫准入证书的冻品，应认定为国家禁止进口的货物，构成犯罪的，按走私国家禁止进出口的货物罪定罪处罚。其中，对走私来自境外疫区的冻品，依据《最高人民法院、最高人民检察院关于办理走私刑事案件适用法律若干问题的解释》（法释〔2014〕10号，以下简称《解释》）第十一条第一款第四项和第二款规定定罪处罚。对走私来自境外非疫区的冻品，或者无法查明是否来自境外疫区的冻品，依据《解释》第十一条第一款第六项和第二款规定定罪处罚。"

该《指导意见》明确规定若走私人员走私的冻品是来自疫区，仍须依据《解释》第十一条第一款第四项和第二款规定以走私国家禁止进出口的货物、物品罪定罪处罚，这一点无可厚非。而对于来自境外非疫区的冻品及无法查明是否来自境外疫区的冻品，以往是以走私普通货物罪定罪处罚，但如今依据《指导意见》的规定均是以走私国家禁止进出口的货物罪定罪处罚。根据前述所讲，走私冻品一般采取绕关走私方式，而走私人员以绕关走私的方式走私冻品本身是不能够取得我国合法有效的国家检验检疫准入证书的。因此，按照《指导意见》的规定并结合绕关走私的特点，走私人员只要通过绕关走私的方式走私冻品就不能够取得我国合法有效的国家检验检疫准入证书，此时已无须以查明冻品是否来自境外疫区为前提，就可以直接以走私国家禁止进出口的货物罪定罪处罚。《指导意见》作出此规定除了为了从"严"打击绕关走私冻品的犯罪行为外，还为了便于侦查办案机关执法，不用苦恼于认定何种罪名，而且不以走私普通货物罪定罪处罚，往往能省去繁杂的偷逃税款计核工作。

此外，在绕关走私来自境外疫区冻品、来自境外非疫区冻品或无法查明是否来自境外疫区的冻品，均构成走私国家禁止进出口的货物罪的情况下，《指导意见》还明确区分了绕关走私来自境外疫区冻品、来自境外非疫区冻品和无法查明是否来自境外疫区冻品的入罪标准和量刑幅度。绕关走私来自境外疫区冻品是依据《解释》第十一条第一款第四项和第二款规定定罪量刑，绕关走私来自境外非疫区冻品或无法查明是否来自境外疫区冻品是依据《解释》第十一条第一款第六项和第二款规定定罪量刑。

三、绕关走私冻品的主观故意问题

走私冻品属于故意犯罪即主观上具有逃避海关监管的故意，那么主观故意是构成冻品走私犯罪的必备要素，更重要的是要坚持主客观相一致原则。

但是实务中走私人员基本上不会承认自己有走私冻品的故意，那么只能通过间接认定的形式来认定走私人员有走私冻品的主观故意。如何推定走私人员有走私冻品的故意？可以参照最高人民法院、最高人民检察院、海关总署于2019年10月24日颁布的《打击非设关地成品油走私专题研讨会会议纪要》（以下简称《会议纪要》），该《会议纪要》在最后明确了办理非设关地走私白糖、冻品等刑事案件的相关问题，可以参照其精神依法处理。

该《会议纪要》第二条关于主观故意认定方面明确"行为人没有合法证明，逃避监管，在非设关地运输、贩卖、收购、接卸成品油（笔者注：冻品同样适用），有下列情形之一的，综合其他在案证据，可以认定具有走私犯罪故意，但有证据证明确属被蒙骗或者有其他相反证据的除外：（一）使用'三无'船舶、虚假船名船舶、非法改装的船舶，或者使用虚假号牌车辆、非法改装、伪装的车辆的；（二）虚假记录船舶航海日志、轮机日志，进出港未申报或者进行虚假申报的；（三）故意关闭或者删除船载AIS系统、GPS及其他导航系统存储数据，销毁手机存储数据，或者销毁成品油交易、运输单证的；

（四）在明显不合理的隐蔽时间、偏僻地点过驳成品油的；（五）使用无实名登记或者无法定位的手机卡、卫星电话卡等通讯工具的；（六）使用暗号、信物进行联络、接头的；（七）交易价格明显低于同类商品国内合规市场同期价格水平且无法作出合理解释的；（八）使用控制的他人名下银行账户收付成品油交易款项的；（九）逃避、抗拒执法机关检查，或者事前制定逃避执法机关检查预案的；（十）其他可以认定具有走私犯罪故意情形的。"

由于海上绕关走私冻品的主观故意的证据难以获取，故上述规定所罗列的情形是"推定"走私人员有走私的主观故意，若走私团伙中个别人员与上述情形没有关联，涉案人员只是"边角料"角色，听从组织者或指挥者的安排从事特定的事项，并不与走私行为其他环节相挂钩，从单一事项不能够体现走私行为或涉案人员根本不认识其他参与走私的人员，那么就可以认定该涉案人员不具有走私冻品的主观故意。

另外，在《指导意见》发布前，涉及绕关走私冻品既有来自境外疫区又有来自境外非疫区的问题，走私人员会以自己不知道冻品来自境外疫区证明其不具有走私境外疫区冻品的主观故意，认为应当仅以走私普通货物罪定罪处罚，而不应以走私普通货物罪及走私国家禁止进出口的货物罪进行数罪并罚。对这一问题，实务中一般依据《最高人民法院、最高人民检察院、海关总署关于办理走私刑事案件适用法律若干问题的意见》第六条规定，"走私犯罪嫌疑人主观上具有走私犯罪故意，但对其走私的具体对象不明确的，不影响走私犯罪构成，应当根据实际的走私对象定罪处罚"。《最高人民法院、最高人民检察院关于办理走私刑事案件适用法律若干问题的解释》第二十二条规定，"在走私的货物、物品中藏匿刑法第一百五十一条、第一百五十二条、第三百四十七条、第三百五十条规定的货物、物品，构成犯罪的，以实际走私的货物、物品定罪处罚；构成数罪的，实行数罪并罚"。因此，行为人具有走私冻品的故意，只是没有区分冻品来自疫区还是非疫区，这并没有超出行为人走私冻品的主观故意，应当以走私普通货物罪及走私国家禁止进出口的货物罪数罪并罚。但是，在《指导意见》发布后，只要是以绕关方式走私未取得国家检验检疫准入证书的冻品，无论行为人是否有走私境外疫区冻品的主观故意，都应当以走私国家禁止进出口的货物罪定罪处罚。

四、绕关走私冻品如何区分主从犯问题

依据《刑法》第二十六条规定，组织、领导犯罪集团进行犯罪活动的，或者在共同犯罪中起主要作用的，是主犯；第二十七条规定，在共同犯罪中起次要作用或者辅助作用的，是从犯。

走私冻品案件可以参照适用《会议纪要》的规定，对成品油走私共同犯罪或者犯罪集团中的主要出资者、组织者，应当认定为主犯；对受雇佣的联络员、船长等管理人员，可以认定为从犯，如其在走私犯罪中起重要作用的，应当认定为主犯；对其他参与人员，如船员、司机、"黑引水"、盯梢望风人员等，不以其职业、身份判断是否追究刑事责任，应当按照其在走私活动中的实际地位、作用、涉案金额、参与次数等确定是否追究刑事责任。

结合上述规定可以看出，一般情况下，组织者、指挥者、主要实行者、主要出资人和主要获利者可以认定为主犯；起次要作用的次要实行者、次要出资者、次要获利者、帮助犯可以认定为从犯。对于组织者的行为认定，一般是指在共同犯罪中实施组织、领导、策划、指挥犯罪活动的行为。其中"指挥"是指对犯罪集团或者一般共同犯罪的成员（既包括实行犯，也包括帮助犯，还包括地位相对指挥者次要一点的组织犯）发号施令，在实施犯罪活动时予以部署、调度和指点，从而使犯罪在其控制下得以进行的行为。

在辨析主从犯地位时，需要注意以下几个问题：

（一）出资者不必然就是主犯

在绕关走私冻品中，走私团伙实施走私冻品行为需要资金支持，如购买冻品资金、购买用于运输冻品的船只及陆地交通工具、支付其他走私人员的报酬等，若走私人员的出资是用于以上情形对走私冻品活动起实质性作用，这类出资者大部分是可以认定为主犯的。但是，实务中存在出资者并未实际出资，是以"干股"的形式"入股"，没有提供资金支持走私冻品活动等实质性作用，

在没有其他实物证据如转账记录、入股资金清单等证明"入股人员"有无实际出资，仅有同案走私人员的供述，且此类出资者并没有实际参与实施整个走私冻品的过程，则需要综合考虑该出资者是否存在组织、指挥、实行以及获利等情况，才能进而认定该出资者是否为走私冻品的主犯。

（二）同理，未出资者即其他参与人员不必然就是从犯

因上述《会议纪要》规定了，如船员、司机、"黑引水"、盯梢望风人员等参与走私活动的，不以其职业、身份判断是否追究刑事责任，应当按照其在走私活动中的实际地位、作用、涉案金额、参与次数等确定是否追究刑事责任。如走私人员在船上系船员身份非船长身份，但该船员的作用与船长的作用基本上重叠相同，如经常帮忙开船、负责购买冻品的交易流程或者是交钱交货的经手人，也是可以根据实际情况认定其为走私冻品的主犯，因为其在走私团伙中的地位、作用已经不是一个简单打杂的船员身份，而是推动走私冻品犯罪活动进程的主要角色，即走私冻品"犯罪流"有其加入而稳步、加速前进。

（三）认定谁为组织者或指挥者应当综合考虑整个走私过程

实务案例中，真正的组织者或指挥者会隐藏自身身份、避免自己亲自指挥走私冻品，则会安排底下走私人员代为联络或在部分走私"节点"代为指挥。如在海上走私冻品运载船舶到岸卸货时，真正的组织者或指挥者会安排其他参与人员在现场电话通知船上人员和陆上运输人员，以及在接驳现场指挥卸货，此时若其他参与人员不知道真正组织者或指挥者是谁，会理所应当认为在现场指挥卸货以及联络的走私人员为组织者或指挥者。此时，全案同案犯的不利口供均指向该"替罪羊"时，应综合审查该"替罪羊"是否有作为走私冻品团伙的组织者"资质"，即审查其是否存在于走私冻品节点的各个环节、是否有资金财力运作整个犯罪活动、是否有组织走私活动的动机、是否有从走私活动中实际获利。除此之外，还须看同案犯的口供是否存在矛盾，是否存在明显隐藏实际组织者、决策者的漏洞。

（四）主要获利者大部分可以认定为主犯

实务中，走私冻品的赃款即非法利益最终都会由走私团伙的主犯所获得，因为主要获利者一般都是走私冻品的发起者、组织者、决策者、指挥者，此类走私人员就是为了获得非法利益而走私冻品，大部分为了能够获得非法利益而实际参与到走私活动中，以出资、出物或出力方式达到"以资生利""以物易利""以力换利"的最终目的，故一般可以将主要获利者认定为走私团伙的主犯。但需要注意的是，并非收取到赃款的人员就一定是主要获利者，若收取赃款的人员仅代为转接或者代为存放赃款，其并不是走私冻品的主要获利者，且该人员有且仅有上述行为，此时将其认定为主犯有违罪责刑相适应原则。

通过以上分析，在国际疫情持续严峻的情况下，我国打击走私冻品犯罪活动力度逐渐加大。因走私冻品人员大多都以海上绕关方式走私，且实务中多以团伙走私为主，这就涉及走私团伙中各人员的走私主观故意问题，以及如何区分主从犯问题，正如前文所述，实务中破解疑难问题，准确理解和适用法律规定无疑是必由之路。

本文作者系北京德和衡（广州）律师事务所国际贸易业务中心律师

建设工程中代付行为的司法认定
及法律风险防范

何昊琳

摘 要

    建设工程施工过程中，代付的法律风险极大，但又难以避免。一旦发生外债人员围堵等恶性事件，负有支付义务的分包单位却恶意躲债，导致总包单位迫于各方压力不得不先行代付。但代付极有可能发生超付风险，总包单位向分包单位追讨时总会遇到多种障碍，甚至面临败诉风险。总包单位如果迫于压力匆忙代付，无疑饮鸩止渴。本文将分析最高人民法院公开判决案例，结合笔者处理代付问题的实务经验，提出代付法律风险防范建议。

    本文站在总包单位的角度讨论总包单位为分包单位代付的问题，总包单位为实际施工人代付、业主为承包单位代付也可参考。

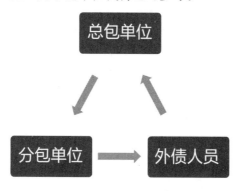

风险源头：外债压力下匆忙代付

建设工程施工过程中，发生代付的常见原因有如下几类：

（1）分包单位中途退场，或完工后不配合办理结算和交接，分包单位恶意躲避外债，导致农民工群体、材料供应商、机械租赁商等外债人员直接在施工场地、项目部门围堵讨债，妨碍施工，到政府部门信访举报。

（2）分包单位在背后操控外债人员上门围堵，以达到自己的不法利益诉求。

（3）因分包单位中途退场，基于工期压力，总包单位不得不组织第三方或自行施工，先行垫付施工费用。

（4）按合同约定代缴税费、水电费、竣工资料费等必要费用。

不论发生哪种情况，外债人员讨债造成的外部压力往往使总包单位难以招架。尤其在春节、国庆等重大节假日前，各级政府部门都尤为重视农民工集体讨薪的事件，要求业主单位、总包单位尽快代付。而总包单位本身，也面临着工期压力。

为了解决眼前的困境，总包单位只能采取代付措施，优先保障施工进度，而把合同相对性、未付工程款范围内承担连带责任等法律问题暂且放在一旁。

但是，匆忙代付将直接导致分包单位不认可、超付工程款、向分包单位追讨困难、败诉等严重后果，导致总包单位陷于被动地位。因此，总包单位必须有强烈的证据意识，规范代付行为，从源头降低法律风险。

一、司法认定：支持与否取决于证据链

代付后，总包单位将在结算时，从应付工程款中扣除代付款，或要求分包单位返还代付款，该环节极易引发诉讼纠纷。

返还代付款项的纠纷往往只是工程款纠纷中的其中一个争议焦点，代付款项是否应当返还或在应付工程款中抵扣，将由法院结合证据认定。

（一）未获法院支持的情形

每一笔代付款，都需要完整的证据链证明债务的真实性、债务人是分包单位、债务发生在施工范围，而任何一个环节缺失，都可能导致败诉。笔者曾代理过一起诉讼案件，该案多次代付中仅有申请付款单和收据，使用了现金支付而没有银行转账记录，因而未获支持；或委托第三方对分包单位的工程进行善后，但施工记录仅简单记载施工内容，无法证明委托第三方善后的施工范围属于分包单位的施工范围，未获法院支持。每一个环节，都可能因为一时疏忽而没有留存证据，导致败诉。笔者结合实务经验和公开判决，梳理了部分败诉原因列举如下：

1. 未经分包单位同意，总包单位并非合同相对方却进行代付行为，侵犯了分包单位（债务人）与债权人的利益

"未经同意"，即总包单位并没有获得分包单位的代付授权，或超越了授权范围进行代付，这是较为常见的不支持的理由。尤其在双方的分包合同明确约定了代付需要得到授权才可进行，则单方代付行为更难以得到认可。

● 运城市国科房地产开发有限公司、中建一局集团第二建筑有限公司建设工程施工合同纠纷二审民事判决书［（2018）最高法民终300号］

关于国科公司主张向劳务分包单位、材料供应商代付工程款的问题……在中建一局与劳务分包单位、材料供应商的合同关系中，国科公司不是合同相对方。在没有获得中建一局授权或同意的情况下，国科公司直接向没有合同关系的第三方支付工程款的行为，违反了其与中建一局之间建设工程施工合同的约定，也侵犯了中建一局与劳务分包单位、材料供应商的合同利益，不能视为对中建一局的付款。国科公司虽主张在中建一局已认可支付的工程款中，也存在国科公司向相同的劳务分包单位、材料供应商代付工程款的情形，但中建一局对上述代付款项的认可，是基于中建一局、国科公司、材料供应商或劳务分包单位的三方确认协议，在三方协商一致的情况下对代付款项的确认。此三方协议的达成，是以三方形成合意为条件，而不能以国科公司和中建一局之间存在代付工程款的交易习惯而推定中建一局认可国科公司所有代付工程款的行为。本案中，国科公司提供的证据均不能证明其向案涉工程的劳务分包单位、材料

供应商支付30589640元的行为，获得了中建一局的授权或同意，故其主张代付的上述款项系向中建一局支付的工程款，本院不予支持。

● 和昌（十堰）房地产开发有限公司、和昌（湖北）置业有限公司建设工程施工合同纠纷二审民事判决书［（2019）最高法民终1668号］

至于和昌房地产公司、和昌置业公司主张应付工程款中应扣减其支付给案外人吴文吉的砖款、尹立飞的借款、黄珊瑚的借款等问题，因葛洲坝建设公司、葛洲坝建筑公司对其代付行为不予认可，和昌房地产公司、和昌置业公司亦未提交证据证明其向前述案外人支付相应款项系根据葛洲坝建设公司、葛洲坝建筑公司的指令或委托支付，故对此项主张，本院不予支持。

但我们认为，在《民法典》颁布后，代付行为能够得到更大的保障，根据《民法典》第五百二十四条规定，代付行为的法律性质可理解为债权转让，后文我们将进行讨论。

2. 未能举证证明代付费用实际用于分包单位的施工范围，或无法证明该笔代付费用对应的合同义务已履行

代付行为有效的前提是，分包单位确实是涉案代付款项的债务人。但如果无法证明代付费用发生在分包单位施工期间和工程范围，或无法证明该款项对应的合同义务已经完全履行，也就难以说明分包单位负有对该笔代付款项的支付义务。

例如，材料供应商持续向建设工程提供建设材料，而分包单位在提货单上记载对数量或价格有异议，那么就无法锁定债务具体金额。如材料供应商先后向多个施工队提供建设材料，则总包单位还需证明该材料是用于分包单位施工期间。又如，提供劳务的农民工在同一个施工场地工作，但在分包单位退场后又进入了其他施工队继续作业，则总包单位需证明农民工的哪部分工资款属于该分包单位承担范围。

这是最为常见的不支持的理由，也是总包单位最应重视的证据环节。

● 安顺经济技术开发区住房和城乡建设局、铜仁市诚信建筑工程有限公司建设工程施工合同纠纷再审民事判决书［（2020）最高法民再83号］

安顺开发区住建局及其委托方国金公司未经诚信公司或杨彪许可支出款项，应对款项切实用于前期工程负有举证责任。

…………

2. 涉及杨飞的50000元。安顺开发区住建局提交的支付凭证显示，50000元共分三笔于2012年7月11日、2012年8月23日、2012年9月14日支付。前两笔发生在安顺开发区住建局向国金公司转款之前，第三笔"收条"内容为"收到徐总（国金公司项目部负责人徐正海）33000元"，无法确认与前期工程的关联性。故该50000元不应计入安顺开发区住建局已付工程款。

3. 涉及何进的9000元。何进出具领条的时间在国金公司进场之后，领条上未载明领取的费用是否属于前期工程。诚信公司主张何进也是后段国金公司施工期间的劳务人员，安顺开发区住建局未提交其他证据证明该笔支出用于前期工程。故该9000元不应计入安顺开发区住建局已付工程款。

4. 涉及汪小药的23800元及10000元。安顺开发区住建局提交了国金公司2012年9月14日向汪小药转账50000元的凭据，主张代付了汪小药50000元砂石款，但未提交汪小药向前期工程供应了价值50000元材料的证据。《费用支付说明》备注支付汪小药的23800元为扣押车取车款，支付汪小药的材料款另项记载10000元。故安顺开发区住建局主张支付汪小药的50000元中，仅10000元应当计入安顺开发区住建局已付工程款。

● 重庆市基础工程有限公司、新疆生产建设兵团建设工程（集团）有限责任公司建设工程施工合同纠纷二审民事判决书［（2020）最高法民终860号］

6. 有争议的第58笔付款：2013年7月6日记账凭证载明的5万元。兵建公司主张该笔款项系代基础公司向杨汉华支付的医疗费。因兵建公司提交的证据不足以证明基础公司与杨汉华发生纠纷且与杨汉华达成赔偿协议，故现有证据不足以证明该5万元应由基础公司承担。一审判决未将该笔款项计入兵建公司已付款并无不当。

…………

11. 有争议的第74、75、96、112、114笔付款：2014年11月1日记账凭证载明的10万元、2013年11月8日记账凭证载明的10万元、2014年3月3日载明的5万元、2014年11月20日记账凭证载明的17万元、2014年12月19日记账凭证载明的220476.44元。兵建公司主张前述款项系第三方伏金和施工队代替基础公司完成部分其应作未作工程的工程款。基础公司仅认可其中92045.98元散水工程款已纳入鉴定意见中基础公司施工工程的工程造价范围，该部分工程其未施工，可以扣除，并认为其他施工内容并非基础公司施工范围。

对此，本院认为，兵建公司未提交充分证据证明伏金和施工的该部分工程均系基础公司施工范围且均纳入基础公司施工工程的工程总造价，但基础公司自认其中92045.98元散水工程其未施工但已计入其工程造价，则兵建公司向伏金和支付的该92045.98元散水工程款应视为对基础公司的已付工程款。

3. 分包单位虽认可债务存在，但对代付金额持有异议

该种情形同样是无法锁定债务范围，难以认定代付金额是否超过了债务金额，侵犯了分包单位的债务人权益。因此，代付前总包单位必须取得能够证明债务金额的证据原件。

● 重庆市基础工程有限公司、新疆生产建设兵团建设工程（集团）有限责任公司建设工程施工合同纠纷二审民事判决书［（2020）最高法民终860号］

8. 有争议的第84笔付款：2013年12月28日记账凭证载明的2281128.38元。兵建公司主张该笔款项系支付供应商的材料款（电缆线款）。

二审中，兵建公司提交供应商开具的发票、卓越公司的付款凭证，主张电

缆线款已实际支付，即使基础公司认为缺少一卷电缆线，亦可按照发票中载明的价格进行核减。基础公司否认兵建公司的主张，认为应当根据实际使用数量计价，经核对，其自认收到其中1707853.15元的材料。

对此，本院认为，因兵建公司提交的基础公司2013年12月24日出具的收款收据中明确载明基础公司对该部分电缆线数量提出异议并表示该电缆线数额无对账资料，而兵建公司提交的证据不足以证明其足额提供了价值2281128.38元的电缆线，故根据基础公司的自认，本院确认其中1707853.15元电缆线款为兵建公司已付款。

4. 其他不予支持的理由

除了上述列举的理由之外，还有一些较为常见的不予支持的理由有：

（1）没有提交充分的支付凭证证据，例如：主张现金交付而无银行转账凭证，转账凭证中收款人不明确，没有提供证据证明代付款项走向。如仅提供《收据》作为支付证据，往往无法获得支持。

（2）代付前后未通知分包单位，代付行为不合常理。

（3）代付证据中金额不一致，例如《付款委托书》的金额与实际转账金额不一致。

（4）合同约定了代付的程序，代付金额需经双方确认方可进行，而总包单位未取得分包单位的确认，或未按约定程序进行。

（5）代付费用需要法院根据双方的过错程度认定承担方，例如检测费、专家论证费、停工后发生的水电费和租金费用等。

（二）获得法院支持的情形

如果能够证明代付行为经过分包单位事前同意或事后确认，则容易获得支持。如果无法证明代付行为获得分包单位的事前同意或事后追认，则法院将重点审查代付行为是否有完整的证据链，足以证明债务发生的真实性、代付款确应由分包单位承担、代付金额确定等内容。

笔者曾代理过一起诉讼案件，总包单位在代付时没有做好相关的证据固定，因此在诉讼过程中，笔者指导总包单位和外债人员进行证据补强工作，由知情人士出具多份情况说明作为证人证言，并仔细分析了分包单位提交的证据，发现其内部统计的工程款细目可以印证部分款项应当结算给外债人员，最终形成了完整的证据链，得到法院的支持。

1. 分包单位的事前同意或事后追认

能够提供总包单位和分包单位对于代付已达成合意的证据，较为容易获得法院支持，例如：

（1）代付前，分包单位出具《代付委托书》，且收款人、代付金额与代付支付凭证一致。

（2）代付前，分包单位与总包单位签有代付协议，或双方与债权人共同签署三方协议。

（3）代付完成后，总包单位与分包单位签署了对账单，分包单位确认了代付事项与金额。

（4）诉讼中，分包单位对部分或全部代付款项自认，或其诉讼（反诉）请求可侧面反映代付事实的存在。

2. 有法院的《民事调解书》可确定债务金额，且能够证明代付费用发生在分包单位施工范围内

《民事调解书》能够证明债务范围，但毕竟不是生效判决，法院并未对代付事实进行调查，因此总包单位还需要举证证明债务发生在分包单位的施工范围内，形成完整的证据链。

● 广东高业集团有限公司、汕头公路桥梁工程总公司建设工程施工合同纠纷再审民事判决书 [（2019）最高法民再396号]

关于外欠款10005636.84元的问题。高业公司主张代付外欠款是汕头路桥公司的单方行为，与其无关。为证明代付外欠款的事实，汕头路桥公司向一审

法院提交了《三柳十标代创森支付签认单》及（2015）融安民二初字第242号民事调解书。其中《三柳十标代创森支付签认单》载明应代付金额9795036.84元，（2015）融安民二初字第242号民事调解书载明汕头路桥公司代付210600元。高业公司对上述证据的真实性无异议，仅称其不是实际施工人，不应承担责任。原审在认定高业公司是案涉工程实际施工人，以及该部分款项系发生在高业公司施工期间的基础上，认定双方确认汕头路桥公司已代或者应代高业公司支付的外欠款为10005636.84元（9795036.84元+210600元），应从高业公司应得工程款中予以扣减，并无不当。

3. 代付农民工工资时有劳动监察大队的监督，并提供了相关会议纪要、发放凭证、签领工资凭证等有效证据

一般来说，如果农民工信访，受理机关将形成档案文件，而在建设工程所在地的劳动监察大队等政府部门或公安机关监督下代付工资款，可以证明代付的真实性。

如法院审查较严，则还需要提供该农民工确实属于该分包单位的证据，否则将不予支持。

● 陈鑫、云南白邑建筑工程有限公司建设工程施工合同纠纷再审审查与审判监督民事裁定书［（2020）最高法民申2245号］

二、关于2473741元代付农民工工资及劳务费应否予以认定的问题。代付农民工工资及劳务费中的90万元，白邑公司分别于2012年5月25日和6月25日通过电子转账方式向孙明华支付，陈鑫在记账凭证上签字确认。其余代付款项有《关于禄丰龙宇新天地工程农民工工资支付的会议纪要》《禄丰项目劳务工资发放签到册》《承诺书》及付款记录等证据支持，且是在昆明市盘龙区劳动监察大队的监督下发放。

一审、二审判决据此认定该部分款项为白邑公司代陈鑫支付并计入已付工程款，并无不当。陈鑫主张前述代付款均为虚假，缺乏证据证明，依法不能

成立。另陈鑫主张劳动监察部门针对案涉工程收取的365000元农民工工资保障金是由其支付的，不应视为白邑公司代付款项。但陈鑫对此未能举证证明，而2011年3月31日银行电子回单汇款人和2014年4月1日往来款项统一收据交款人均为白邑公司，故陈鑫该项主张无事实依据，依法不能成立。

4. 代付材料费用时，通过材料入库单、转账凭证、发票等证据，证明所代付材料款应当由分包单位支付

法院要审查代付债务是否真实发生，因此代付材料款需提供对应的合同、领用单、签收入库单等凭证。以此类推，如代付机械租赁费用，则应提供租赁机械的施工内容确属于分包单位的施工义务的证据。如果没有完整的书证物证，则可以通过证人证言来证明。否则，仅有转账凭证还不足以形成完整的证据链。

● 重庆市基础工程有限公司、新疆生产建设兵团建设工程（集团）有限责任公司建设工程施工合同纠纷二审民事判决书［（2020）最高法民终860号］

5. 有争议的第10笔付款：2011年12月24日记账凭证载明的807375.40元。兵建公司主张该笔款项系支付供货商的材料款（钢材款）。兵建公司提交了2011年11月24日向石河子市中翔伟业商贸有限公司支付807375.40元钢材款的转账支票存根、该公司向兵建公司出具的金额为807375.40的发票以及经汪嘉诚签字的入库单，且发票与入库单的货物名称及金额一致，能够证明兵建公司付款及基础公司收到相应施工材料的事实。一审判决确认该笔付款并无不当。

● 安顺经济技术开发区住房和城乡建设局、铜仁市诚信建筑工程有限公司建设工程施工合同纠纷再审民事判决书［（2020）最高法民再83号］

7. 涉及娄勇的254600元。该笔费用支付于安顺开发区住建局向国金公司转款后不久，安顺开发区住建局提交的经公证的证人证言中，娄勇确认收到该

笔款项并陈述只往案涉项目送过一次钢材，当时工程是前期施工阶段。综合上述证据，该254600元应当计入安顺开发区住建局已付工程款。

5. 对于第三人代为施工产生的代付款，通过施工通知、施工记录、转账凭证等证据形成的完整证据链，能够证明代付款项应当由分包单位支付

如分包单位中途退场，总包单位委托了第三方对分包单位原施工范围进行完善，所发生费用应当由分包单位承担。那么如何证明该代付费用的支付义务方属于分包单位十分关键。

以下这个案件，对于总包单位主张的两笔代付款，法院根据证据作出了支持与部分不支持两种认定，尤能体现总包单位要承担的举证责任。

● 江苏省建设集团有限公司、大庆嘉丽房地产开发有限公司建设工程施工合同纠纷二审民事判决书［（2020）最高法民终398号］

（1）范志和工程款28万元。关于该笔款项，嘉丽开发公司一审期间提交了回填通知、监理通知、记账凭证、银行转账凭证、范志和及范晓东收条、嘉丽开发公司与范晓东签订的回填协议书，能够证明该28万元款项为嘉丽开发公司代付回填土款，即在江苏建设公司未履行回填土义务情况下，为及时保证工程质量安全，嘉丽开发公司将回填土工程转交范晓东代为完成，并支付价款。以上证据充分、连续、客观，特别是监理单位出具的监理通知与嘉丽开发公司的主张一致，能够证明嘉丽开发公司关于该笔款项性质的主张。江苏建设公司在未证明己方已完成该回填土义务情况下，仅以发包方未通知及范志和事后单方否认为由进行抗辩，理据不足，该28万元应计入已付工程款。一审法院对该笔款项认定不当，本院予以纠正。

（2）尹凤臣钩机费334394元。该笔款项与前述范志和工程款28万元类似，嘉丽开发公司一审期间提交了挖掘机台班登记台账、监理例会签到表、记账凭证、结算单等材料，二审中江苏建设公司对于嘉丽开发公司已支付尹凤臣款项的事实没有异议，但仅认可其中73069元，剩余3.9万元及295394元不予认

可。经本院审核，3.9万元有江苏建设公司工作人员于富网签字，应予确认；295394元的台账虽有江苏建设公司工作人员袁国富签字，但记载为3#车库土方开挖，而3#车库并非江苏建设公司施工范围，嘉丽开发公司主张系笔误，3#车库已取消。但3#车库虽取消，依现有证据亦无法认定295394元确属江苏建设公司负责范围内高层土方回填，故该295394元不应作为嘉丽开发公司已付款予以扣减。故对于高层回填土应认定嘉丽开发公司已付款31.9万元（计算方式为：28万元＋3.9万元＝31.9万元）。一审法院按20万元予以扣减，认定事实有误，本院予以纠正。

二、风险防范：证据意识贯穿工程建设全程

（一）《民法典》时代，突破代付行为的司法困境

前文提到，"未经同意"即总包单位未获得分包单位的代付授权，代付行为不被认可，这是较为常见的不支持的理由，多见于早期形成的判决。代付行为在一定程度上已经突破了合同的相对性，因此法院对代付的认定也较为谨慎。再则，基于建设工程的复杂专业背景，审查代付的真实性也存在较大难度，因此以"未经同意"驳回主张也似乎省些麻烦。

《合同法》施行期间，对第三人清偿的相关规定仅限于第六十五条"当事人约定由第三人向债权人履行债务的，第三人不履行债务或者履行债务不符合约定，债务人应当向债权人承担违约责任"，而未规定事前没有约定的第三人履行情形应如何认定。即便从法律关系分析，代付行为可处理为总包单位受让债权，但极少判决按此思路来认定。

但《民法典》新增了第三人代为清偿规则。根据《民法典》第五百二十四条规定，"债务人不履行债务，第三人对履行该债务具有合法利益的，第三人有权向债权人代为履行；但是，根据债务性质、按照当事人约定或者依照法律规定只能由债务人履行的除外。债权人接受第三人履行后，其对债务人的债权转让给第三人，但是债务人和第三人另有约定的除外"。

这里面，"第三人对履行该债务具有合法利益的"应如何判断，尚未有

明确的司法解释。最高人民法院民法典贯彻实施工作领导小组主编的《民法典合同编理解与适用》认为，"法无禁止即可为"，只要第三人履行该债务目的合法或不违反法律法规和规章的禁止性规定，即可认定为第三人对履行该债务具有合法利益。例如，第三人为了达到行贿目的，代公职人员向开发商支付房款，此时第三人代履行的目的不具有合法性，其行为也违反了《刑法》中关于不得行贿的规定，不构成第三人自愿代履行。

因此，在《民法典》时代，总包单位的代付行为拥有了更多的法律保障。围绕着以上代为履行、债权转让的法定要件进行风险防范，可以减少追偿的法律障碍。

（二）规范代付行为的实务建议

基于合同的相对性，总包单位是没有支付分包单位债务义务的。如果外债人员向总包单位施压，优先引导外债人员直接起诉分包单位，走司法程序维权，即便外债人员在诉讼中把总包单位列为共同被告或第三人，总包单位也可通过举证证明已足额支付工程款，可无须承担连带清偿责任。如果外债人员暴力讨债，应录音录像，同时立即报警，形成报警记录，在民警协助下让外债人员把债务情况陈述清楚，形成询问笔录。不在迫不得已的情况下，不要匆忙代付分包单位外债。

但实际上，总包单位很难完全避免代付，因此固定证据尤为重要。上文引用的案例可以反映，总包单位对于代付行为要承担较严格的举证责任，如果在施工和代付中管理不完善，没有重视证据保全工作，则在诉讼时将陷于被动。为了降低代付的法律风险，从签署建设工程施工合同，到施工、代付等阶段，全程都需要具备证据意识。

笔者曾处理过一起发生在西藏的建设工程代付款纠纷，分包单位的实际控制人恶意指示多名机械租赁商信访、围堵项目部要求代付机械租赁费用，而当地政府基于维稳的需要也多番要求总包单位代付，否则将没收保证金、拉入黑名单，当时态势十分紧张。笔者在了解情况后，全程指导了代付流程，先要求信访人员提交相关的租赁合同和结算凭证，核实债务的真实性；其次向分包单位发函通知，并抄送正在监督此事的政府部门；在代付前，坚持要求分包单位签署《委托代付协议书》，列明代付债务的细目，同时要求收款人签署《承诺书》，才进行代付，顺利解决此次危机。

笔者结合协助代付经验和诉讼经验，归纳出如下建议：

1. 合同完善

在起草和签署建设工程施工合同时，可以从保障总包单位权利的角度，对代付程序进行约定，或在结算程序中包含对代付金额的对账。例如约定总包单位有权在通知后先行代付，再向分包单位追偿，且分包单位需承担代付发生的公证费等费用。避免约定代付需经过分包单位的确认，否则分包单位极易以此为由拒绝承认代付款，恶意逃避债务。

对于税费、资料编纂费、代供材料款、检测费、鉴定费、专家论证费等大概率会发生的代付费用，在建设工程施工合同中也可事先约定费用计算规则、承担方式。

2. 规范代付

（1）取得代付委托书或签署代付协议

最妥当的方式是代付前取得分包单位的代付授权，或签署代付协议，明确代付金额、收款账户。如外债人员向总包单位施压，总包单位可借助公安机关、政府部门或其他中间人的协助，要求分包单位出具授权。

（2）通知程序

如果不能取得分包单位的代付授权，又不得不代付，则按照债权转让和第三人代为清偿的规定，要履行通知义务：催告通知，要求分包单位尽快支付外债，否则总包单位有权先予代付再向其追偿；代付前通知，总包单位与外债人员可共同通知分包单位即将进行代付（即债权转让通知），详列债务金额并要求在异议期内核对；代付后，通知分包单位返还或在工程款中予以抵扣。

（3）审查债务，固定证据

由于外债发生在分包单位与外债人员之间，总包单位作为合同相对人以外的第三人，实际上很难了解到债务的真实情况，因此一定要严格审查债务。

总包单位应要求外债人员提供合同、借条、赊账单、对账单、催告通知、发票、发货单、入库单、出勤记录、施工记录、结算记录等能够证明债务真实有效的证据。可要求外债人员书面函告分包单位清偿债务，以固定分包单位拒绝返还的证据。审查债务是否还在诉讼时效内，保留诉讼时效的证据，规避超过诉讼时效的法律风险。代付后，要求外债人员签署《收据》和《承诺书》，声明债务真实性。

收集以上材料时，应按照民事诉讼的证据认定标准进行审查，证明债务发生的真实性，锁定债务金额，债务发生在分包单位的工程范围内，债务人确是分包单位。在代付后，以上资料的原件应当由总包单位保管，分包单位应在资料交接清单上签字确认。

（4）委托公证，或在政府部门、公安机关的监督下进行代付

如果外债人员较多，债务涉及面广，或主要是农民工群体讨薪时，可以委托公证处，或在政府部门、公安机关的监督下进行代付，以免发生混乱，且在后续诉讼中能够增强证据的证明力。

如发生分包单位中途退场且拒不配合交接工作，为了对分包单位的已完工程和未完工程进行证据固定，避免难以证明第三方代为施工所发生的债务难以追偿，可以委托公证处对分包单位施工现场进行公证。那么再委托第三方进场施工时，就能够区分前后二者的施工范围了。

（5）农民工工资专款监督

过往的建设工程更加容易出现拖欠农民工工资的情况，在2020年5月1日实施的《保障农民工工资支付条例》明确规定施工总承包单位应当按照有关规定开设农民工工资专用账户，专项用于支付该工程建设项目农民工工资。通过银行设立的农民工工资专户，代付农民工工资的风险降低，但总包单位依然要做好证据固定工作：审查农民工是否属于该分包单位的施工范围，进场时间和离场时间等。

（6）及时对账

代付后，可以通过工程进度款结算程序和终期结算程序，或通过日常对账

程序，及时与分包单位对代付款项进行对账，尽可能取得分包单位的确认。

3. 诉讼阶段

一旦进入诉讼阶段，收集证据和采取补救措施十分必要。由于施工资料杂乱，仅仅要求施工管理人员收集证据，可能会有所遗漏。因此，要向施工现场的各级负责人深入了解当时的代付背景和代付流程，从个中细节了解可能有哪些证据可以证明代付事实，指导施工管理人员收集证据。

如果证据不足，可采取补救措施，进行证据补强，例如请外债人员出庭作证、出具情况说明等。但补救毕竟可能为时已晚，只有在前期重视证据保全工作，才能真正降低法律风险。

三、结语

从以上实务经验和司法案例分析来看，代付外债时容易，向分包单位追偿时则有诸多困难。外债人员施加压力再大，总包单位也不能为解一时之困，而忽视了法律风险防范工作。重视建设工程的每一个环节，把法律风险防范意识贯彻全程，由专业的律师介入风控工作，可有效避免经济损失，为建设工程保驾护航。

本文作者系北京德和衡（广州）律师事务所争议解决业务中心专职律师

房地产不良资产项目投资技能与处置方法

潘希敏　高睿明

2021年4月16日，中国东方资产管理股份有限公司发布《中国金融不良资产市场调查报告（2021）》，报告显示，受新冠肺炎疫情和外部环境的不确定性影响，我国经济恢复性增长仍然面临挑战，金融体系风险总体可控，存量风险尚未完全暴露。2021年商业银行仍将承受不良贷款规模增加、不良率上升和处置难度加大的压力。

具体到行业，与2020年调查结果相比，2021年制造业贷款风险的集中度已经从行业之首下降至第二位，而房地产业的新增贷款集中度上升为首位，这主要与房地产业的存量贷款余额占比高及未来增长空间不足有关。

在此背景下，房地产不良资产项目的投资机会有望进一步增加，本文拟通过本所律师参与此类项目的经验，对此类项目的投资与处置进行探讨。

一、什么是房地产不良资产项目？

"不良资产"这一概念最早源于银行的不良贷款，后随着金融市场的发展，不良资产的概念也逐步发生变化。为方便讨论，本文暂以银行的不良资产为例。

银行的不良资产，也称为不良债权，其中最主要是不良贷款，是指借款人不能按期、按量归还本息的贷款。1998年以前，我国按照"一逾两呆"划分不良贷款，即逾期贷款、呆滞贷款、呆账贷款。1998年以后，我国引进西方的风控机制，将资产分为"正常""关注""次级""可疑""损失"五级，其中将"正常""关注"归为银行的存量资产，将"次级""可疑""损失"归为银行的不良资产。银行的不良资产依法可以进行剥离或转让。

从不同的维度，可以将不良资产作不同分类。不同的类别，对应投资策略和处置方法也有所不同。从资产内是否包含抵/质押物看，可分为实物类不良资产、股权类不良资产和债权类不良资产三类。其中，实物类不良资产中，最常见的抵押物便是房地产。房地产包含土地、房产、商业体、在建工程等。

以房地产进行抵押的债权，由于各种原因导致逾期或无法偿还，或房地产项目处于债权债务纠纷中无法推进，从而形成不良资产，便是本文讨论的房地产不良资产项目。

二、房地产不良资产项目的投资价值

房地产不良资产项目的形成原因多种多样，如违规违建超建、市场定位不准、项目销售周期变长、政策影响等。但项目成为不良资产，并不意味着没有价值。良性资产可能沦为不良资产，不良资产经过处理亦可能变成良性资产。陷入困境的项目，往往也在寻求各种途径自救，而这便是投资此类项目的机会。

由于项目处于困境，需要外界因素介入和帮助，因此不得不在某些方面作出让步，以吸引外界资金或其他。这个让步很大程度是价格的让步，或是将来的利润的让步，因此投资此类项目，往往能以相对较低的价格参与进去。

此外，对于意在获得房地产项目本身的投资者而言，项目处于困境时，一般处于建造后期或已建造完成，此时入局，或可省却前期拿地、获批、建造等一系列工作，并且同时存在价格优势，因此通过收购不良资产，从而参与房地产项目本身，也不失为投资者的其中一个选择。

三、房地产不良资产项目的投资流程

房地产不良资产项目从投资初始到退出，大致流程如下：

（一）获取项目信息

获取项目信息的途径非常广泛，可以从债权人、债务人、中介机构、银行、资产公司、法院等途径获得，也可以从各类报纸或网站中获得，可靠信息的来源因人而异。

（二）项目筛选

获取项目信息后，需对项目进行筛选。对项目的筛选，综合考虑投资目的、投资价值以及投资者在项目中能发挥的作用等因素，可从以下三个考量要素来筛选投资项目：物（项目是否具有投资价值）、人（是否配备解决项目困境的人才）、钱（资金是否到位）。

（三）尽职调查

尽职调查在项目投资中有着举足轻重的作用，投资者是否能够准确、全面地了解目标项目，对目标项目的判断是否准确，依赖的基础数据和信息便是尽职调查。一般而言，投资者会聘请律师事务所、会计师事务所、评估公司等中介机构对目标项目进行尽职调查，由中介机构出具尽职调查报告。

（四）收购债权

收购债权可从以下两个方面入手：（1）收购不良债权资产包；（2）收购单一债权和困境房地产项目。

银行将不同债权资产打包整体转让，形成不良债权资产包。通过收购不良债权资产包，可一次性获得多个项目的债权，投资者可根据自己的人力物力决定收购的资产包的大小。而有房地产背景的投资者，一般更青睐于单一债权和困境房地产项目，因为其目标往往在于拿到资产，获得后端的资产盘活增值收益。

（五）商定交易结构

收购债权后，如何在项目中获取收益，需与债务人或其他债权人进行协商。交易结构协商与债权收购有时候是同时的，尤其在收购单一债权或困境房地产项目时，收购债权时便需与债务人或其他各方协商好交易结构，如何交易，如何在项目中解困，如何在项目中获益，这些因素反过来也直接与收购价格关联，因而需在债权收购时商定好。

（六）项目退出

项目退出一般有两种形式：（1）钱——赚取债权利润；（2）物——获得房地产。对于侧重不良债权资产投资的投资者而言，快速切入，快速提升债权价值后变现，赚取债权利润是其目标。对于侧重获取房地产的投资者而言，通过收购债权获取房地产项目，解决项目遇到的困境，盘活资产，赚取资产盘活增值收益。

四、投资房地产不良资产项目应掌握的技能

房地产不良资产项目的投资和处置需要综合、跨界的能力，需要在杂乱的信息中发现价值的能力，锁定目标项目后，需要各方面的问题发现和处理能力，总之，单一层面的知识和能力往往难以处理此类项目所涉及的问题。具体而言，参与房地产不良资产项目，大致需要掌握法律+金融+房地产三个维度的技能。

（一）法律维度

房地产不良资产项目，从名称可知，并非正常运转的良性资产项目，此类项目基本上都涉及很多复杂的法律问题，如何理解和解决所涉法律问题，对于投资和处置都至关重要。在投资环节，收购债权时，对债权的有效性、抵押的合法性、诉讼的风险与程序、项目所涉法律问题解决的难易程度等，投资者须有准确判断。在处置环节，对于诉讼的程序，从基层法院到高级法院，从立案到执行，以及破产重整、破产清算等程序的流程和相关规定，每个环节所需的时间、可能面临的问题等，均对项目处置产生重要影响，投资者亦须有准确判断。

（二）金融维度

此类项目动用资金一般比较大，除部分人会以自有资金投入此类项目外，亦有不少人会以配资的形式参与。因此参与此类项目，往往还要求投资人具

有融资的能力。而融资则要求投资者需要对使用资金的成本、时间有准确判断的能力。所使用的资金可以承受多长时间的拖延，能够动用多少资金作为风险储备等，均关系到项目最终的盈利，这些因素都在考验着投资者金融领域方面的技能。

（三）房地产维度

在不良资产这个行业里，前期做得比较好的人都是律师背景出身，因为律师能打官司，熟悉诉讼流程，能够解决比较复杂的法律问题。但是，在房地产不良资产项目中，因房地产项目不仅限于房产，还涉及商业体、在建工程、其他房地产项目等，因此，涉及项目是否具备相关资质、是否存在质量瑕疵、是否具有发展潜力，盘活或重整的难易程度等问题，单凭法律层面的技能不足以辨别，还需具备房地产专业背景方可准确判断。

五、房地产不良资产项目的处置方法

前文已述，房地产不良资产项目的退出方式大致分为两种：（1）钱——赚取债权利润；（2）物——获得房地产。因此，根据投资侧重目的的不同，侧重的处置方式亦有所不同。

（一）侧重通过不良资产项目赚取投资利润的投资者常见的处置方法

1. 处置抵押物

一般而言，由于所持有的债权对案涉房地产项目享有抵押权，即具有优先受偿权，如能够通过司法拍卖的方式对抵押物进行公开拍卖处置，则可以此实现债权。但是，处于困境中的房地产项目，往往由于各种问题，如产权不清晰、评估价格较高等，直接处置抵押物可能存在各种障碍和困难。

2. 债权转让

由于此类投资者收购债权的目的非取得房地产项目本身，因此只要所收购的债权通过处理得以增值，便可选择将债权转让，以获取利润。处于困境中的房地产不良资产项目，由于多种原因导致成为不良资产，只要债权持有者能够解决项目中的一个或几个难题，如帮助债务人度过暂时性的资金困境、帮助项目完善某方面审批手续等，便可能使得项目本身增值，进而使持有项目的债权增值，增值后以债权转让的形式获得利润。

（二）侧重通过不良资产项目获得房地产的投资者常见的处置方法

1. 以物抵债

由于房地产本身的价值一般较高，如债权人发现债务人确已无能力偿还债务，债权人可以考虑通过以物抵债的形式取得该房地产项目的物权，以此实现债权。但是，此种方式要求债权人本身具有操盘、运营目标项目的能力，可以通过改建、联合开发或其他方式提升房地产项目本身的价值。

2. 债转股

如果债务人公司本身具备发展潜力，具备经营前景，债权人也可通过债转股的方式持有债务人公司的股权，并获得该公司的经营、管理、决策等权利，通过持股的方式获得项目资产。如果投资者另有借壳上市、获得特殊牌照、绕开准入门槛等特殊目的，该种投资方式不失为一种较好的选择。

3. 盘活重整

对于本身尚属优质的房地产项目，由于债务人的原因，而非房地产项目本身的原因，如债务人暂时性资金短缺所引发的不良项目，可以考虑通过引进新的资金方、引入专业的管理团队等方式盘活重整以实现债权。

4. 破产重整

破产重整是企业破产法新引入的一项制度，是指专门针对可能或已经具备破产原因但又有维持价值和再生希望的企业，经由各方利害关系人的申请，在法院的主持和利害关系人的参与下，进行业务上的重组和债务调整，以帮助债务人摆脱财务困境、恢复营业能力的法律制度。但是，该种方式过程情况复杂多变，对投资人的要求较高，对债务人而言，找到优质投资人往往可遇不可求。

以上为房地产不良资产项目的投资和处置概述，实践中参与此类项目所遇到的问题和需解决的问题比本文所述更为复杂，本文仅供初步参考和讨论。

本文作者潘希敏系北京德和衡（广州）律师事务所基金、信托与资管业务中心总监
高睿明系北京德和衡（广州）律师事务所房地建工业务中心专职律师

分红（虚拟股权）激励的利弊分析及法律风险应对

李会华

摘 要

　　相当多的企业在经营过程中，期望做好员工（尤其是核心管理人员）的激励，是选股权激励、分红（虚拟股权）还是其他呢？实践中，许多企业选择了相对简单易操作的分红（虚拟股权），有的获得了长足的发展，有的却在其中出现了问题。分红（虚拟股权）的优势显而易见，如直接激励、无须变更股权或设置新的持股平台等，但其也存在不足，如激励对象的短期行为等。企业在设计和实施分红（虚拟股权）激励时，应注意相关问题，包括激励周期加长、明确相关定义、争议解决机制、及时修订等。

　　关键词：分红（虚拟股权）　优势　不足　界定

一、引言

在股权激励大行其道的今天，有一些企业家并不以为一定要进行股权激励，他们认为：企业如果不准备上市，无须股权激励，分红（虚拟股权）就足够起到激励作用了。笔者认同此种观点。遇有客户咨询关于实施股权激励需要注意哪些事项以避免出现可能的法律风险时，笔者亦通常会问是否准备上市。如果不准备上市，其实分红（虚拟股权）也能达到相当好的激励作用。

多年前，笔者在企业工作时，所在企业就曾对包括笔者在内的核心管理人员进行了多年的分红（虚拟股权）激励。其后，在笔者进入律师行业后，有一些企业/企业家、高管曾专门就股权激励、分红（虚拟股权）、奖金（提成）等实施中的法律风险咨询过笔者；在笔者代理的数百起仲裁诉讼案件中，亦有很多涉及股权激励、分红（虚拟股权）、奖金（提成）等。根据笔者过往的经历和经验，现就分红（虚拟股权）的利弊及法律风险作一些简要的分析总结，期望对企业在进行分红（虚拟股权）激励操作时有所帮助。

二、分红（虚拟股权）在激励方面的五个优势

笔者以为，分红（虚拟股权）在对企业员工进行激励方面的优势主要有以下五个：

（1）员工（激励对象）可以直接共享企业的成果（红利），因此，员工（激励对象）更愿意努力工作。这达到了分红（虚拟股权）的核心作用——激励员工。通常分红（虚拟股权）设置的条件比较直观，容易理解，易于激励员工。

（2）因不会出现股权变更等情况，企业也更乐于用此种方式。如进行股权变更，涉及未来退出等繁杂的制度安排与设计，这对于企业与员工来讲，都需要投入大量的时间精力来进行谈判，且还可能因此造成双方的裂痕。

（3）因（一般）无须员工投入，且退出基本没有限制，大部分员工乐于接受此种方式。企业在激励时如需要员工投入较多后才有激励，往往会让其中

部分员工纠结困惑，造成部分人员不稳定甚至离职；如果员工不用投入，则只是做加法，团队的稳定性更好。

（4）大部分员工（即使是核心管理人员），未必有坚定地与企业一起前行多年的想法，因此更乐于收取眼前确定的利益，而非像股权激励那样等待期长且不确定未来之收益。

（5）分红（虚拟股权）在操作上比股权激励更为简单明了，易于实施，对于企业或员工，均降低了相关成本。分红（虚拟股权）只需要内部约定即可，无须经过外部的注册或公示（如果激励对象转为股东则需要到市场监督管理部门作变更登记，同时也要对外公示），无须另行设立一家持股平台企业（有的企业会另设一家合伙企业来持股），这对于企业来说减少了相关的管理成本。同样，员工亦只需按双方约定计算自己应得之利益就可以了。

因此，分红（虚拟股权）激励适宜在大多数企业里实施。

三、分红（虚拟股权）在激励方面的三个不足

同时，以笔者之亲历及咨询、诉讼等获得的经验教训，笔者以为分红（虚拟股权）在激励方面的不足主要有以下三个：

（1）对于想从企业成长中获取更多利益（不仅是金钱）的员工来讲，可能不足以满足其预期。尤其是最核心的管理人员，因其掌握的资源丰富、能力强悍等，可选择的机会较多，其可能会对企业有更多激励的期望。分红（虚拟股权）或不足以吸引或留住这些人才，企业还是需要用股权等措施来激励。

（2）分红（虚拟股权）如果以年度为单位设计，可能会导致激励对象们更多采取以年为单位的短期行为，而不顾企业未来3~5年或更长远的发展或规划，部分工作不连续或不可持续。比如，可能为获得当年之分红（虚拟股权）收益而大幅度减少培训费用的支出或研发费用的投入，或在营销方面涸泽而渔，或为了提高收益进行裁员，或连续几年不给员工适度加薪等。

（3）因分红（虚拟股权）通常是内部约定，如何约定并不容易，且在遇到新的或特殊情况，此前的约定出现空白或不明，又没有争议解决机制时，可

能会出现高管人员大量流失的情况从而导致更为严重的后果，包括出现劳动争议等。有企业经历此类事件，导致近半数中高层管理人员在一年内先后离职，企业从此逐渐走下坡路。

四、设计和实施分红（虚拟股权）激励应明确界定五个方面

基于以上分析及笔者所遇到的相关案例，笔者以为在设计和实施分红（虚拟股权）激励时，企业应注意做好以下五个方面的工作，明晰相关内容，避免出现企业与员工之间发生纠纷的风险。

（1）不应仅以一年为单位来简单制定某一年度的激励方案，避免出现高管为获取当年的红利而减少必要的投入或支出。建议在激励方面叠加上更长周期的激励，比如上一年度的红利分两年或三年发放；在激励方面，增加持续增长的因素。

（2）较多案件显示，争议大多集中在对"红利"的定义不清晰，因此，对"红利"应作清晰明确的书面界定，不能含糊不清，且每年宜根据此前的经验作出进一步修订，并建议请企业的法律顾问给必要之书面建议。

（3）发放分红（虚拟股权）的程序、时限等应明确清晰。有案例显示，因企业没有设计好发放分红（虚拟股权）的程序，在劳动争议案件中，企业和员工各执一词，结果把是否应发放此分红（虚拟股权）的决定权留给了裁判人员。想来这不是企业最初设计此方案的初衷。

（4）通常一个方案无法全部预测未来之情况，比如，如果出现分红（虚拟股权）方案中未预料的情形时，如何解决？谁有决策权或决定权？因此，应留一个争议解决机制，这一点特别重要，如果有这一点，很多争议将可以化解。出现争议后不能搁置，如果搁置这些争议，将可能导致企业内部的运转出现问题，甚至是大问题。笔者遇到过因争议长期未决导致管理团队出现剧变而严重影响到企业经营的案例。

（5）对激励方案及时修订。对于发现的问题或重新达成一致的内容，要及时补充进原来的方案。这一点应作为必备内容写入方案之中。当然，所有的

激励方案都应送达相关人员，尤其是后续修订的版本。笔者在过往办案中遇到劳资双方对究竟应用哪个方案出现争议并最终进入了仲裁诉讼程序，这显然于双方都不利。

总之，企业在设计分红（虚拟股权）方案时，应尽量听取各方意见并借助专业人员的建议，充分考虑未来的诸多可能性，避免出现明显的、较大的漏洞而导致"好心没有好报"；在实施过程中，要遵守约定，在出现异常情况时及时运用解决机制化解问题，适时修补方案，最终达到分红（虚拟股权）激励的目的和效果。

五、后记

笔者个人以为，在激励方面，无论是股权激励，还是分红（虚拟股权），抑或是提成等，任何一种激励方式均不能解决企业所有员工的激励问题。不同的人在不同阶段有不同需求，企业需要在制定激励方案时有针对性地运用不同的激励方案来激励，并需要不断调整与优化。如此，企业才能拥有更为和谐的劳动关系，才能有更高的劳动生产效率。

本文作者系北京德和衡（广州）律师事务所公司业务中心专职律师

应收账款质押的法律风险及应对措施

潘汉梓

2022年2月1日，中国人民银行发布的《动产和权利担保统一登记办法》（以下简称《办法》）正式施行。根据《办法》第三条，所谓应收账款，是指应收账款债权人因提供一定的货物、服务或设施而获得的要求应收账款债务人付款的权利以及依法享有的其他付款请求权。而从已失效的《应收账款质押登记办法》中可知，所谓应收账款质押，是指应收账款出质，具体是指为担保债务的履行，债务人或者第三人将其合法拥有的应收账款出质给债权人，债务人不履行到期债务或者发生当事人约定的实现质权的情形，债权人有权就该应收账款及其收益优先受偿。

应收账款质押是目前盘活资金的一种方式，其在商事活动中得到了广泛的应用。本文主要从应收账款质押风险角度进行探析。

本文法律关系主体涉及质权人（即债权人）、出质人（即债务人，应收账款债权人）、次债务人（即应收账款债务人）。

一、办理应收账款质押应注意防范的法律风险及应对措施

应收账款质押的法律关系较为复杂，实际操作中存在较多不确定因素，导致质权人存在无法实现质权的风险，此时风险的防范与规避是质权人在办理应收账款质押时应予关注的重点。

（一）出质人虚构应收账款用作质押，导致质权人无法实现质权的风险

《最高人民法院关于适用〈中华人民共和国民法典〉有关担保制度的解释》（以下简称《担保解释》）第六十一条规定："质权人不能举证证明办理出质登记时应收账款真实存在，仅以已经办理出质登记为由，请求就应收账款优先受偿的，人民法院不予支持。"

在（2021）津民终8号《民事判决书》中，天津市高级人民法院也认为："判断案涉质权是否设立的实质性要件，还要对应收账款是否真实存在进行审查，而质权人大唐租赁根据司法解释的规定应当就办理出质登记时应收账款真实存在承担举证责任。根据一审法院查明的事实，在案涉《应收账款质押合同》项下的两份基础商务合同的债务人金风科技公司［笔者注：金风科技公司为次债务人（即应收账款债务人）］否认应收账款真实性的情况下，大唐租赁未能对于案涉应收账款办理出质登记时真实存在尽到相应的举证证明责任。"

因此，质权人不应过度依赖中国人民银行征信中心（以下简称"征信中心"）的登记审查，质权登记只是审查其形式要件，对于应收账款是否实质存在，征信中心不予审查。

对于上述风险的规避方式，质权人可以根据《担保解释》第六十一条"以现有的应收账款出质，应收账款债务人向质权人确认应收账款的真实性后，又以应收账款不存在或者已经消灭为由主张不承担责任的，人民法院不予支持"之规定，尽量取得次债务人对应收账款真实性的确认，如质权人可以要求次债务人就出质人质押的应收账款出具确认性质的"确认函"，即由次债务人确认出质人应收账款存在的真实性。

（二）次债务人绕过质权人直接向出质人清偿的风险

虽然当前法律规定中未要求应收账款质权设立，质权人需要通知次债务人，但司法实践中，即便出质人与质权人办理了质押登记手续，仍不能对次债务人进行有效的制约，若此时次债务人对此应收账款质押不知情，则存在应收账款仍向出质人清偿的风险。

在（2019）皖02民终2509号《民事判决书》中，安徽省芜湖市中级人民法院认为："债权质押要参照适用债权让与的规则，应收账款质押未通知债务人的，债务人不受该质押行为的约束……一审认定芜湖工行无证据证明其在质权设立后向太平洋公司履行了通知义务，案涉应收账款质押对太平洋公司不产生法律上的拘束力，并无不当。"可见，质权人在办理质押登记后，若未采取合理方式通知次债务人，将产生质权落空的重大法律风险。

对此，比较妥当的方式是由出质人以及质权人分别致函次债务人，告知债权质押的事实、此后应收账款直接汇入质权人指定的监管账户等事项。

二、妥当办理应收账款质押的方式

（一）签订应收账款质押合同

《民法典》第四百二十七条规定，设立质权，当事人应当采用书面形式订立质押合同，应收账款质押也不例外。质押合同内容一般包括被担保债权的种类和数额，债务人履行债务的期限，质押财产的名称、数额，质押财产交付的时间、方式，担保的范围等。

（二）质权人、出质人和次债务人签订三方协议，明确出质人和次债务人的资金支付

质押合同签订的同时，质权人应当与出质人、次债务人签订三方协议：明确出质人已将其全部应收账款质押给质权人，次债务人承诺按其与出质人合同约定时间将应付账款汇入质权人指定的监管账户。若次债务人无法或不愿签署三方协议，出质人及质权人亦应当向次债务人书面通知应收账款已经出质的事实。

（三）妥善办理质押登记

质权人与出质人签订质押合同后，应由质权人通过征信中心的登记公示系统办理应收账款质押登记，登记的内容应当包括质权人和出质人的基本信息、应收账款的描述、登记期限等，确保应收账款质权成立。

三、结语

应收账款质押法律关系较为复杂，涉及法律问题众多，本文并不能一一述及，文章中不足之处欢迎读者们予以指正。

本文作者系北京德和衡（广州）律师事务所银行、保险与融资业务中心专职律师

如何要回一手房定金

——律师手把手教你五个实操技巧

钟玉婷

一、前言

对生活在现代城市的国人来说，买房几乎可以说是人生的必经之路，而买房时，你会面临两个选择，一是买一手房，二是买二手房。买一手房是最简单方便的，因为基本上所有的问题开发商都会帮你解决好，或者说你没有选择或者协商的机会。

但是笔者在多年执业过程中，发现一手房买卖中，最容易出现的法律问题是定金。众所周知，开发商通常比较强势，特别是地段好的房子，你爱买不买，你不买大把人买。所以，当你看了售楼广告，蠢蠢欲动去了售楼处，看完样板房，心里美滋滋的，这不就是我梦想中的房子吗？然后被售楼小姐的美妙语言一打动，拍拍手，就签了所谓的认购书或预售合同、订购合同等，并直接缴纳了定金。

回家冷静下来，想一想"梦想中的房子"，然后查看资料，仔细看看售楼处的广告，再次实地考察，你可能会发现很多事实跟你那天想象的或者跟售楼小姐说的不相符，再看看当初签订的认购书，发现认购书明确约定，你是不能要求解除认购书，并要回定金的。那是不是像认购书所述，一概不能退还定金呢？

答案是否定的，但是必须符合一定的条件。

二、法律解读

《最高人民法院关于审理商品房买卖合同纠纷案件适用法律若干问题的解释（2020年修正）》第四条："出卖人通过认购、订购、预订等方式向买受人收受定金作为订立商品房买卖合同担保的，如果因当事人一方原因未能订立商品房买卖合同，应当按照法律关于定金的规定处理；因不可归责于当事人双方的事由，导致商品房买卖合同未能订立的，出卖人应当将定金返还买受人。"由此规定可知，开发商应当将定金返还给你的条件是因不可归责于当事人双方的事由。那什么是不可归责于当事人双方的事由呢？要让法院认定该事由该怎么做呢？这确实需要一定的实操技巧。

三、重点实操技巧

（一）保持冷静

不要马上跟售楼小姐说"我不想要了，把定金退还给我"，而是要冷静想清楚，回想当初售楼小姐让你交钱时是怎么说的，然后看售楼广告的约定，实地考察并具体查看房子是否符合当初签署认购书时的承诺。

（二）及时取证

首先需要对上述考察的情况取证，然后在签订正式买卖合同之前，在微信上跟售楼小姐陈述当初的承诺是如何的，现在你了解的情况是如何的，售楼小姐现在的答复是如何的。

（三）准时到达售楼处协商签订正式买卖合同的具体内容

一定要准时准点按照认购书约定的时间到售楼处去准备签署买卖合同，这是最重要的，千万不要违约，因为认购书中约定买方的一个重要义务是按时签署买卖合同。由于签署买卖合同之前，你已经了解到相关的事实跟签署认购书时是不一致的，所以签署买卖合同当天，必须当面具体了解清楚，并将你所认为影响你购买房子的情形都谈清楚。比如首付款支付的问题，按揭贷款支付的问题，交楼时间的问题，交楼标准的问题，迟延交楼的问题，办理产权证的问题，违约责任的问题，是否有地铁站的问题，是否有学位的问题，等等。最重要的一点是取证，协商的过程要取证，以及记得拍照，留存好准备签订的买卖合同版本、叫号纸等。

（四）确认双方一直对协商的内容无法达成一致意见

如果你现在了解的情况确实跟你签署认购书时约定不一致，或者是现在提出的问题开发商在经过几天之后都无法解决，你才有权利要求解除认购书，退还定金。

（五）发送解除认购书通知书

最后一步是，在多次协商后仍未解决的情况下，那么就只能发送解除认购书通知书或者直接请律师发送解除认购书律师函，然后协商退还定金，实在无法退还，再准备起诉。在你已经做足了前面的一系列工作后，法院才会认定为不可归责于双方的事由，法官才有可能判决开发商将定金退还给你。

四、结语

法律是有生命力的，并非单纯的工具，所以，本实操技巧是建立在信息不对称的一手房买卖交易中，以及笔者在经办多起类似的成功案例中总结出来的，也是为了告诉开发商不要一味强调业绩，要在交易前披露相关事实，在信息对称的情况下，让每个人都能够买到一个"梦想中的家"。

本文作者系北京德和衡（广州）律师事务所争议解决业务中心专职律师

德法微言
——社会热点的法律解读（2021）

原配"手撕"小三时不可不知的三种武器

钟玉婷

一、前言

出轨、小三，这好像婚姻生活中的一个魔咒，有时会出其不意出现在你自认为"平静"的婚姻生活之中。生活本不易，特别是当你被出轨、被小三后，更会气愤、绝望，甚至不想去面对，也可能会自此颠覆了你以往的所有认知，也可能会觉得这很正常，男人嘛，天性。但是既然选择了婚姻，就选择了忠诚和责任，丈夫和小三才是错误的责任承担主体。所以，当你缓过神来，你可能会发现，你不但在精神上受到了猛烈撞击，在经济上也是连连损失。当你想拿起法律武器追回老公在她身上花的每一分钱的时候，至少说明你已经缓过来了。

二、成功案例

之前有个朋友找到笔者，称丈夫出轨，且在跟小三存在不正当关系期间转了很多款项给小三，这个小三还生了一个小孩。笔者代理原配，起诉小三要求返还丈夫在小三身上花的每一笔钱。由于小三跟丈夫生了个小孩，对方的答辩理由是男方转账的款项都是用来支付保育费以及抚养费的。为此，笔者要求其丈夫一定要作为证人出庭作证，把一些大额的款项固定下来，明确说明当时转账的用途，并将小额的转账做些取舍。

案件一波三折，但最终胜诉了，一审二审判决均认为，夫妻在婚姻关系存续期间所取得的财产，除法定应当归夫妻一方的情形外，原则上均属于夫妻共同财产，夫妻对其共同财产有平等的处理权。本案原告与其丈夫在婚姻关系存续期间对夫妻共有财产无特别约定，故应认定实行夫妻共同所有制。夫妻双方对共有财产均享有所有权，当共有财产权受到侵害时，夫妻一方有权请求返还。原告丈夫在婚姻关系存续期间与被告发生不正当关系，并将其与原告的夫妻共同财产赠与被告的行为，擅自处分了夫妻共有财产，侵害了原告对该共有财产的合法权利，违反公序良俗原则，应当予以返还。

另，根据《民法典》第一千零六十条规定："夫妻一方因家庭日常生活需要而实施的民事法律行为，对夫妻双方发生效力，但是夫妻一方与相对人另有约定的除外。夫妻之间对一方可以实施的民事法律行为范围的限制，不得对抗善意相对人。"第一百五十三条规定："违背公序良俗的民事法律行为无效。"第一百五十四条规定："行为人与相对人恶意串通，损害他人合法权益的民事法律行为无效。"据此，原配都是有权利向小三主张返还丈夫在出轨期间转给小三的款项。

而笔者代理的前述案件的复杂点在于，这些转账当中有些可能会涉及支付保育费以及抚养费的问题，因此，一定要谨慎理清转账的款项跟保育费以及抚养费是没有关系的，特别是大额的款项，并不符合日常生活所需，我方表示对于抚养费的事宜应当另案起诉，最终，法官认定了我方的观点。

因此，通过上述案例可知，原配追回丈夫转给小三的款项，需要符合两个条件：一是婚姻存续期间的财产实行的是夫妻共同所有制，二是丈夫转给小三的款项没有涉及抚养费、保育费及其他具体的合法费用。

为此，笔者从经办的这些成功案例中，针对原配向小三主张返还丈夫转的款项，总结了三个实操技巧，以供原配在被出轨，想通过法律途径"手撕"小三时，可以实际用上。

三、资深律师手把手教你三招实操技巧

（一）一定要让丈夫百分百跟你站在统一战线

这里的统一战线，不是单单同意就行了，而是要让丈夫完全认可起诉这回事，并配合出庭，因为这种案件要取得全面的胜利，法官肯定会要求询问男方

的意见或者让男方作为证人出庭。

（二）协助丈夫收集证据

如果老公跟小三不是闹翻离开的，而是被你发现而离开或者说他自己衡量利弊后离开的，多少还是有感情的，他自己肯定不会去起诉，也不会主张配合，所以，你一定要亲自上阵，帮他收集证据，包括转账记录和微信聊天记录。特别是你看到微信聊天记录时，一定要沉得住气，不过很多时候，你也看不到露骨的内容，丈夫肯定删了，所以，要想着先一致对外。因为把官司打赢了，至少能让小三知道，搞婚外情，首先是要付出代价的。

（三）通过法律途径追回

找靠谱律师起诉，谨慎分析你丈夫转给小三的款项会不会涉及抚养费、生活费或者有特殊意义的费用等。

四、温馨寄后语

相信律师，相信正义，相信不管发生什么，你都可以自己过好，因为只有自己活得漂亮，才是对小三、对出轨老公最有力的回击，也是对你自己最好的交代。因为你的快乐、你的生活其实都不是依赖对方供给的。虽然婚姻存续期间，在某种程度上，你会很抓狂，为什么他总是优先考虑自己，为什么受伤害的总是你？特别是有小孩的家庭，女方通常都会忙得不可开交，而男方通常在忙完工作后是有时间去打球的。这时候，你也会生气，但是你会发现生气是改变不了事实的，所以，这时候你要做的是，想办法让自己也有空去做瑜伽、旅行等愉悦身心的活动。

在这里，寄语每位为家庭认真负责的妈妈，你是这个社会最美的一道风景线，相信你可以在外狩猎，也可以守护家庭，更一样可以活出自我。

本文作者系北京德和衡（广州）律师事务所争议解决业务中心专职律师

办案手记

关于"暂予监外执行"那些事

廖儒杰

近期，一位当事人的亲属大中午火急火燎地找到笔者所在的团队，说他的妻子突然被法院和派出所的人带走了，家属到派出所了解情况时，派出所给了家属一份《逮捕通知书》，通知书上载明根据《中华人民共和国刑事诉讼法》第二百六十八条对当事人执行逮捕。

笔者接受家属委托后到看守所会见了当事人，了解到该当事人在2008年因诈骗罪被判处两年有期徒刑，由于当时处于怀孕期间，便对其暂予监外执行。该当事人在法院办理了相关手续后竟"若无其事"地过着"自由"的生活，未按照要求到指定矫正机构报到。结果检察机关在2021年政法系统倒查倒究整顿行动中发现了当事人的上述情况，后法院在当年2月通过电话多次联系该当事人，要求其前往配合调查，但该当事人自以为案件已经过去十多年且自己是监外执行的，这个事早就结束了，便不予理会。之后其对法院的电话均一一不接，甚至在7月收到法院的书面传唤传票后仍置之不理，导致法院后来认定其在暂予监外执行期间未遵守监外执行的相关规定，对其作收监执行处理并重新计算执行两年有期徒刑。

相信大家都听过保外就医，其实保外就医就是可以暂予监外执行的其中一种情况。究竟何为暂予监外执行，暂予监外执行是如何执行？下面，笔者就带大家了解一下"暂予监外执行"。

一、什么是暂予监外执行？什么情况可以暂予监外执行？

暂予监外执行，是指应当或者正在服刑（无期徒刑、有期徒刑或者拘役）

的罪犯，具备法定特殊情形，暂不收监或者暂时予以监外执行的制度。就是应当被关押的人，由于特殊原因（主要是身体原因）暂时不适宜在看守所或监狱服刑，暂时由居住地社区矫正机构来监督执行刑罚的一种执行办法。而对于被判处死刑的罪犯，由于已经被剥夺了生命自由，便不存在暂予监外执行的可能。

所谓法定情形，是指暂予监外执行必须至少具备《中华人民共和国刑事诉讼法》第二百六十五条规定的三种情形之一，否则不予监外执行。但并不是说一旦符合法律规定的特殊情形就一定能够获得暂予监外执行，该条法律规定用的是"可以"而不是必须或应当，即能否暂予监外执行还必须由相关机关结合对罪犯暂予监外执行的必要性、可行性，罪犯是否会自虐自残以及社会危险性等多方面因素综合考虑。对此，国家于2014年出台了《暂予监外执行规定》，该规定还后附了《保外就医严重疾病范围》，也就是说对可以保外就医的疾病范围是有明确规定的，不是任何疾病都可以保外就医。

【法律依据】

《中华人民共和国刑事诉讼法》：

第二百六十五条 对被判处有期徒刑或者拘役的罪犯，有下列情形之一的，可以暂予监外执行：

（一）有严重疾病需要保外就医的；

（二）怀孕或者正在哺乳自己婴儿的妇女；

（三）生活不能自理，适用暂予监外执行不致危害社会的。

对被判处无期徒刑的罪犯，有前款第二项规定情形的，可以暂予监外执行。

对适用保外就医可能有社会危险性的罪犯，或者自伤自残的罪犯，不得保外就医。

对罪犯确有严重疾病，必须保外就医的，由省级人民政府指定的医院诊断并开具证明文件。

在交付执行前，暂予监外执行由交付执行的人民法院决定；在交付执行后，暂予监外执行由监狱或者看守所提出书面意见，报省级以上监狱管理机关或者设区的市一级以上公安机关批准。

《中华人民共和国监狱法》：

第二十五条　对于被判处无期徒刑、有期徒刑在监内服刑的罪犯，符合刑事诉讼法规定的监外执行条件的，可以暂予监外执行。

《暂予监外执行规定》：

第五条　对被判处有期徒刑、拘役或者已经减为有期徒刑的罪犯，有下列情形之一，可以暂予监外执行：

（一）患有属于本规定所附《保外就医严重疾病范围》的严重疾病，需要保外就医的；

（二）怀孕或者正在哺乳自己婴儿的妇女；

（三）生活不能自理的。

对被判处无期徒刑的罪犯，有前款第二项规定情形的，可以暂予监外执行。

第六条　对需要保外就医或者属于生活不能自理，但适用暂予监外执行可能有社会危险性，或者自伤自残，或者不配合治疗的罪犯，不得暂予监外执行。

对职务犯罪、破坏金融管理秩序和金融诈骗犯罪、组织（领导、参加、包庇、纵容）黑社会性质组织犯罪的罪犯适用保外就医应当从严审批，对患有高血压、糖尿病、心脏病等严重疾病，但经诊断短期内没有生命危险的，不得暂予监外执行。

对在暂予监外执行期间因违法违规被收监执行或者因重新犯罪被判刑的罪犯，需要再次适用暂予监外执行的，应当从严审批。

二、暂予监外执行程序如何启动，谁负责审批？

一般情况而言，暂予监外执行程序由法院、监狱、看守所启动，当然，符合暂予监外执行要求的罪犯本人或者其亲属、监护人都可以向上述机关提出书面申请，参见前述《中华人民共和国刑事诉讼法》第二百六十五条的规定，交付执行前的罪犯提出的申请由法院负责审批，而交付执行后的罪犯提出的申请由其所在监狱或者看守所报送省级以上监狱管理机关或者设区的市一级以上公安机关批准。

【法律依据】

《中华人民共和国刑事诉讼法》：

第二百六十六条　监狱、看守所提出暂予监外执行的书面意见的，应当将书面意见的副本抄送人民检察院。人民检察院可以向决定或者批准机关提出书面意见。

《中华人民共和国监狱法》：

第二十六条　暂予监外执行，由监狱提出书面意见，报省、自治区、直辖市监狱管理机关批准。批准机关应当将批准的暂予监外执行决定通知公安机关和原判人民法院，并抄送人民检察院。

三、暂予监外执行期间能否折抵刑期?

在德国、日本等国，暂予监外执行只是一项推迟或中断执行的制度，是无法折抵刑期的。但在我国，对于已经服刑的罪犯暂予监外执行的刑期，暂予监外执行一日可以折抵刑期一日。而对于宣判之前取保候审，后人民法院决定暂予监外执行的罪犯，刑期从何时起算，国家法律目前暂时没有明文规定，但从能够公开查询到的暂予监外执行决定书来看，绝大部分决定书载明刑罚开始计算的日期一般都是以作出暂予监外执行决定书之日起算。

四、暂予监外执行的罪犯应遵守哪些规定?

暂予监外执行的罪犯，应当依法实行社区矫正，由社区矫正机构负责执行，社区矫正机构指司法局或司法所针对不同社区成立的机构。社区矫正对象在社区矫正期间除了应当遵守法律、行政法规，履行判决、裁定、暂予监外执行决定等法律文书确定的义务，遵守国务院司法行政部门关于报告、会客、外出、迁居、保外就医等监督管理规定，服从社区矫正机构的管理之外，原则上不得离开所居住的市、县或者迁居，否则应当提前报经社区矫正机构批准。对此，国家在2019年出台了《中华人民共和国社区矫正法》对社区矫正的相关事项进行了详细的规定，感兴趣的小伙伴可以自行去阅读。

五、哪些情况会被收监执行？

简而言之，若发现不符合暂予监外执行条件的、严重违反有关暂予监外执行监督管理规定的以及暂予监外执行的情形消失后，罪犯刑期未满的，罪犯将被收监继续执行，一旦收监执行决定作出会立即生效。

【法律依据】

《中华人民共和国刑事诉讼法》：

第二百六十八条　对暂予监外执行的罪犯，有下列情形之一的，应当及时收监：

（一）发现不符合暂予监外执行条件的；

（二）严重违反有关暂予监外执行监督管理规定的；

（三）暂予监外执行的情形消失后，罪犯刑期未满的。

《最高人民法院关于适用〈中华人民共和国刑事诉讼法〉的解释》：

第五百一十六条　人民法院收到社区矫正机构的收监执行建议书后，经审查，确认暂予监外执行的罪犯具有下列情形之一的，应当作出收监执行的决定：

（一）不符合暂予监外执行条件的；

（二）未经批准离开所居住的市、县，经警告拒不改正，或者拒不报告行踪，脱离监管的；

（三）因违反监督管理规定受到治安管理处罚，仍不改正的；

（四）受到执行机关两次警告，仍不改正的；

（五）保外就医期间不按规定提交病情复查情况，经警告拒不改正的；

（六）暂予监外执行的情形消失后，刑期未满的；

（七）保证人丧失保证条件或者因不履行义务被取消保证人资格，不能在规定期限内提出新的保证人的；

（八）违反法律、行政法规和监督管理规定，情节严重的其他情形。

具体到笔者经办的该案例，如果该当事人在当年监外执行期间能够遵守监外执行的相关规定，那么从其怀孕到哺乳期结束，再加上其系单亲母亲且其父母早故无法照顾小孩的特殊情况，其两年刑期完全可以监外执行完毕而无须收监执行。

暂予监外执行制度本是我国一项温情的刑事政策，是我国惩罚罪犯与改造罪犯相结合和人道主义的体现，但是在司法实践中，暂予监外执行暴露出诸多问题，例如虚管、漏管、脱管和失控等，甚至还可能出现罪犯重新犯罪的情况，也暴露了暂予监外执行工作中司法机关之间配合不到位、暂予监外执行的监管工作没有真正开展起来、检察机关的监督力度不足等弊端，最出名的莫过于云南孙小果案。因此，暂予监外执行制度虽体现了立法者重视、保障人权的良好初衷，但仍存在诸多缺陷，还需进一步完善。

本文作者系北京德和衡（广州）律师事务所刑事业务中心律师

女律师办理涉嫌强奸案的心得体会

邓抒岚

一、涉嫌强奸案辩护难度大的原因

涉嫌强奸案的辩护难度往往比较大，其原因是多方面的，包括但不限于：

一是本罪强调对女性性自主权的保护，有时会导致有罪推定。

二是案发环境一般都比较私密，通常只有嫌疑人和报案人，主要通过两者的陈述来进行案情还原，嫌疑人通常不知道自己的行为可能涉嫌犯罪，其供述有时对自己十分不利。

三是本罪犯罪构成包含"违背女性主观意愿"这一要素，该要素需要分析被害人心理，难度较大，要求较高，实践中常常发生侦办过程粗糙、对报案人的说法和心理不加仔细推敲就照单全收的情况。

四是嫌疑人的主观状态和报案人的主观意愿、外在表现相互影响、相互交织，难以区分。女性的内心活动和外在表现常常不一致，导致嫌疑人的错误认知。而通常侦办人员对嫌疑人主观状态的分析也不充分，考究不仔细。

五是强奸罪是侵犯公民人身权利的重罪，即使在证据尚不充分的情况下，嫌疑人也可能被拘留，并很快被逮捕，在当前"捕诉合一"的现状下，后续的辩护工作难度更大，不起诉率很低。

二、涉嫌强奸案犯罪嫌疑人被不起诉之案例解读

涉嫌强奸案能够不起诉往往是天时地利人和的结果。在此作者对一个涉嫌强奸案犯罪嫌疑人被不起诉的案例作简要分析，并分享一下办案心得体会。

（一）主要案情

一个月黑风高的夜晚，嫌疑人陈某与被害人刘某在宿舍楼梯间亲密接触。两天后刘某称被陈某强奸，陈某在接到警察电话通知后自行到派出所说明情况，后被刑事拘留。案发前半年左右，陈某和刘某由于工作关系而认识，二人加了微信，不时有聊天，关系比较暧昧，但仍不是男女朋友的关系。案发前，陈某曾经和刘某有过亲密接触，但刘某半推半就，两人未发生性关系。陈某委托律师时已经被逮捕，并且已经作了几次供述。

（二）侦查阶段

接受委托后，案件尚处于侦查阶段，辩护人马上会见了陈某，了解了几方面的情况：

（1）了解案情细节，主要关注是否有发生性关系，以及是否有违背女方意愿的情况；

（2）了解案情之外的背景，陈某和刘某的关系发展过程，案发前后两人的互动情况；

（3）陈某作了多少次供述，每次所说的内容是什么；

（4）是否有可能遗留了精液在事发现场或留在报案人身体，被害人是否受伤，有哪些知情的人，了解可能形成的各类证据；

（5）向陈某解释强奸罪的构成，分析案情，使其在接受讯问时能够准确表达自己的意思；

（6）了解陈某是否有自首等情节。

会见后，辩护人达到了以下工作目标：了解了案件的背景和案情细节，也能够推断出主要证据有DNA鉴定报告、嫌疑人和被害人的言辞证据、验伤报告等几类，更重要的是，陈某已经了解了法律相关规定，能够在接受讯问中进行有效沟通。

（三）第一次移送审查起诉

很快，本案就被移送审查起诉了。辩护人阅卷后，总结了以下几个要点：

（1）嫌疑人陈某作了几次供述，陈述内容基本一致，说当事双方确实发生了性关系，但坚持说自己不是强奸，因为女方是愿意的；

（2）被害人刘某的几次陈述中，每次都坚称自己不愿意发生性关系，但是陈述内容混乱，缺乏逻辑，自相矛盾；

（3）刘某的妇科验伤报告显示，刘某没有受伤；

（4）刘某阴道拭子、案发现场取样拭子的DNA鉴定报告没有附卷，原因是时间太紧，报告还没有出来；

（5）有很多细节能够反映被害人是愿意进行亲密接触的，包括一些体位、动作、语言、心理、行为模式等方面的细节。

综上，本案辩护工作有以下难点：

（1）陈某做无罪辩解；

（2）陈某供述自己和被害人发生了性关系，而且陈某的几次供述是稳定的；

（3）刘某的陈述和陈某的供述相互印证，表明两人发生了性关系，被害人的陈述虽然有矛盾和混乱之处，而且与陈某的说法也多有不同，但是双方一致的是，两人确实发生了性关系；

（4）此时DNA鉴定意见悬而未决，双方都陈述有射精。

本案的两个主要事实，一是有无发生性关系，二是是否违背了女方的主观意愿。目前的证据显示性关系确实有发生，此时如果做无罪辩解，只有说明女方主观意愿没有遭受违背，才能说陈某不构成犯罪。然而，主观意愿存在于被害人的内心之中，我们只能通过其外在表现来推断其心理。既然是推断，就难以求证，能够产生让犯罪事实存疑的效果就不错了。而且一般来说，被害人的陈述即使有一些瑕疵，也不会被认为是刻意说谎，因为被害人可以辩解说自己当时十分害怕，所以细节记不清楚。辩护人需要提出比较有力的证明，才能让被害人陈述的事实存疑，动摇侦办人员的自由心证。

经过分析和权衡，辩护人形成了主要的辩护策略：一是找出表明被害人主观意愿没有遭到违背的细节；二是指出关键的DNA鉴定意见未附卷，现有证据尚不充分。前者的目标主要是影响侦办人员对被害人意愿的自由心证，但是尚难以撼动整个证据体系，后者是强调证据还不充分的客观事实。

辩护人按照上述观点提交了不起诉法律意见书。随后，检察院将案件退回补充侦查，辩护工作实现了较好的效果。相信这一份法律意见书在被害人主观意愿方面对办案人员的自由心证产生了较大影响。

（四）第二次移送审查起诉

本案在补充侦查后再次移送审查起诉，DNA鉴定报告显示没有验出嫌疑人的DNA。与此同时，嫌疑人陈某供述表示，自己当时因为生理功能障碍，并没有与被害人发生性关系，之前是因为面子问题才说两人有发生性关系。在此前被害人主观意愿已存疑的基础上，鉴定意见、嫌疑人供述等关键证据都转为对陈某有利，整个证据体系已不完整。至此，辩护思路已经十分清晰，辩护人提交了建议对陈某作出不起诉决定的补充法律意见书。结合第一份法律意见书，辩护人的主要观点如下：

1. 嫌疑人与被害人发生性关系的证据不足，孤证不能定案

（1）补充侦查之后，只有被害人陈述反映嫌疑人与被害人实际发生了性关系，但其陈述矛盾、混乱，可信性较低；

（2）DNA鉴定报告结果显示未验出嫌疑人精子；

（3）嫌疑人陈某一开始供述自己与对方发生了性关系，补充侦查阶段之后则否认有发生性关系并作了相对合理的解释。

补充侦查之后，只有被害人陈述直接证明两人发生了性关系，无法形成有效证据链条，合理怀疑不能排除。

2.虽然被害人坚称自己是不愿意的，但是很多细节可以证明，其主观意愿并未遭到违背

（1）事前，被害人与嫌疑人原本就是暧昧关系，虽未发生性关系，但有过亲密接触；

（2）事发过程中，嫌疑人没有用强制、威胁等手段，被害人意识清醒，能呼救而没有呼救，从众多细节可以看出被害人并不排斥亲密接触；

（3）事后，被害人状态稳定，并与嫌疑人保持正常关系。

综上，嫌疑人陈某涉嫌强奸的事实不清，证据不足，检察院依法对其不予起诉。

三、办理涉嫌强奸案的体会

（一）对涉嫌强奸案的分析，需要考究个案的独特性，从案件细节寻找辩护突破口，善于像侦探一样思考，将细节的"马赛克"拼接起来，并对当事人的心理进行共情分析，帮助我们进行推理

1.注意调查案涉事件的背景，案发前后相关人员的关系和互动

比如在本案中，陈某和刘某是有一定的暧昧关系的，刘某向陈某隐瞒了自己有男朋友的事实，也没有告知男友自己和陈某的关系。事前两人有过两次单独相处和亲密接触。第一次，刘某自行到陈某的房间，陈某就意图和刘某发生关系，刘某拒绝了，但留在陈某房间内聊天，前后待了两小时。刘某离开陈某房间后，在同一天晚上，刘某找理由再次回到陈某房间，两人相处愉快，交谈的对话没有实质内容。陈某又试图和刘某发生关系，两人已发生"边缘性行为"，只是没有性交。刘某虽拒绝性交，但是又继续在陈某房间与其聊天，前后长达两小时。这说明刘某对陈某想要与其性交的意图是清楚的，刘某是不排斥与陈某单独相处的。

案发后，刘某仍和陈某正常微信交流，帮陈某订外卖。并且刘某事后有试

探陈某的反应，陈某并没有作出"负责任"的承诺，也没有提到任何补偿，她才报警。这说明案涉事件没有对刘某产生太大影响，刘某报案很可能是由感情纠纷引起的。

以上情况，可以在某种程度上反映刘某的主观意愿并没有遭受违背。

2. 对女性主观意愿的分析，需要特别注意事发过程中的细节，对其心理进行共情分析和推理

主观意愿存在于报案人的内心之中，比较隐秘，但我们可以通过其外在行为进行分析。在本案中，一些体位和动作的细节，必须有女方的配合才能完成，比如在陈某脱掉刘某裤子的时候，刘某是站着的，陈某完全把裤子脱掉放在地上，刘某仍然是站着的，这必须有刘某的配合抬腿才能完成。又如，刘某提到两人有用"女上位"的体位进行性交，这个体位如果没有女方配合是很难完成的。

其他值得注意的细节还有，手机是否在被害人旁边？被害人是否有机会逃离？被害人手脚是否被束缚？衣服是否有破损？是否有人受伤？等等，这些细节可以帮助我们分析被害人的主观意愿。

值得一提的是，在被害人坚称自己不愿意的情况下，我们从客观细节推断其意愿，提出合理怀疑，即使不能撼动整个证据体系，也能对侦办人员对事件的定性产生较大影响。

3. 注意分析被害人"不敢、不能反抗"的状态和嫌疑人行为之间的因果关系

强奸罪的构成，要求行为人造成被害人"不敢、不知、不能反抗"的状态。但是实际上，造成被害人"不敢、不能反抗"的原因有很多，并不都是和嫌疑人有关。比如在本案中，陈某并没有对刘某实施身体上的束缚，没有进行威胁、殴打，两人也有一定的暧昧关系，所以陈某并没有对刘某施加身体或心理上的强制。这时，刘某可呼救而不呼救，可逃离又不逃离，她的解释是自己害怕。假设她真的是害怕，这种害怕和陈某的行为是否存在足够强的因果关系？由于重男轻女的传统观念，有部分女性对自己的想法和需求是不敢或者羞

于表达的，这样的话，男性就无从得知她们的真实想法。本案中，刘某不管当时决定做什么或不做什么，都与陈某的身体或心理强制无关，也就是被害人"不敢、不能反抗"的状态和嫌疑人行为之间没有因果关系，陈某不构成强奸罪。

4. 重视对犯罪构成要件中主观状态的分析

行为人的主观状态是犯罪构成要件的半壁江山。然而在刑事司法实践中，对行为人主观状态的分析是比较粗糙的，而且难以做到"存疑时做出对嫌疑人/被告人有利的解释"。但是换个角度看，这个领域的辩护空间也是比较大的，作为刑事律师，有责任在每个案例中认真推敲行为人的主观状态，在把辩护工作做扎实的同时，也为推动司法进步作贡献。

（二）此罪还是彼罪？

违背公民性自主权的常见罪名主要有强奸罪和强制猥亵罪。从法定刑、社会危害性等方面来看，强奸罪属于重罪，强制猥亵罪属于较轻的罪名。律师在辩护实践中，常常会考虑到是否能够将较重的强奸罪往较轻的强制猥亵罪去辩护。关于这点，有以下几个方面值得注意：

（1）强制猥亵罪既遂和强奸罪未遂或中止的量刑孰轻孰重并不确定，需要对情节进行具体分析；

（2）在审查起诉阶段，强制猥亵罪不起诉率比强奸罪高得多，如果加上有自首、认罪认罚、与被害人达成谅解等情况，是有可能取得不起诉的结果的，而且概率还比较大；

（3）量刑很重要，真相也很重要。从量刑的角度看，强制猥亵既遂的量刑确实不一定轻于强奸未遂或中止，但是当事人对事实的内心确信——真相究竟是什么——有时是更重要的，因此律师的辩护思路要和当事人充分沟通，尊重当事人的意见。

（三）强奸罪和社会——司法进步和社会发展相互促进

当我们说涉嫌强奸案的辩护"难"的时候，并不只是说出罪难，更多的时候是感到难以说服自己的心："这算强奸吗？"——涉及性犯罪的问题，有时真的会让人怀疑人生。很多涉嫌强奸案并不是一眼就看得明白的、暴力型的犯罪，而是处于模棱两可的灰色地带、定性不明确的"爱恨情仇"的事件。对强奸罪的认定要十分谨慎，既要注重对个人性自主权的保护，也要防止一种倾向，就是在两性关系这种事关人民的生活隐私和福祉、最需要人和人之间信任和不设防的领域中，造成人和人之间的过度防备以及信任的崩塌。

在若干年前，涉嫌强奸案的控诉和审理过程还十分粗糙。比如作者曾经看到过一个案例，说被告人在作案过程中以膝盖按压被害人胸部，并与其性交。这个动作被告人是如何做到的，确实是很难想象，这个事实应该是高度存疑的。随着司法实践不断进步，加上辩护律师的工作不断精细化，对涉嫌强奸案的审查越来越细致，但是在对被害人主观意愿、嫌疑人/被告人主观状态等方面的认定仍需要不断细化，准确性要进一步提高，而且要坚持存疑时做出对嫌疑人/被告人有利的解释的原则。

作者观察到一个有趣的现象，那就是男女性在看待涉嫌强奸案涉事件的时候，是带有不同的滤镜的，而且和我们的一般认知是相反的：往往是男性更容易认为男性嫌疑人是有发生性关系的主观故意的，而女性更容易倾向认为涉案的女性其实是愿意的或者是不抗拒的。为什么会有这个现象？简而言之，大概就是因为"食色，性也"。性关系本应该是两性之间表达爱的方式，所以不管男性女性，对有爱的性关系都心向往之，但又不愿承认。在当前的社会形态下，性还是个禁忌，有时还成为男女两性互相伤害和斗争的刀剑。在这个领域，对男性或女性的贬抑都同时贬抑了另一个性别，使得这场斗争没有赢家。强奸罪的消失，需要社会意识的进步，需要社会扭曲的性观念得以纠正，需要人们敢于正视和尊重自己真实的需求，需要男女平等的真正实现。否则，把多少人投入大牢都无法根除本罪。

本文作者系北京德和衡（广州）律师事务所刑事业务中心专职律师

诉讼业务带给我的挑战与乐趣

胡潇鹏

我是一名律师，在师傅们的带领和指导下，既接触过诉讼业务，也接触过非诉业务。

我觉得我更喜欢诉讼类业务，更喜欢各种证据的组织、分析与研判，更喜欢庭审的严肃紧张与沉着应对……当然，如最终能获得满意结果的话，那感觉就更加美妙了。

近期，我参与处理了一件涉及买卖合同纠纷的案子，我在该案件的处理过程中获得了许多宝贵的诉讼实战经验，我非常愿意在此与大家分享。

一、收案

A公司吴总是我们的老朋友，2020年11月前后，吴总告知我们，A公司曾长期向B公司出售灯具，后合作中断，B公司至今仍拖欠其多笔货款未付，故吴总想委托我们起诉B公司，追讨货款。

听完A公司方面的介绍，我们首先明确本案是买卖合同纠纷，随后便要求A公司向我们提供合同及其履行或违约等相关证据，包括但不限于合同、订单、出（收）货单、对账单、收（付）款记录以及欠款催收记录等。吴总听完爽快地回答说，"行，没问题，什么都有，我让业务经理收集整理后拿给你们"。

几天后，业务经理告知我们，经统计，B公司现有5份合同的货款未付，合计金额为62551元。随后，业务经理便向我们出示了一大堆合计30多份证据，包括采购合同、中文订单、QQ及微信聊天记录截图、出库单和快递单等。

但令人非常吃惊的是，上述30多份证据除了两份快递单是原件外，其余没有一份是原件，这其中包括：

（1）采购合同、订单（没有原件，甚至没有对方盖章的复印件）；

（2）QQ及微信聊天记录截图（相关人员已离职，只有截图，但无法出示电子设备给法官当庭查验）；

（3）出库单（没有原件，也没有对方收到货物的任何确认凭证）；

（4）快递单（仅有涉及寄送少量货物的2份快递单原件，但快递单上没有货物名称、数量，不知快递何物；另外3份大额订单快递单仅有复印件，且收货人并不是B公司，而是某仓库）。

除此之外，A公司这边没有其他任何证据了。

我们都被惊呆了，因为A公司的这手"牌"真的是太烂了，实在是令人惨不忍睹。这些证据根本就无法证明A公司所述说的事实存在，更无法形成法律意义上的证据链。

鉴于此，我们只能跟吴总说，目前贵司的证据实在是太弱了，败诉的风险极大，建议放弃，可吴总仍然坚持要委托我们起诉B公司，并愿意另行书面确认风险自担。

感谢信任！

随后我们与吴总正式签订委托合同，建立委托关系，然后努力去了解案件事实经过及纠纷发生原因，努力找寻可以维护委托人权益的突破点，不辜负委托人对我们的这份信任。

二、证据

首先，我们注意到，A公司在回答为什么与B公司中断合作这个问题时，提到是因为B公司认为A公司抢了B公司的客户，让A公司赔钱。

A公司进一步介绍说，B公司是一间贸易公司，是中间商。B公司向A公司购买了灯具之后，再转手卖给下家赚取利润。之前有个B公司的客户自行找到A公司下单订购灯具，但A公司确实不知情，确实不知道其是B公司的客户，确实没有实施"挖墙脚"的不道德行为。此外，在B公司向A公司指出了问题之后，

A公司则马上终止了与该客户的交易，并愿意向B公司支付销售额的3%作为补偿。可B公司仍然不接受，声称要扣减6万多元，而这6万多元正是本案纠纷所涉及5份合同的总金额。

我们随后问道，是否有证据可以证明上述事实？A公司回复，之前有B公司的股东向A公司的业务主管通过QQ发送了一份《客户冲突解决方案》，公司有该方案的打印件及聊天记录截图，但原始聊天因没有保存，已经删掉了。

我们随即要求A公司将《客户冲突解决方案》拿给我们看。通过认真研究，我们认定可以将该方案作为突破口，固定本案B公司违约拖欠货款的事实，并依此制定了后续的诉讼策略和具体方案。

我们研判后决定，直面本案纠纷的起因，不回避因客户冲突导致双方合作终结这一事实。我们据此先起草并向B公司发送了一份《律师函》，指出B公司的违约行为，并同时指出是否存在"挖客户"损害B公司利益则是另一个法律关系，应当另案解决。我们此次发函有三个目的：第一是让B公司不敢否认《客户冲突解决方案》这一证据的存在；第二是借助《客户冲突解决方案》这一证据证明B公司违约拖欠货款，将合同纠纷与可能的侵权纠纷这两种不同的法律关系混为一谈；第三是化解证据没有原件的风险。

此外，我们还要求A公司准备一份完整的对账单，将5份合同的账合在一起，这样做的目的是争取法院能够合并立案审理。

后续发生的事情使我们上述三个目的都得以实现，即法院接受合并审理，B公司没有否认《客户冲突解决方案》这一证据的真实性。

至此，本案终于从茫茫迷雾中走了出来，见到了一线曙光，下一步就是面对开庭了。

三、开庭

案件开庭前我们最担心的是证据没有原件的问题，庭审时我们首先讲到的是《客户冲突解决方案》的内容，对方在不知我方证据没有原件的情况下，无法否认《客户冲突解决方案》，心理防线崩溃，当着法官的面承认了《客户冲突解决方案》的内容，但认为支付3%的利润作为补偿太少，不可接受。我们说明整个订单利润只有不到10%，法官一听，直接说这个案子金额不大双方调解吧，我们当庭表示同意，因为这样就不用核对证据原件，完全化解了我们的证据风险，最后当庭调解结案（对方无法否认《客户冲突解决方案》，心理防线崩溃，我方见好就收，当庭调解结案），B公司当场支付货款及诉讼费。

四、后话

此外，我们还对A公司管理上的不足之处提出法律建议，令委托人对我们的工作更加满意，给予更多的感谢。我们由此也获得了更多的满足与快乐。

本文作者系北京德和衡（广州）律师事务所争议解决业务中心专职律师

从取保到不诉
——对一起突发事故危机应对的律师办案手记

何锦浩

一、缘起与委托

2019年11月8日15点50分，佛山市南海区里水镇某小区实施污水管道改迁工程，一名施工人员在清理4米深的下水管道时，怀疑因操作不当，吸入不明气体导致昏倒，另外两名施工人员随即下井实施救援，因下水道忽然来水，三人均被困下水道内，虽然被消防人员陆续救出，但送医后该三名施工人员终因伤重不治，不幸离世。目前，事件的相关调查及善后工作正在进行中……

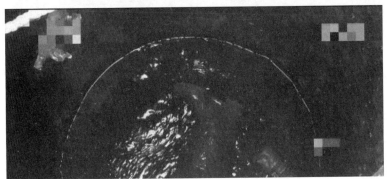

事故现场

对普通人而言这是一桩常见的新闻报道、普通的工程事故，但对于涉事企业和人员而言就是瞬间天塌了，锥心刺骨的痛猛烈袭来。案件发生后，现场施工管理人员郑某某和工程项目总负责人黄某某被公安机关以涉嫌重大责任事故而刑事拘留，施工单位广东某某建筑工程公司实际控制人张某、法定代表人刘某也相继被公安机关采取了刑事拘留措施。整个公司因发生如此重大变故而陷入了极大混乱，股东们连夜召开会议，研究如何应对危机和渡过难关，委托律师代理和事故善后安排。虽然对很多建筑公司的不规范早有心理准备，但代理律师听公司股东介绍了公司在这个项目上存在非法挂靠、违法违规、突破底线，员工没有有限空间施工安全培训、没有防护器具使用培训、没有事故应急处理培训等，也不由自主地倒抽了一口凉气……

南海区"11·8"较大中毒溺水事故调查报告

二、会见与赔偿

接受委托后，代理律师需要做的第一件事就是前往看守所会见被羁押的公司实际控制人张某。见到张某时，他很憔悴，或许任何一个老板遇到这种事情都会心急如焚、焦头烂额、一夜白头。张某在会见中询问的第一件事就是事故处理得怎么样了，律师告诉他，因涉及三条人命，事件已经被省电视台新闻曝光，也已经惊动省应急管理厅了，现在有相关的事故调查组进驻，市和区两级机关也在开展全市、区范围内的安全生产大排查，工程项目现在暂时停工停产……张某又问，那我现在该怎么办？律师提醒他说，你现在能够做的就是充分配合调查，除了公安机关的刑事调查，还会有来自政府安全事故调查组相关工作人员的调查、核实、询问，一定要争取积极配合、如实陈述案情，协助将事故原因查明、将事故责任厘清、将善后工作做好……

而另一厢，公司接到通知，要派人前往当地人民政府参加有关事故调查处理以及家属赔偿协调谈判工作。这是一个非常累人的工作，参加这个事务的公司代表需要能沟通、善表达、传声音、递信心，更需要耐心、智慧、严肃、谨慎，股东们合计后，决定委派一个股东代表和代理律师共同前往。差不多整整一个星期，我们在与安监、公安、街道、司法局、调解委员会等政府部门的十多个工作人员一起工作，努力配合事故调查使之顺利开展，同时也积极配合家属达成善后事宜。在这整整一周时间里，代理律师的心情是极端低沉的，一方面这是重大事故，所有公职人员和参与事故调查处理的其他人员都顶着巨大心理压力工作；另一方面三个工人离去对公司而言是难以接受的惊天大事，代理律师既要陪同公司管理层配合完成各种询问、调查和核实，也要努力收集、整理和提交各种证据材料，还要一起说服、劝解和安抚哭哭啼啼、以泪洗面的家属，在这样的日子里，再温暖的冬日阳光也驱不走心中的重重阴霾！

三、取保的败与成

因实际控制人张某和法定代表人刘某双双被羁押，导致公司群龙无首，管理混乱，多个工程项目停摆，员工人心惶惶，加上年底将至，事故调查暂时没有结果，所有人都心里没底，况且将来公司与家属达成赔偿协议后的相关善后款也要预先筹备和汇集，一摊子事务都被搁置了下来。所以，在第一次会见之后，股东们要求律师尽可能申请取保候审。代理律师初步整理一份取保候审申请材料和法律意见书及时提交给了公安机关，但很快就被公安机关否定了，代理律师旋即就收到了不予变更强制措施通知书，公安机关告知的理由是"其（指嫌疑人）取保候审有串供、干扰证人作证的可能"。随后，我们了解到，其他同案人员的取保候审申请也以同样的理由被拒绝……

经过几周的煎熬后，事件调查逐步明朗起来，政府相关部门对事故发生的起因、经过、结果、责任已经初步调查核实完毕并有了基本定调，公司与家属协商善后事宜也有了明确的处理方案，并在地方政府工作人员的撮合和见证下达成了相关赔偿协议、相关款项也逐一发放到位，事件在朝着逐步解决的方向走，连续几周的心中阴霾也逐渐云开雾散，曙光乍现。在这样的情况下，我们再一次为公司实际控制人张某申请变更强制措施，并提交了详细的法律论证意见，初步陈述张某在本案中的地位作用，且相关善后工作已经妥善处理并获得被害人家属谅解，请求先予解除羁押。这一次，公安机关倒是没有立刻否定，说要讨论并报送领导。经过几天的耐心等待，公司实际控制人张某终于获得了公安机关的释放，重新获得了自由。连日来的阴霾终于彻底烟消云散了。

四、为不起诉而孜孜付出

几个月后，经过阅卷及深入研究案情，查阅大量案例资料，多次与同仁们深入讨论，结合政府出具的事故调查结论，代理律师认为可以努力为实际控制人张某争取不起诉结果，理由在于：

（一）被挂靠单位具有法律上的监督管理职责，但实际上完全游离

本案相关工程由发包人某开发商与承包人黄某某协商，由没有施工资质的黄某某借用被挂靠单位广东某某建筑工程公司名义签署施工合同，该合同由发包方与承包方共同参与完成，故被挂靠单位除了签订合同、收费开票、收取1%挂靠费外，完全不参与整个合同的实际履行过程。黄某某在承包工程后，将在用污水管道的更新维护工程转包给了郑某某，郑某某另行聘请临时工处理。因临时工不具备相应有限空间作业技能，也没有配备相应防护、救助设备，误操作后致沼气中毒，另两名施救人员方法错误、措施不当导致事故进一步扩大，最终出现三名工人不幸离世的严重后果。从合同实际履行情况看，被挂靠单位因被边缘化导致法律上的监督主体完全缺失，在追责时让被挂靠单位承担事故主要责任恐会出现权利、义务、责任严重不对等的情形。

（二）郑某某、黄某某、公司股东喻某某、公司实际控制人张某的职责分析

公司股东内部有约：公司不设专门的安全部门和安全管理人员，每一个工

程项目均由具体引入股东自行负责监管，其他股东不得插手该工程项目（即其余股东既没有出资管理义务，也没有分红权利）。很明显，违反法律规定的挂靠合同无效，但股东内部就引入工程项目如何进行安全监管的约定是有效的。因此，本案中郑某某为现场生产组织、指挥人员，对现场施工的安全生产情况负责；黄某某为整个工程项目的实际总承包、民法上的实际施工人，对整个工程项目的安全生产负总责；公司股东喻某某引入黄某某挂靠公司，日常代表公司对黄某某工程项目的安全生产负责；其余股东包括实际控制人在内都无权过问该工程项目，没有相应的安全生产监督管理职权。

（三）根据信赖原则和公平合理原则，安全责任层层穿透、无限扩张并不合理

回到案件事实，对事故的生产作业活动具有安全责任的主体层级有四：其一是现场生产组织、指挥者郑某某，其二是工程项目总承包黄某某，其三是引入项目的公司股东喻某某，其四是实际控制人张某、法定代表人刘某。从本案安全责任层级看，对实际控制人、法定代表人进行刑事责任追究至少要完成四次穿透。虽然这种多层穿透并不被刑法实质判断的逻辑所排除，但基于信赖原则和公平合理原则，实际控制人张某对明确约定无权插手的项目进行监管，其实质监管责任已微弱到不足以用刑法来评价。

经过代理律师一年来多次与检察官交涉，经办检察官认真听取了辩方的声音，严肃认真审查了本案，几经波折后，案件最终获得了不起诉的决定。对公司实际控制人张某而言，这一下，彻底天亮了。正是代理律师的精准判断、持之以恒，委托人的高度信任、全力支持，方才获得了最佳的处理结果。

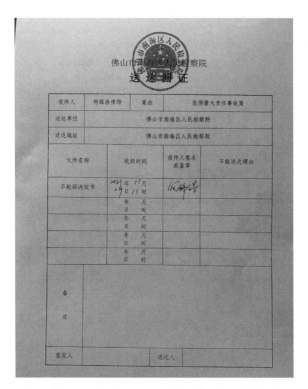

<table>
<tr><td colspan="2">佛山市南海区人民检察院</td></tr>
</table>

代理律师于2021年11月29日收到《不起诉决定书》

本文作者系北京德和衡（广州）律师事务所刑事业务中心专职律师

从重罪到缓刑

—— 一宗传播淫秽物品牟利罪的辩护律师办案手记

朱锋杰

> **引言**
>
> 真正的知识，要从书本走向现实。真正的法律，并不仅仅是抽象的逻辑，而且是每一个人鲜活的故事。公平和正义，不仅仅要在书上得到体现，更重要的，是要在每个个案中得到回响。
>
> ——罗翔

笔者希望通过分享经办的一宗缓刑案例，告诉读者们辩护律师在刑事案件侦查、审查起诉、审判阶段中发挥的作用，同时也希望可以给予办理类似刑案的同行律师一些思路与启发。

一、接受家属委托阶段：家属称因涉嫌传播淫秽物品罪被公安拘留，事情不严重

一开始家属向律师咨询道："我19岁的儿子因涉嫌传播淫秽物品罪被公安拘留了，不知道是不是在网上传播黄色视频被公安抓了，事情应该不严重，是否过几天就能放出来？"

律师一边安抚家属的情绪，一边基于以上信息分析，如果仅仅是传播淫秽物品罪而不是以牟利为目的，就相对较轻。根据《刑法》第三百六十四条规定，法定刑为有期徒刑两年以下，但具体情况需要会见他本人后才能了解清楚。

二、侦查阶段：经过第一次会见了解，嫌疑人马某涉嫌经营色情、淫秽网站获利，很可能已经构成传播淫秽物品牟利罪，情节可能达到特别严重的标准，按《刑法》规定将处十年以上有期徒刑或者无期徒刑

2021年，因受到新冠肺炎疫情的影响，辩护律师被大大减少了会见时间，但通过短暂的半小时视频会见，依旧发现事情并不如家属设想的那么简单，案件罪名很有可能在审查起诉阶段变更为传播淫秽物品牟利罪。

与辩护人第一次会见了解到：嫌疑人马某2020年6月在某色情网站上认识一名客服人员，2021年3月入股合伙经营该网站，网站通过挂广告和通过充值金币、会员观看视频的方式获利。网站的日常管理、操作由客服负责，客服不定期按约定将网站六成收益转账给马某。马某平时只是在聊天群上上传视频吸引客流，网站的收益由客服直接收取后再转给嫌疑人马某，嫌疑人马某入股以来分得几千元。案涉网站相关视频数量达数千甚至上万部，会员人数达4000人。

根据嫌疑人陈述，嫌疑人牟利目的及方式明确，案涉罪名很有可能在审查起诉阶段变更为传播淫秽物品牟利罪。根据《最高人民法院、最高人民检察院关于办理利用互联网、移动通讯终端、声讯台制作、复制、出版、贩卖、传播淫秽电子信息刑事案件具体应用法律若干问题的解释》的规定，传播淫秽物品牟利罪认定情节严重、特别严重的标准主要以传播的范围、人数来衡量。涉嫌传播超过500部淫秽色情视频，已经达到传播淫秽物品牟利罪情节特别严重的标准。

三、呈捕阶段：就案件事实要点与检察官进行充分沟通

经过多次会见再三与嫌疑人马某确定案件细节，从参与犯罪的时间点、参与程度、非法获利情况等多方面与检察官进行沟通，以下为案件事实要点：

（1）嫌疑人马某是受到客服人员引诱、利用才参与的犯罪，案涉网站的搭建、运营和维护管理都是由该名后台客服负责，马某未对网站进行任何实质的操控，网站的收益也是直接由客服获取；

（2）嫌疑人马某参与犯罪的时间是2021年3月底4月初，所参与的只是上传视频到聊天群用以吸引流量。

虽然检察官以案涉客服人员未到案，尚有案情未查清，可能有碍侦查为由还是批捕了，但在此过程中辩护人与检察官已取得有效沟通，检察官认可辩护律师关于嫌疑人马某年仅19岁，参与犯罪是受到客服人员利用等意见，为后续与检察官良好沟通奠定基础。

四、审查起诉阶段：通过阅卷，辩护人需要用更多的细节充实支撑上述案件事实。本案主要从两个方面说服检察官、与检察官达成共识，为嫌疑人作罪轻辩护

（1）说服检察官认可嫌疑人马某从始至终未对网站进行任何操控，参与的事情只是上传色情淫秽视频到聊天群上吸引流量。

避免检察官将嫌疑人马某与同案客服认定为共同犯罪，将整个网站的视频、传播人数作为嫌疑人马某犯罪情节提起公诉，不然按照情节特别严重的标准，即使是从犯，也很可能被判处三年以上有期徒刑。

通过嫌疑人马某与客服人员的聊天记录、支付记录、QQ号、银行信息等证据可以确认客服人员是的的确确存在的，网站也是在双方认识之前已经搭建好的，网站的收益全部直接流入客服人员的账户。以此向检察官证明嫌疑人马某的供述是真实的，其只是一个19岁涉世未深的、未对网站进行任何操控、被利用的角色。

（2）认定嫌疑人马某参与犯罪的时间点是2021年4月初，上传到聊天群的视频只有几十部，达不到100部以上情节严重的标准。

从案卷鉴定报告中可以看出，嫌疑人马某使用过的账号上传的色情淫秽视频达230部，超过100部，属于情节严重的情形，但嫌疑人马某在一次供述中说过一句"该账号是客服人员提供给我"。从这一句话中，辩护人找到辩护要点，结合其一直稳定供述参与犯罪的时间是2021年3月底4月初，那么该账号此前上传的视频并不能计入嫌疑人马某参与传播淫秽视频的数量。后与嫌疑人确

认，事实亦是如此，其印象中只上传过二三十部视频。心中有数以后向检察官反映上述情况，后经过与检察院、公安多番沟通，公安补充《情况说明》确认，证实4月1日起该账号上传的色情淫秽视频为47部。

因客服人员未到案，本案相当于单人单案，嫌疑人马某自身的供述显得尤为重要，因其一直保持稳定供述其是3月底4月初才开始参与犯罪，最终检察官同意认可嫌疑人马某2021年4月起参与上传视频的事实。自此确认嫌疑人马某传播淫秽视频只有数十部，少于100部，未达到情节严重的标准。后经过退缴违法所得、适用认罪认罚程序，检察院给予有期徒刑一年六个月，适用缓刑的量刑建议。

五、审判阶段：虽在认罪认罚程序中检察院量刑建议适用缓刑，但缓刑适用的决定权仍在法院，辩护律师依旧不能掉以轻心

开庭前与法官进行沟通，确认是否看到公安机关补充的《情况说明》，与法官庭前说明鉴定报告230部与起诉书只起诉数十部的原因，就马某传播淫秽视频少于100部的事实问题与法官达成共识。开庭时法官与公诉人再三确认起诉马某传播淫秽视频为数十部。最终法官采纳检察院、辩护人的意见，判处马某有期徒刑一年六个月，缓刑二年，并处罚金人民币2000元。

六、结语

这是一个辩护人与检察官、法官形成共识，共同拯救一名19岁青少年的故事。公平正义应该在个案中得到回响，律师要娴熟地运用法律，在个案中找到平衡点。愿每一位法律人都能成为法治的细节！

附：相关法律条文

《刑法》第三百六十三条第一款　以牟利为目的，制作、复制、出版、贩

卖、传播淫秽物品的，处三年以下有期徒刑、拘役或者管制，并处罚金；情节严重的，处三年以上十年以下有期徒刑，并处罚金；情节特别严重的，处十年以上有期徒刑或者无期徒刑，并处罚金或者没收财产。

《刑法》第三百六十四条第一款　传播淫秽的书刊、影片、音像、图片或者其他淫秽物品，情节严重的，处二年以下有期徒刑、拘役或者管制。

《最高人民法院、最高人民检察院关于办理利用互联网、移动通讯终端、声讯台制作、复制、出版、贩卖、传播淫秽电子信息刑事案件具体应用法律若干问题的解释》第一条　以牟利为目的，利用互联网、移动通讯终端制作、复制、出版、贩卖、传播淫秽电子信息，具有下列情形之一的，依照刑法第三百六十三条第一款的规定，以制作、复制、出版、贩卖、传播淫秽物品牟利罪定罪处罚：

（一）制作、复制、出版、贩卖、传播淫秽电影、表演、动画等视频文件二十个以上的；

（二）制作、复制、出版、贩卖、传播淫秽音频文件一百个以上的；

（三）制作、复制、出版、贩卖、传播淫秽电子刊物、图片、文章、短信息等二百件以上的；

（四）制作、复制、出版、贩卖、传播的淫秽电子信息，实际被点击数达到一万次以上的；

（五）以会员制方式出版、贩卖、传播淫秽电子信息，注册会员达二百人以上的；

（六）利用淫秽电子信息收取广告费、会员注册费或者其他费用，违法所得一万元以上的；

（七）数量或者数额虽未达到第（一）项至第（六）项规定标准，但分别达到其中两项以上标准一半以上的；

（八）造成严重后果的。

利用聊天室、论坛、即时通信软件、电子邮件等方式，实施第一款规定行为的，依照刑法第三百六十三条第一款的规定，以制作、复制、出版、贩卖、传播淫秽物品牟利罪定罪处罚。

第二条　实施第一条规定的行为，数量或者数额达到第一条第一款第（一）项至第（六）项规定标准五倍以上的，应当认定为刑法第三百六十三条第一款规定的"情节严重"；达到规定标准二十五倍以上的，应当认定为"情节特别严重"。

本文作者系北京德和衡（广州）律师事务所刑事业务中心专职律师

火的缘分

黄文雄

谈起经办的火灾事故案件，同事经常调侃我说，感觉我似乎跟火比较有缘，可能五行克火，办理的火灾事故案件效果都挺不错，建议我好好总结写一篇文章。实际上火灾曾带给我惨痛的记忆，如果说我与火有点沾边，可能就是脾气有时候比较火爆。

因佛山的火灾事故系列案于2022年1月25日已全部审结，案件均取得预期的结果，现利用闲暇的时间对我执业至今经办的三宗重大火灾事故案作一个简单的回顾及总结。

我于2015年初次接触火灾事故案件，委托人位于广州市越秀区走马岗货运场的租赁物业发生火灾，经消防部门查明是租户违规为电动车充电，电池短路导致爆炸，发生火灾，造成严重损失，该租户也因涉嫌失火罪被刑拘。火灾事故发生之初，在街道办、维稳部门及司法所等单位的协调下，我与律所的两位同事参与了与租户协商赔偿事宜的调解工作，指导当事人的工作人员收集相关证据，并让当事人以受害单位的名义委托我介入刑事案件，有机会调阅刑事案卷，收集有利证据，为后续可能产生的民事诉讼作准备。

前述的预备工作对后续发生的民事诉讼产生了巨大帮助，我通过阅卷发现失火案侦查机关委托了评估机构对火灾的损失进行鉴定，鉴定的金额为1592457元，这与后来提起民事诉讼的八位租户自行委托评估认定的财产损失金额1700多万元存在巨大的差距，且刑事案件案卷显示案涉物业委托人贴有告示明确"不能在租赁仓库违规充电"，案涉物业场地也设有专门停放电动车的场所，并有多名证人的证词证明委托人在日常管理中有明确提醒及要求租户"不得在仓库门口为电动车充电"，也可证明委托人在管理中还是尽到了充分的消防安全提示及注意义务。

基于前述有利的证据，法院最终判决违规充电的租户承担了主要的责任，法院仅认定委托人未经报建违规搭建仓库出租存在过失，判决承担委托人20%的赔偿责任，法院还采纳了侦查机关委托的评估机构认定的损失金额1592457元，委托人承担的赔偿金额大幅度减少，取得良好的代理效果。

一火刚"灭"，一火又起。刚刚办完广州的火灾事故案件，紧接着又承接了佛山里水的火灾事故案。委托人罗某某与合作伙伴林某某共同承租的物业场地发生火灾，并蔓延波及周边物业场地，造成严重的财产损失。我和同事与委托人面谈后了解到，虽然整个物业场地最初是罗某某与林某某两人共同向经济社承租，但承租后已对物业场地进行分割使用，有相应的协议及图纸确认相关事实，双方各自使用的物业场地可以明确区分，经济社对该情况也是明知的。起火点的物业场地属于分割给予林某某使用的场地，而且由其个人登记注册成立了工厂，与我方的当事人并不存在任何合作及关联关系。因此，建议当事人对火灾蔓延招致的损失先行提起诉讼，在诉讼中确认物业场地分割使用的事实，以便作为后续发生其他诉讼时我方的抗辩依据。

依据前述的诉讼策略，我方先行起诉的案件取得了胜诉，顺利确认了双方分割使用的物业场地及起火点物业是林某某个人使用的事实。在后续其他受害人起诉把我方委托人列为共同被告案件中，我方以该生效判决认定的事实作为有利的抗辩理由，最终达到免除我方委托人责任的目的，案件取得预期的结果。

办完第二宗火灾事故案后，又迎来"第三把火"。这次火灾事故发生在佛山颜边村，案件的当事人严某某承租经济社的物业后，再转租给一电子厂作为存放锂电池的仓库使用，仓库发生火灾蔓延至周边的物业，造成17000多平方米的物业被烧毁，损失惨重。消防部门认定火灾起因为"不排除电气线路短路引发火灾"，严某某也被以涉嫌重大责任事故罪刑拘。我和同事接受委托后，与严某某家属签订专项委托合同，全面负责刑事案件及火灾事故认定复核及民事赔偿诉讼等事宜。该宗业务程序十分繁杂，包含刑事、火灾复核程序及民事诉讼。火灾事故历经两次火灾事故认定复核、现场试验，以及多次到消防部门当面反映意见。我与同事通过咨询专业人员，了解电气知识原理，与严某某多次沟通交流意见，全面分析火灾现场状况及火灾发生的经过，认为从火灾事故调查的情况看，最初为低位燃烧，结合仓库存放的锂电池为电子厂收购旧电池再加工的，本案引发火灾的最大可能是因锂电池存放不当导致自燃，引发火灾燃及电气线路，后导致仓库上方的电气线路发生短路。经提供详尽的法律意见及与侦查机关据理力争，最终委托人获得取保候审，且案件后来并未移送审查起诉，免予追究刑事责任，火灾事故认定结论最终也变更增加了"不排除电池自燃引发火灾"的表述。变更的认定结论对委托人更有利，为后续的财产损害赔偿纠纷奠定有利的基础。

也正是基于前期的有效工作，在后续的财产损害赔偿案件中取得良好的代理效果，系列案法院判决委托人承担的赔偿责任份额均低于10%，仅承担5%～7.5%赔偿责任份额。

回顾前述三宗火灾事故案件，我深刻感受到为什么说水火无情，火灾发生后场面无比惨烈，物品残骸满地，建筑成为一片废墟，所有财物毁于一旦。

与火的猛烈形成强烈对比的是，作为法律工作者始终要保持水一般的冷静。办理三宗火灾事故案件，让我深刻体会到，在火灾事故案件中要善于分析利用有利的事实及证据，争取对己方有利的认定，并主动参与到火灾所涉的刑事案件和火灾事故认定程序中，充分了解火灾调查的相关事实，获取有利证据，对于关键证据《火灾事故认定书》的认定结论存在疑问的，尤其是起火原因不能查清、火灾认定结论出现"不排除……引起火灾"表述的，要敢于提出质疑，大胆求证，申请复核。对于火灾涉及的专业问题，诸如上文提及的电气线路及锂电池的相关知识，应咨询专业人员，进行全面分析论证，争取推翻或变更为对我方当事人有利的结论，为后续可能发生的民事诉讼提供有效的助力，最终可能会取得理想的代理效果。

火的缘分有一天可能又再继续，希望一直保持对工作火一般的热情，迎接下一个挑战。

本文作者系北京德和衡（广州）律师事务所争议解决业务中心专职律师、

玖瀍团队律师成员

栏目五

≪ Column

数据分析

5

2002—2020年拒不执行判决、
裁定罪大数据分析

祝志成

前言

2015年7月，《最高人民法院关于审理拒不执行判决、裁定刑事案件适用法律若干问题的解释》发布；2016年3月，最高人民法院院长周强在十二届全国人大四次会议作最高人民法院工作报告时提出"用两到三年时间，基本解决执行难问题，破除实现公平正义的最后一道藩篱"的目标；2019年3月，周强院长表示基本解决执行难这一阶段性目标已如期实现。而作为债权人却仍会感受或担心案件执行难问题：打赢官司后究竟能不能顺利拿到钱？拒不执行判决、裁定罪（以下简称"拒执罪"）作为解决"执行难"最强硬、最有效的手段，在司法实践中，法院审理情况如何？具体存在哪些问题？本报告通过Alpha案例库分别统计了全国、广东省、广州市拒执罪的案件数量，整理了拒执罪案件的裁判观点，并着重对广州市关于拒执罪的立案、定罪、量刑等方面进行分析。

一、拒执罪的演变过程

1979年，在《刑法》中作为妨害公务罪行为之一，只能通过自诉方式启动追诉程序。

1998年，拒执罪由公安机关立案侦查。

2015年，明确拒执罪的主体、构成拒执罪的8种犯罪行为、可以通过自诉程序启动追诉程序。

2015年，《刑法修正案（九）》明确了单位可以构成拒执罪主体。

2018年，《最高人民法院关于拒不执行判决、裁定罪自诉案件受理工作有关问题的通知》确立了公诉优先的原则，但公安机关不立案或者检察院不起诉时，被害人可以通过自诉方式启动追诉程序。

二、经办案例引发的思考

（一）案情简介

陈某华与陈某杰股权转让纠纷一案，该案判决在2001年生效，陈某华申请强制执行后，因被执行人深谙执行流程，事先早有应对措施，执行立案至今历时近18年，几无所获。承办律师在接受委托、核实委托人提供的线索后，向执行法院申请恢复执行。执行法院迅速立案，即时对被执行人的财产状况展开全面深入调查，连续对被执行人采取了纳入失信名单、限制高消费、罚款、协助查控等强制措施，先后查获被执行人一系列的现金存款及名车，并通过深入摸查，执行法院发现被执行人存在隐瞒房产交易行为。申请执行人果断请求执行法院依法追责，执行法院迅即采取强力措施，依法向公安机关移送案件，追究被执行人拒不执行生效判决的刑事责任。

（二）被执行人拒不执行判决的事实

（1）购买了广东省广州市从化区花园别墅一套；

（2）购买了路虎牌览胜运动型小型汽车一辆自用；

（3）出售房屋收到房屋转让款后拒不向法院清偿执行债务；

（4）多次出入知名高尔夫俱乐部消费，违反限制高消费令。

（三）定罪量刑

陈某杰犯拒不执行判决、裁定罪，被判处有期徒刑一年。

（四）办案启示

本案中被执行人想方设法规避执行长达十几年，现实中并不鲜见。在被执行人具有清偿能力且早有应对的情况下，如何破解追查财产难、追究责任难，是长久以来困扰无数申请执行人的难题！作为个案，本案属于典型的"执行难"案件，历时十几年后仍能得到迅速有力处理，作为律师需要具备熟谙执行程序的专业经验及对申请各项执行措施的熟练运用，在出现被执行人有能力但拒不执行的情况后，充分运用各种执行手段，不但对被执行人的违法犯罪行为进行刑罚追责，也可以切实保障申请执行人的经济利益。

三、拒执罪大数据分析

（一）全国、广东省、广州市拒执罪案件数量变化趋势及地域分布情况

时间：2002年1月1日至2020年12月

数据来源：Alpha案例库

罪名：拒不执行判决、裁定罪

数据采集时间：2020年12月28日

样本数量：57885件（包含一审、二审、再审案件）

1. 案件数量变化趋势检索数据信息

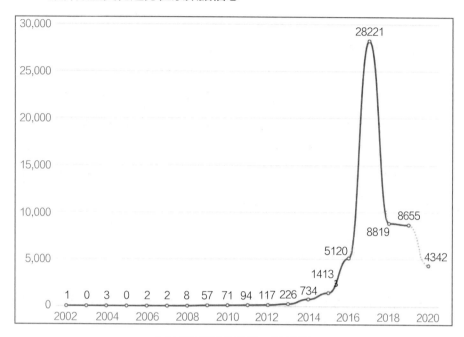

全国拒执罪案件数量：57885件

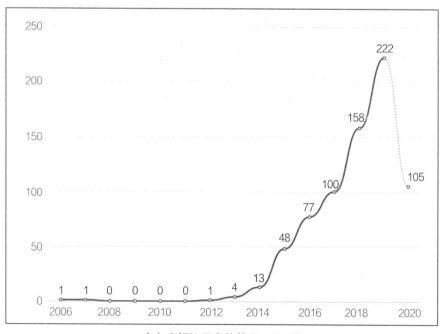

广东省拒执罪案件数量：730件

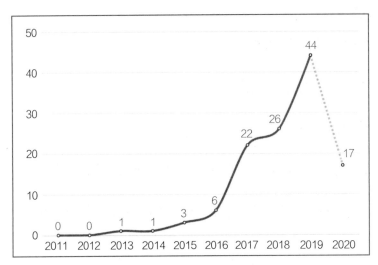

广州市拒执罪案件数量：120件

从上方的年份分布可以看到当前条件下拒执罪案例数量的变化趋势：2015年是个分水岭，在这之前该罪名基本处于"休眠"状态，之后逐年急剧上升，至2017年达到顶峰，随后稍有回落。这体现了党中央"切实解决执行难"的部署和最高人民法院"基本解决执行难"的决心，特别是2015年《最高人民法院关于审理拒不执行判决、裁定刑事案件适用法律若干问题的解释》的颁布，为拒执罪的定罪及量刑提供了明确的适用标准。

2．地域分布情况

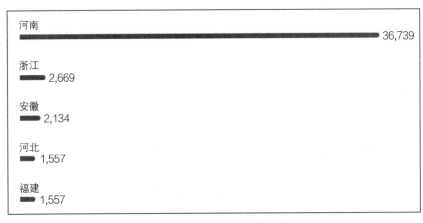

全国主要省份拒执罪案件分布

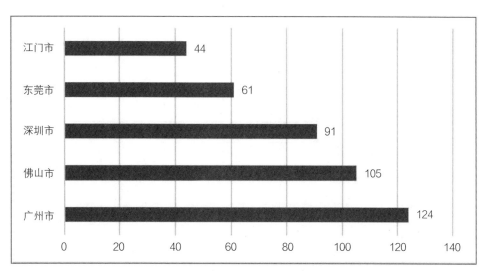

广东省主要城市拒执罪案件分布

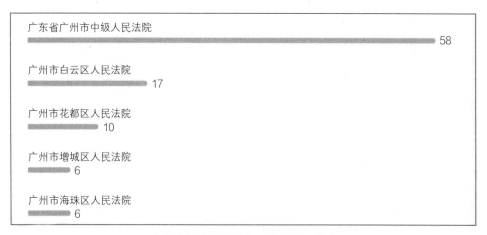

广州市部分人民法院拒执罪案件分布

从地域分布来看，当前全国拒执罪案例主要集中在河南省、浙江省、安徽省、河北省、福建省。其中，河南省是全国拒执罪案件数量最多的省份，其案件数量占全国拒执罪案件数量的63.47%，而广东省拒执罪案件数量占比1.26%。可见，广东省作为全国经济第一大省，进入执行程序案件数量也位居全国前列，但拒执罪的立案数量却远低于河南、浙江等省份。

在广东省内，拒执罪案件数量前三甲分别为广州市、佛山市、深圳市。

在广州市内，拒执罪案件数量主要集中在白云区、花都区、增城区、海珠区等。

（二）广州市拒执罪案件具体情况

时间：2002年1月1日至2020年12月28日

案例来源：Alpha案例库

罪名：拒不执行判决、裁定罪

案件数量：120件

数据采集时间：2020年12月28日

1. 案件类型

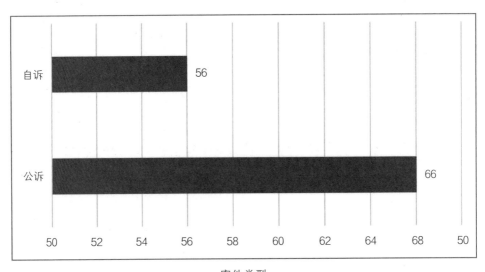

案件类型

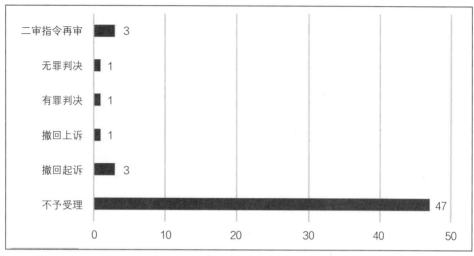

自诉案件结果

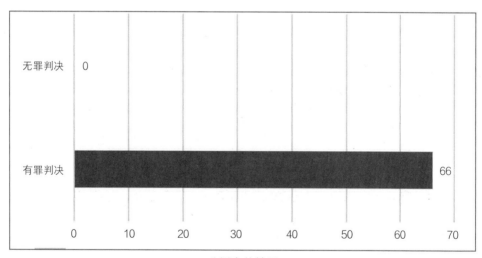

公诉案件结果

　　从上图可以看出，广州地区公诉案件数量与自诉案件数量相当。但是自诉案件的成功立案率并不理想，56件自诉案件中，47件被法院裁定不予受理，3件由自诉人撤回起诉，仅有3件在被一审法院裁定不予受理后，经二审程序指定立案审理。而公诉案件均立案受理并作出有罪判决。

2. 自诉不予受理的理由

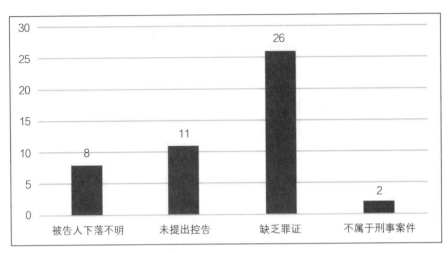

自诉案件不予受理理由

上述图表显示，法院裁定不予受理的主要理由包括实体和程序，其中缺乏证据证明被控告人有能力履行而拒不履行的占比55.3%，公安机关或人民检察院不予接受控告材料或者在接受控告材料后60日内不予书面答复的情况下径行向人民法院提出自诉的占比23.4%。

3. 行为类型

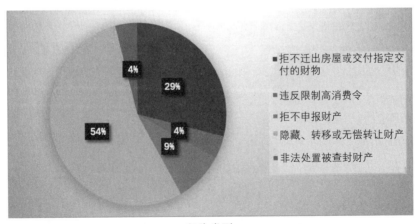

行为类型

从上图可看出，在广州地区，构成拒执罪的行为手段主要有四种，其中以"隐藏、转移或无偿转让财产"和"拒不迁出房屋或交付指定交付的财物"为主。同时，通过对具体案例的解读，我们也发现，被告人往往在同一案件中实施了多种对抗执行的不法行为。由于"隐藏、转移或无偿转让财产"行为具备隐蔽性，对此除了执行法院的排查外，更需要申请执行人及承办律师积极提供相应线索。

4. 强制措施

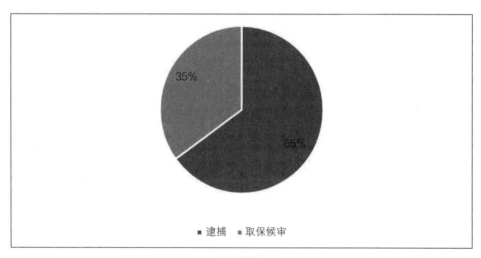

强制措施

从上图可看出，对于涉嫌拒执罪的犯罪嫌疑人，65%以上的案件被采取逮捕的强制措施，在羁押的状态下等候法院审判。仅有不到35%的案件在公安侦查阶段被采取取保候审措施。从案件具体情况来看，履行判决义务、取得被害人谅解是办理取保候审的关键。

5. 司法拘留、罚款情况

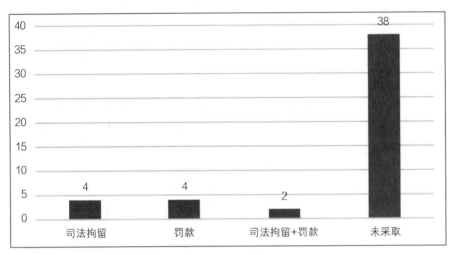

司法拘留、罚款情况

从判决书记载的情况来看，仅有10件拒执罪案件由执行法院对妨害执行活动的被执行人采取了司法拘留、罚款的措施，大部分案件在执行程序中未采取司法惩戒措施。

6. 量刑情况

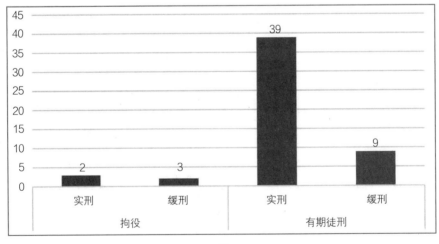

量刑情况

通过对量刑情况的可视化图表可以看到，截至2020年12月28日，广州市各区法院一共对66件（其中13件未公开）拒执案件作出判决，其中判处有期徒刑的案件有48件，判决拘役的案件有5件。其中判处有期徒刑并适用缓刑的案件有9件，判处拘役并适用缓刑的有3件，没有免于刑事处罚的案件。另广州地区全部法院对于拒执罪仅1起案件处以罚金等附加刑。

在适用缓刑的具体案件中，被告人均履行了全部或部分判决义务，并取得了被害人的谅解。可见，是否取得被害人的谅解在量刑考虑上发挥至关重要的作用。从另一角度看，在被执行人面临刑事追责压力下，有相当部分被执行人都会选择履行判决义务以求取得被害人（申请执行人）谅解这一轻刑情节。

7. 量刑幅度

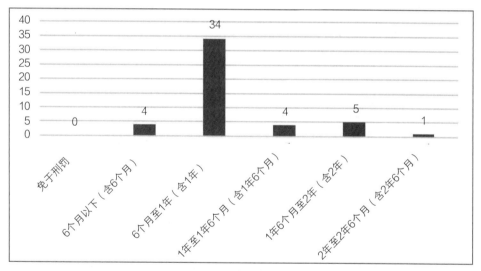

量刑幅度

从上述量刑幅度统计表中可以看出，广州地区拒执罪的量刑主要集中在有期徒刑6个月至2年内，没有免于处罚或有期徒刑2年6个月以上的量刑，其中，70.8%的案件量刑幅度在6个月至1年，量刑1年以上的案件大部分同时实施了多个对抗执行的行为。

三、拒执罪现状与困境

由上述几项大数据统计可以看出，拒执罪案件数量在广州市乃至广东省仍属偏少，究其原因，发现主要存在以下几个问题：

（1）法院案多人少的矛盾依旧突出，经办法官没有足够的时间、精力详尽处理每个执行案件。

广州市中级人民法院院长王勇在2019年1月汇报全市法院"基本解决执行难"工作情况中介绍：2016年至2018年12月底，全市法院新收执行案件401305件，结案398745件，存案21170件，近3年全市法院执行法官年人均结案数分别为385件、498件和590件。全年工作日约为250天，意味着每个执行法官在一个工作日内需办结1.54件、1.99件、2.36件，工作量十分巨大。

这要求当事人及律师转变思维，不能认为执行只是执行法院的事情，在递交执行申请立案后，要积极参与、配合法院的执行工作，争取良好的执行效果。

（2）刑事自诉取证难，申请执行人的财产查询手段有限，未能及时发现被执行人全部可执行财产以及查询财产变动情况。

现阶段被执行人名下财产主要由法院依职权查询，常见的查询对象包括固定资产（动产、不动产）、现金、股权投资（上市公司股票、权证）、所购有价证券、无形资产（包括商标、专利、商誉，著作权，版权等）。申请执行人只能通过与被执行人往来过程中所了解到的情况来提供财产线索，而且无法了解被执行人在执行阶段前后的财产变动情况，以致不能提供被执行人隐藏、转移、故意毁损财产或者无偿转让财产、以明显不合理的低价转让财产的证据。特别在法院对执行案件终本（终结本次执行）处理后，申请执行人如要恢复执行，需向执行法院提供新的财产线索，此处存在两个难点：一是申请执行人无法通过有效手段精准查询、核实被执行人的财产线索；二是如委托律师申请调查令自行到相关部门查询，由于终本后法院内部已对该案作为结案处理，在终本后至恢复执行前，没有明确的经办法官，因此调查令也难以申请。

（3）实务中司法机关之间对案件移交、调查取证、采取强制措施等观点并非完全一致，影响立案、追诉效率。

在司法实务中,拒执罪的启动程序以公诉为主,自诉为辅。在公诉程序中,通常是由法院执行局提起并移送公安机关立案侦查。部分公安机关对于法院移送的拒执案件,在案件性质认定方面存在不同意见,从而影响立案效率。在调查取证方面,由于执行部门一直在充当拒执行为涉罪的证据收集者,公安机关立案与否往往依赖于执行部门收集材料的多寡。

(4)少部分具有拒绝报告或者虚假报告财产情况、违反人民法院限制高消费及有关消费令等拒不执行行为的被执行人,未被及时采取罚款或者司法拘留等措施,从而影响拒执罪的适用。

《最高人民法院关于审理拒不执行判决、裁定刑事案件适用法律若干问题的解释》第二条第一项规定,"具有拒绝报告或者虚假报告财产情况、违反人民法院限制高消费及有关消费令等拒不执行行为,经采取罚款或者拘留等强制措施后仍拒不执行的",应当认定为"其他有能力执行而拒不执行,情节严重的情形"。可见,对拒绝报告或者虚假报告财产情况、违反人民法院限制高消费及有关消费令等拒不执行行为的被执行人,采取罚款、拘留等强制措施是构成拒执罪的前置程序。在执行实务中,对法院的财产申报令置若罔闻,拒绝申报财产的被执行人不在少数,及时对其采取罚款、拘留等强制措施,不仅能够有效督促被执行人及时履行判决义务,也为后续拒执罪的立案奠定基础。

四、结语

从上述拒执罪大数据分析可以发现,自《最高人民法院关于审理拒不执行判决、裁定刑事案件适用法律若干问题的解释》颁布以及最高人民法院提出"用两到三年时间基本解决执行难"的总体目标以来,拒执罪案件数量急剧增加。其中,自诉案件数量逐渐占据主导地位,但自诉案件的立案成功率以及有罪判决率仍然偏低。为此,为维护债权人的合法权益、有效提高拒执罪的立案率以及有罪判决率,本报告结合现阶段广州地区拒执罪的具体情况以及现行相关法律、司法解释的规定,提出下列建议:

(1)穷尽各种合法手段在诉讼前或诉讼过程中申请法院对被告财产采取

保全措施，以保证生效判决的执行或作为被执行人构成拒执罪的重要证据。

（2）案件进入强制执行阶段后，穷尽各种合法手段搜集被执行人的财产线索，一旦发现财产线索，及时向法院报告并请求法院及时采取查封、扣押、冻结等执行措施。

（3）与执行法官保持沟通，了解执行案件进展，结合案件情况有针对性地提出执行措施申请，包括：

1）追究被执行人在执行阶段拒不报告财产等拒不履行生效裁判行为的法律责任，传唤被执行人到人民法院接受调查询问，并在其拒不履行时对其实施拘传，采取罚款、拘留等强制措施；

2）将被执行人纳入失信被执行人名单，依法对其进行信用惩戒；

3）查询被执行人婚姻登记信息，并依法查封、扣押、冻结其配偶名下相应财产；

4）冻结被执行人名下公司股权并予以处置；

5）对被执行人及其法定代表人采取限制消费令；

6）采取限制被执行人出境的措施；

7）对被执行人的住所、经营场所进行现场调查，调取其会计账簿及财务凭证，查明其财产现状及其去向；

8）调取被执行人的工商登记资料，全面核查被执行人企业性质及设立、合并分立、投资经营、债权债务、变更终止等情况，查明其出资、资产变动及盈亏状况，并在必要时对其进行审计调查。

（4）在执行程序中，如果发现负有执行义务的人（包括被执行人、协助执行义务人、担保人等）有上文列举的拒执情形的，及时固定证据或线索，向执行法官报告并请求法院向公安机关移送追究被执行人的拒不执行行为的刑事责任，或直接向公安机关提出控告。

（5）申请执行人向公安机关控告负有执行义务的人涉嫌拒执罪，公安机关不予接受控告材料或者在接受控告材料后60日内不予书面答复的，应保留其曾向公安机关提出过控告，公安机关不予接受控告材料或在接受控告材料后60日内不予书面答复的相关材料，直接向执行法院申请立案。

（6）在公安机关立案后，可积极与被执行人达成和解，在被执行人按照和解协议履行后，向办案机关提供相关和解材料，并出具谅解书，申请撤案、不起诉或其他从宽处理。

（7）拒执罪虽可由当事人自诉，但从上文也可以看到自诉的成功率很低，绝大部分入刑案件都是由执行法院移送到公安机关。这告诉我们在执行阶段，当事人及律师需要与执行法官充分沟通，在案件办理期限内，充分发挥自身主观能动性，查询财产、提供线索，根据法律、政策，结合个案被执行人的具体情况，取得执行法官的认可与配合，这样更有助于案件获得更佳的执行效果。

本文作者系北京德和衡（广州）律师事务所执行法律事务中心以及银行、保险与融资业务中心律师

小额贷款需谨慎，借贷陷阱需防范
——司法裁判大数据视野中的小额贷款

马　滢

在国家刺激消费的大环境下，年轻一代越来越接受"超前消费"的理念，近年市场上五花八门的"现金贷""消费贷"如同雨后春笋般层出不穷，许多小额贷款公司打着"低息""无担保""无抵押""仅凭身份证可贷款"等各种吸引眼球的广告推送，许多涉世未深的年轻人因此掉入陷阱，因盲目消费医美、追星、购买奢侈品导致负债累累，拖累家人朋友，被各种催款电话骚扰，不胜其烦。

近日，《南方都市报》一篇名为《新浪金融旗下产品借款成本高达60%，"空白合同"暗箱操作？》的报道引起了笔者的注意，据此又深入观看了相关

系列报道，留意到如新浪网（新浪微博）、苏宁、拉卡拉等商业巨头依托巨大的用户流量、数据、场景将互联网小额贷款的触手伸向了惯于网上冲浪的新生代，而这些互联网小额贷款产品虽然打着"低息贷款"的旗号，实质年化利息高得吓人。那么对于这些看似门槛极低的小额贷款，在签订贷款合同时，应该注意什么？下面笔者从法律审判文书检索大数据的角度对小额贷款人进行一些必要的提醒。

在威科先行法律数据库中，笔者以"小额贷款"为关键词检索近5年的裁判文书，符合搜索条件的案例共有近89万件，2019年和2020年相关案件纠纷高发，加上"蚂蚁金融"上市叫停等热点事件，催生了各种监管文件，2021年与小额贷款相关的争议案件数量是否会因为监管力度增强而递减，我们拭目以待。

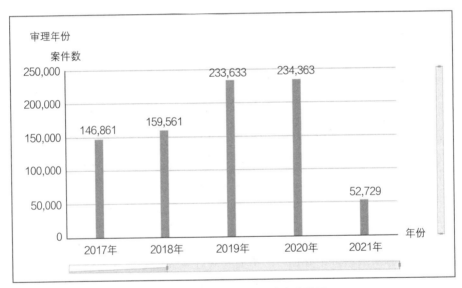

2017—2021年小额贷款相关案件数量

在这些裁判文书中，法院引用最多的法条是《合同法》第二百零六条、第二百零七条；《最高人民法院关于审理民间借贷案件适用法律若干问题的规定》（自2015年9月1日起施行，以下简称《民间借贷司法解释》），也是高频出现的法规之一。

法条引用-实体法

法院引用法条统计

从审判文书看来，法院一般围绕着贷款合同的审查和从贷前到贷后的整个过程事实来审理。合同是否真实、合法、有效，借款人签署的借款合同是否出于其真实意思表示，借款人是否取得足额放款，还款进度等问题均须查明。法院还重点对小额贷款公司是否具有开展贷款业务的合法资质进行审查，以判断双方借款合同关系是否适用于《民间借贷司法解释》的调整范围。从判例来看，没有放贷资质的公司起诉借款人的，往往会被作为民间借贷，参照《民间借贷司法解释》来处理。同时，如放贷公司还附带一些情节、后果较为严重的暴力催收问题，还可能涉嫌"套路贷"等刑事方面的风险。下面笔者以问答的方式将小额贷款纠纷案件中几个关键问题结合实际情况给大家进行解答。

问题一：我借钱的公司不具有合法放贷资质，那我借的钱是不是不用还了？

答：不是的。首先，笔者注意到绝大多数判例中的借款人以"贷款公司未取得贷款资质"进行的抗辩，经法院调查后均不被采纳。也就是说，绝大多数的贷款公司资质被法院认定合法合规，借款人需要承担还款付息的义务，且需要承担因还款逾期而产生的利息、罚息、复利，以及贷款人提起诉讼而产生的诉讼费、律师费等。其次，就算借贷公司真的不具有合法放贷的资质，借款人也绝不能因为某公司或者某组织不具备借贷资格，借的钱就可以不还了。

对于无效借款合同，根据无效的不同情形应区别对待，具体如下：

（1）未涉嫌违法犯罪的，应当返还本金。

（2）借款用于犯罪活动的（如被认定非法放贷、套路贷、高利贷等情形），应当依法予以收缴。

（3）关于合同无效后的利息处理。目前，法律并未有明确规定，但从法理上讲，合同被认定无效后系合同自始无效，双方并未成立借贷关系，因合同取得的财产应当予以返还。有过错方应当赔偿无过错方的损失；双方均有过错的，应当各自承担相应责任。在民间借贷合同无效的情形下，大多数情况是双方已知或者应知的，因此双方均有过错的，法院一般不会支持原告的利息要求。但是，法院虽不支持合同无效的利息请求，但可以要求支付原告从起诉后到被告返还借款期间的利息，作为资金占用费由被告按银行同期同类贷款利率计算给付。

相关法条：《民法典》（2021年1月1日生效）第一百四十九条和第一百五十条规定，一方以欺诈、胁迫的手段订立合同，当事人一方有权请求人民法院或者仲裁机构变更或者撤销。

问题二：虽然放贷公司具有合法放贷资质，但公司发放贷款时的年利率远超现有法律规定，我是否可以不承担这部分利息？

答：在新规生效之后发生的借款有可能不需承担超出国家规定利率红线以外的利息、罚息、复利等。

2020年8月20日，最高人民法院发布新修订的《民间借贷司法解释》，将民间借贷利率的司法保护上限调整为以一年期贷款市场报价利率（LPR）的4倍为标准，取代原来的"以24%和36%为基准的两线三区"。按照最新的LPR，民间借贷利率的司法保护上限为15.4%。

但是，根据2021年1月1日起施行的《最高人民法院关于新民间借贷司法解释适用范围问题的批复》（法释〔2020〕27号），最高人民法院释明："经征求金融监管部门意见，由地方金融监管部门监管的小额贷款公司、融资担保公司、区域性股权市场、典当行、融资租赁公司、商业保理公司、地方资产管理公司等七类地方金融组织，属于经金融监管部门批准设立的金融机构，其因从事相关金融业务引发的纠纷，不适用新民间借贷司法解释。"因此，4倍LPR民间借贷利率在法理上对持牌放贷机构并无约束力。各级地方法院在实际案件审理中对于利息、罚息、违约金的认定标准不尽相同。以广东省为例，不少地方法院处理小额贷款利息问题时，同时参考了《广东省小额贷款公司管理办法（试行）》第二十七条（二）："贷款期限和贷款偿还条款等合同内容，均由借贷双方在公平自愿的原则下依法协商确定。贷款利率上限不得超过人民银行公布的同期同档次贷款基准利率的4倍，下限为人民银行公布的同期同档次贷款基准利率的0.9倍，具体浮动幅度在上下限内按照市场原则由借贷双方协商确定。"

笔者在撰写这篇文章之时，同时留意到中新经纬客户端7月30日电：29日，有媒体报道称，业内传来消息，相关监管部门提出要求，各地消费金融公司、银行等金融机构要将个人贷款利率全面控制在24%以内。其中，部分地区监管部门要求在2022年6月底前清理利率超标存量贷款。在笔者看来，这是一个监管部门逐步清理高息小额贷款的信号，相信在2022年6月监管办法正式出台后，金融机构贷款综合成本（含利率、罚息、复利、分期手续费、滞纳金、违约金等）高于24%的部分，很难再得到法院的支持。

问题三：贷款公司发放贷款前收取了我一部分费用作为"砍头息"合法吗？

答：不合法。所谓"砍头息"是指出借人在出借资金时，预先扣除一部分利息或借期内的全部利息。根据《民法典》第六百七十条规定，借款的利息不得预先在本金中扣除。利息预先在本金中扣除的，应当按照实际借款数额返还借款并计算利息。《民间借贷司法解释》第二十七条规定，预先在本金中扣除利息的，人民法院应当将实际出借的金额认定为本金。如果借款人收到贷款机构发放的贷款并非全额而是被扣留了部分款项，务必及时提出异议并保留有效证据。尤其提醒借款人切莫听信不良贷款公司的忽悠，在收到全额借款后又取出部分金额作为预扣利息汇给贷款公司指定的第三人账户，因为这种收到全额贷款资金后再次转账的行为很难证明实质资金用途，举证困难的后果只能让借款人"哑巴吃黄连有苦说不出"。

问题四：急需用钱，小额贷款需要注意些什么？

答：首先提醒各位年轻人切勿因贪图一时之快，掉入了超前消费的陷阱，小额贷款看似门槛低金额小，一旦形成了不良的消费习惯，容易越陷越深，甚至影响个人征信。据了解，一些年轻人买房向银行贷款，由于之前借过好几笔小额贷款而被银行认为征信记录不佳拒绝贷款的事件屡见不鲜。

万不得已必须通过申请小额贷款来解决经济困难时，须注意以下几点：

（1）注意放贷机构是否有正规合法的资质。

符合资质的贷款机构，在贷前审核、贷款发放、贷款催收等方面的做法都比较正规，而且贷款牌照申领门槛高，监管力度大，贷款机构一般不会做暴力催收这类出格的事情。没有资质的非法放贷公司缺少监管，各种砍头息、套路贷、贷款诈骗、暴力催收层出不穷，防不胜防。为了规避这些不良贷款机构，我们可以通过地方监管机构的网站查询其备案信息，看是否有正规放贷资质，也可以通过工商登记信息网做一下简单的背景调查。

（2）切莫通过手机短信等发送的不明链接安装借款软件、App等。

不正规的贷款机构App往往通过无下限推送虚假广告来吸引用户下载，例如不需要提供担保、利息很低、还款期限长、仅凭身份证即可办理贷款等各种吸引眼球的广告推送。笔者曾接到小A的咨询：出于好奇，小A下载了短信中推送的一款小额贷款App，本来只想测算一下自己的额度，如果借款利息高就不借了，结果按照提示输入了个人信息后，自己的账户居然莫名其妙收到了不足额放款！小A想拨打客服电话反映情况，客服电话却永远无法拨通。小A为此困扰不已，他下载的这款软件几乎把所有的"雷"都踩了一遍：先是扣除"砍头息"；在小A申请借款时强制要求开放手机通讯录，一旦还款不及时，小A通讯录里的亲朋好友被骚扰个遍；另外笔者替小A算了一下这笔借款的利息，年利率居然高达近30%！因此，贷款时下载App等须在正规平台下载，且注意审核放贷公司的资质问题。

（3）对于贷款合同的审核务必注意贷款利息和还款期限这两个关键问题。

很多人网上申请贷款的时候没注意一些格式合同的细节，特别是一些数字和比例，如还款利息是多少、还款期限是怎样的。如果不重视这些信息，则很容易吃亏上当。2021年3月，央行要求所有贷款产品应明示贷款年化利率后，仍有很多网络小贷公司不明确标识贷款年利率，而是用日息、月息等信息迷惑借款人，借款人一般留个心眼，通过日息、月息换算成年息即可清楚，一般正规的借贷公司年息不会超过24%。此外，签订借款合同时重要条款采取空白、格式合同的方式，恶意加大借款人的责任或者加入霸王条款，故意模糊或误导借款人对贷款利率的认知也是网络小额贷款公司一些惯用的"伎俩"，签订贷款合同时切勿松懈，必须留意陷阱。

（4）注意不要在放款前支付任何费用。

正规的借贷公司一般就算是要收一定的费用，也会在放贷之后收取，不会在放贷前收取任何费用，因此对于在审核贷款资格时期就以各种借口向借款人收取各项杂费、砍头息等做法的贷款公司，必然存在违规情形，请借款人务必警惕，勿掉进了贷款诈骗的陷阱。

最后，笔者对于小额贷款的监管文件陆续出台，监管力度持续加大的趋势非常认同。2015年前后，P2P平台、小额贷款、消费贷款等新兴贷款方式如雨后春笋般野蛮生长。监管层不止一次强调——既要鼓励创新、弘扬企业家精神，也要加强监管，依法将金融活动全面纳入监管，有效防范风险。2020年，中国银保监会出台了《网络小额贷款业务管理暂行办法（征求意见稿）》，对申领牌照的实缴资本、业务开展地域、自有资金来源比例、股权管理、再融资杠杆率等各方面均有明确指引。小额借贷从野蛮生长到规范有序，作为银行等传统金融体的必要补充而获得正常发展。同时再次提醒年轻人要根据自己的收入情况和风险承受能力合理借贷，切勿过度消费、过度借贷。

本文作者系北京德和衡（广州）律师事务所银行、保险与融资业务中心副总监

栏目六

≪ Column

律师随笔

摄影作品迷思

陈 震

摘 要

作为一种获取外在世界影像的方式，摄影具有多重属性。摄影作为事实性的作品生成模式，给各国的著作权法不断带来挑战。摄影是什么？摄影创作的独创性究竟体现在什么地方？摄影作品是如何从普通的照片走进艺术殿堂的？数字时代给摄影创作带来了什么？……种种迷思，本文并没有给出最终的答案，但是相关的思考有利于加深对摄影创作和摄影作品本质的认识。

关键词：摄影作品 照片 独创性 选择

1839年，法国人路易·达盖尔发明的"银版法"被公开，宣告摄影术诞生。此后，摄影这一获取外在世界影像的方法得到不断发展，从银版照片到纸基照片，从肖像摄影、风光摄影到各种功能摄影，从模拟摄影到数字摄影，摄影彻底地改变了人的生活方式，促使人类向视觉文化时代跃进。

早期的摄影并没有取得合法的艺术地位，被当成是"艺术家放到教堂门外不合法的私生子"，多年以后才慢慢地被主流社会接纳，得到艺术界承认。1862年，英国的《美术作品版权法》将照片作为美术作品予以保护；1865年，美国修改《版权法》将照片列为保护对象，随后摄影作品的可版权性逐渐得到司法实践的认可。摄影创作从专业的摄影师、发烧友逐渐地走向普罗大众，摄影创作实践也逐步丰富起来。随着照相机制作技术的不断进步和感光材料的发展，摄影变得异常简便，任何人（甚至大猩猩）都可以揿下快门按钮，完成一次拍摄。摄影如此简易，摄影图像呈几何级数递增，但是在司法领域，摄影作

"摄影术之父"尼埃普斯摄于1825年，为第一张照片

品的判别水平并没有得到相应提高，摄影理论供给不足，实务中反而出现了更多的困难。

一、定义之辩

何谓摄影？何谓作品？前者是一种创作方法，后者为"可版权性"依据。

依据我国《著作权法实施条例》之定义，"摄影作品是指借助器械在感光材料或者其他介质上记录客观物体形象的艺术作品"。这个定义由几个要素构成：一是摄影要借助器械，二是通过感光材料（包含其他介质）的记录，三是客观物体形象，四是艺术作品。

仔细分析一下这几个要素。摄影是否要借助器械呢？器械主要指照相机、摄像机或者是简易小孔成像装置等获取影像的设备，实际上摄影并非一定要借助器械，单纯地将物体放到感光相纸上进行光照，可以直接获得影像——这就是摄影的发明者之一、英国人塔尔博特曾经用过的方法，一直没有被废弃，至今还有人使用，被命名为"直接印相法"，这种不借助任何器械获取的影像，是否属于摄影作品呢？将摄影限定于通过"感光材料"的记录，这样就把通过电脑截屏等方式获取的图像排除在摄影作品之外了。"客观物体形象"是指摄影作品的对象应该先行存在的，如果在一个黑暗的屋子里，保持相机的快门长时间开启，用一支点燃发亮的线香在镜头前晃动，最后在感光材料上留下的是光运动的痕迹，相当于用"笔"在感光材料上作画，这算得上是"摄影"吗？"艺术作品"的限制将摄影作品范围限定在很狭小的范围内，许多通过摄影方式产生的照片，比如纪实性新闻照片、科学研究过程中采集的照片、日常的生活快照，能否因为其不属于艺术范畴就一概不予版权保护呢？显然不能。

从"摄影"的词源上分析，"photography"一词由两部分构成，"photo"指"光""光子"，"graphy"意指"写""绘画"，所以"摄影"就是用"光"来"绘画"，在西方摄影长期被称为"光绘艺术"。据此，似乎可以将"摄影"定义为"利用光在感光材料上形成影像的方法"。

摄影首先是一种获取影像的方法，获得的照片是否能够成为"作品"，因之受到著作权法的保护，这就是所谓"可版权性"要件：要求照片必须能够体现出一定"独创性"才能成为"摄影作品"。摄影在光的辅助下实现对现实物象的截取，照片本质上是某个时空的"切片"，通常可以被当成是现实的"替代品"，这种来自对现实"机械"复制的作品，如何才能体现出"独创性"呢？尽管版权作品的"独创性"要求并不太高，在独立创作过程中体现出一点点的哪怕只有"一枚小铜币"的创作高度，也可以使之成为受法律保护的"作品"。但在一幅照片中，哪些是属于拍摄对象的，哪些是属于拍摄者"思想"的外在"表达"，区分起来并不容易，传统版权法体系中基于表现而设定的独创性规则在摄影这里遇到难以逾越的困难。

二、作品的完成时间

摄影作品何时算是完成呢？是快门关闭的一刹那还是照片被最终印放出来的那一刻，或者其他时间？

关于摄影有一个有趣的比喻：暗箱如同子宫，影像孕育其间。不到最终被印放出来，根本没有办法看清影像的面貌。按下快门仅仅是一个可能性的诞生，既可能因为拍摄技术不足没有生成合适影像，也可能因为后期制作失误让影像胎死腹中。在数字摄影时代，暗箱没有了，图像所见即所得，影像获取如同从果树上直接将果子摘下来，但是因为机械性能的差异，使得后期获得的照片在不同的浏览终端、不同的冲印设备、不同的打印机上输出的样貌并不相同，有时差异性之显著足以被当成两张不同的照片。

在银盐胶片时代，摄影者完成取景、构图、相机参数设定之后，按下快门，但是对最后获得的影像通常是不可知的，曝光是否准确、对焦有无偏差，需要到暗房中经过复杂的工艺程序，凝固在胶片上的影像才会慢慢地浮现出来，过程稍有偏差，要么毁坏了照片，要么改变了图像的形态。无可置疑的是，后期制作与前期取景、拍摄的重要性难分伯仲。许多摄影者通常将拍摄好的胶片送到专业的冲印机构处理，将最后获得的照片视为自己的作品，而将印放环节对作品的贡献完全忽视了，尽管从事照片印放人员的个性无可避免地停留在最终的照片上，他们也是摄影作品的合作者。

作品的外在形态是怎样的，是指底片还是被印放之后照片的样貌？底片能够被看成是作品的原件吗？尽管底片和照片在法律上通常被认为是同一的，可以作为两者源流的证据，但实际上是完全不同的两种东西。美国摄影家亚当斯有一个著名的比喻，"底片如同乐谱，印放犹如演奏"。每一次印放均可能（刻意地）呈现出不一样的作品样貌，亚当斯每一次印放照片总是刻意地寻求变化，比如换一种影调，将某些区域加强或压暗以获得不同的艺术效果，那么每一次能不能视为一次新的创作呢？从这一角度看，每一次印放都可以看成是一次全新的创作：底片只提供了一种可能性，印放才是作品的完成。

在数字摄影时代，似乎可以做到所见即所得，但是并不排斥甚至被某些摄影者视为当然的后期"修图"，最终获得的照片（甚至没有所谓的"最终"照片）与按下快门的刹那获得的影像往往具有显著的差异。

在上述状况下，能够确定作品完成的时间吗？我可能将20年前拍摄的照片重新修饰、选择，如何使用"50年"未发表的标准呢？

三、如何将摄影作品从照片的篮子中择出来？

摄影仅仅是固定事物影像的一种方法，通过摄影可以获得照片。这些照片中哪些属于"摄影作品"，可以获得版权保护；哪些属于普通的照片，需要特别对待呢？

（一）摄影作品保护的究竟是什么？

摄影作品作为事实性作品，其拍摄对象基本上是现存的、既有的外物，所以摄影作品所保护的客体定然不能及于拍摄对象。比如拍摄黄果树瀑布，你能够拍摄出作品，但你不能限制别人拍摄同样的场景。

那么摄影作品保护的究竟是什么呢？按照著作权法的基本原理，摄影作品保护的是对思想、事实、题材等"独创性"的表达。但是，从一幅已经"创作"完成的纪实性画面中去寻找"独创性"难度很大，有论者将独特的构图、光线选择、快门设定、光圈的选定等技术性因素当成是摄影作品的"独创性"因素，但是，同样的对象无论是否选择，即使不加选择地使用相机的自动设定功能，在暗箱中孕育着的照片中总是会有"独特"的构图、各种因素的"独特"选择，有什么方法和依据判定别人不够独特？摄影中所运用的各种技术，诸如对焦、快门设定、光圈选定、滤镜的使用等均属于公用范畴，不能被当成是版权保护的对象，对于摄影技术有些人运用得娴熟一点，有些人运用得生涩一些，有些人根本不会用，但任何人均有机会拍摄出符合版权法保护要求的作品，不能因为自己率先使用某种拍摄技法就禁止其他人采用相同的技法从事摄影创作。

能够获得保护的独创性因素应该仅限于摄影者需要通过拍摄的作品主观表现的部分。摄影作品的创作是通过再现外在物象以表达创作者某种思想、感情，单纯地再现（复制）外在物象或作品的行为，不属于创作；不具有表现性因素的照片，不算是摄影作品。被拍摄的外在物象仅仅是附载主观思想感情的载体，独特的构图方式、影调选择有助于表现出不同的审美趣味和价值追求，体现出拍摄者的思想和情感。

真正的困难在于，如何解读、理解作品所蕴含的表现性因素，进而判断照片是否具有独创性。

（二）选择与意义

有人比较过摄影与绘画两种创作模式，用一个比喻揭示两者不同，"摄影犹如弹钢琴，绘画好像拉小提琴"，因为摄影创作需要在既有的元素上进行选择，如同弹钢琴只能选择既有的按键，通过按键不同的组合，演奏出不同的音乐作品，而绘画受到的限制则较少，可以从无到有地、随心所欲地在白纸上创作出作品。所以，摄影主要使用"选择"作为创作方式：选择拍摄对象、选择拍摄技巧，构图则是将呈现在画面中的各种元素加以取舍以确定其在画面中的地位，后期制作也是各种选择的结果。选择属于从有到优（其实也很难说是否"优"），摄影者的主观创作意图体现在照片中通常并不明显，创意被隐藏在画面的背后、隐藏在制作的过程中，甚至是隐藏在器械的性能中，难以区分出哪些属于主观创作性的因素，哪些仅仅是拍摄对象自身所拥有的特性。

创意需要被解读，需要观看者发现其中蕴含的意义。从这个角度看，摄影获得的照片要被认定为独创性的作品，必须有"意义"的溢出。也就是说，独创性的作品需要赋予拍摄对象"第二意义""第三意义"……如果仅仅包含对象自身的意义时，无法彰显出表现性的创作因素。有的摄影者会为照片增加一个标题，暗示作品所蕴含的意义；大多数时候仅仅依靠接受者个体化的解读。

在拍摄之前进行选择或者在按下快门时选择固然重要，后期的选择是否也同样必不可少呢？这种拍摄完成后的选择已经成了众多的摄影者"标准"的工作模式，这一模式的特点是在现场拍下大量的照片，适当的时候再对每个画面加以审视和琢磨，寻找出最"合适"的照片，此时，才算得上摄影作品创作的完成。这个选择的过程实际上就是"第二意义"发现的过程，此时就从"意义的赋予"走向了"意义的发现"——按下相机快门之前，拍摄者的选择总是与意义相关：这个画面很美，这个笑容很灿烂，这些元素组合令人震惊，这个画面体现了秩序感……于是，尝试用构图将这个"感觉"固定下来，但是往往是不成功的，无法将"意义"准确地赋予框定的画面；后期的选择已经超越了既有的"意义设定"，通过寻找含有"第二意义"的画面以完成创作。

（三）人类的创作与自动机器获取的影像

摄影作品的创作者必须是"人类"，这是一个可以从著作权法中推演出来的当然结论。这一结论可以排除机器成为摄影作品的"主体"，进而将自动机器拍摄的照片排除出版权保护的范围。

理所当然，拥有自由意志的人类可以自觉地完成作品的"创作"过程，但是那些自动设施或者拥有人工智能的机器也可以在特定场景下拍下"看上去不错"的照片。这些照片能否成为"作品"呢？符合逻辑的判断是不能，但是如果仅仅将自动机器当作采集图像的工具，放置在特定的场景下，比如在合适的地方安装一部感应式相机，当东北虎出没时自动触发快门，可以拍下老虎的珍贵照片，然后由人类"创作者"对这些照片加以选择或处理，也可以体现出某种"创作性"，此种情况下只是将人的创作行为放到了后面。

我们习惯上只承认"按下快门"或者是"完成构图"的那个自然人在从事"创作"，而忽视后期的选择和对图像的处理的价值。如从卫星拍摄的数以万计的照片中选取出一张含有"第二意义"（比如令人震惊的浩瀚星空）的照

路易斯·亚瑟·杜科斯·赫隆摄于1877年，为第一张彩色风景照片

片，这为什么不算是一种创作行为呢？为什么不能承认被选取的照片具有"独创性"呢？实际上，最终的"创作"并非由自动相机完成，自动相机只是完成了图像的采集，而最后完成的照片实际上源于人类的主观选择和处理，具有了表现性的因素。这一问题真正的难点在于，如何确定摄影作品的权利人，即使是人类完成拍摄的照片，确定是谁按下了快门有时也是困难重重，而考察后期制作中某某人的"独创性"工作，将会是不可能完成的任务。

（四）"看门人"

社会心理学家科特·雷恩在20世纪40年代提出一个"看门人"理论。该理论认为，信息的传播是通过"看门人"进行的，只有符合一定的规范或价值标准的信息才能被传播给听众。具体到对摄影作品的判断，"看门人"是策展人、图书出版商、摄影比赛的评委团、图片编辑、摄影系教授……他们的意见可以确定一幅照片是否具有"独创性"，能否被接纳为艺术以及艺术价值的高低，能否被传播。"看门人"确定的标准，或者是"看门人"制定的话语系统，最终被主流社会作为确定摄影作品价值的判断依据。

这一系统的最大弱点是依赖于"专家"的专业性，对于普通照片的鉴定并没有太大的意义。独立进行司法审判的法官实际上也被排除在"看门人"系统之外，许多论者明确地宣称由法官来确定作品的艺术价值是危险且不靠谱的，因为法官阶层的艺术素养良莠不齐。但是认定一幅照片是否具有独创性，这不仅是艺术性问题，主要是法律问题。许多具有"独创性"的作品可能无法被专业的"看门人"认同，但并不能将其排除在著作权法的保护范围之外。

在我国的司法实践中，法官缺乏认定摄影作品独创性的基本方法——因为仅仅从法律角度难以确定作品"独创性"的程度，于是在审判中只好无限降低对于摄影作品的认定标准，除明显是复制既有美术作品的照片可以被认定没有独创性之外，其他的大都被认定为具有独创性，独创性标准被无限降低和简化为"独立完成"原则，这相当于没有标准，因为摄影很难完全地抄袭他人作品——即使在同一个地点、使用同一台相机、设定同样的技术参数、采用同样的构图，获得的作品也会有少许的差异，这个差异可以被辩解为"独创性"吗？

（五）影像的挪用

艺术史上最著名的"挪用"事件开创了杜尚艺术。1917年，法国艺术家马塞尔·杜尚将从商店里买来的小便池送到美国独立艺术展览，取名为《泉》，轰动了艺术界。在某种意义上，所有的"摄影作品"都是来自对影像的"挪用"。

摄影只是一种获取影像的方法，借助摄影器械和光线的作用，获取了外在时空的影像，结果只不过是采撷了一个时空碎片，照片因之具有了客观性、本真性等特点，但是不同的使用方式将会造就不同的照片类型。所以，艺术照片并非天然地具有艺术性，只是被艺术地对待了或者是艺术化了。将摄影获得的照片用于不同目的则会拥有不同的价值，作为信息传播的工具可以体现照片的媒介性特征，用于科学研究涉及照片的本真性，作为证件照使用则源于照片对现实的指涉性……将照片换一个使用方式，特别是将功能性照片当成艺术照片看待时，构成了影像的挪用。

将已经拍摄完成的照片专门置于特定的语境中加以解读，可以促使照片产生"第二意义"。比如，将刑事侦查过程中拍摄的案发现场血迹的照片，印放后置于摄影展上，取一个标题，就能够使得照片离开原始的意义系统，获得"第二意义"，变成一个艺术存在，呈现出独创性特征。尽管此时的"独创"来源于策展人，现实中却将其权利归于拍摄者。

将别人拍摄的照片挪用作自己创作的素材，这在艺术史上屡见不鲜，许多视觉艺术家不时直接将他人的照片改变其呈现的语境和利用方式，使之成为自己视觉艺术作品的一部分。这种艺术挪用的方式让人无比困惑的是，普通的照片因为被挪用而获得了

马塞尔·杜尚的作品《泉》

"独创性"的意义，但这种权利应该授予谁呢？

（六）保护创作和保护投资

著作权立法中实际上有两种价值取向，一是保护创作，将符合"可版权性"标准的智力成果当成作品来保护。二是保护投资，对于智力创作中的投资人利益特别加以保护，我国著作权制度中的非自然人的作者拟制即属于此种情况；德国立法中将不具有独创性的普通照片给予邻接权的保护，显然也属于此类；英美法中采取更低的独创性标准，不加区分地对照片进行版权保护，也是兼顾了对投资的保护。

从事摄影往往需要巨大的投资，需要配备各色硬件设施，有时还需要投入时间进行技巧训练，拍摄通常也需要大量时间投入，照片是所有投资的物化形式，值得给予法律保护。所以，有时不再过分关注摄影作品的独创性问题，原则上给予适当保护，可能是更加合理的做法。在我国的司法实践中，对于摄影作品的独创性标准实际上已经降得很低，起诉到人民法院的案件，判定独创性缺失而不给予保护的案例很少，对绝大部分作品法官均能言之凿凿地阐述其含有某种"独创性"表达因素，这里面包含有对摄影投资进行保护的价值追求。

有时，在视觉艺术品的创作中，将他人的普通照片（我们姑且假定其没有

《艺术家工作室》，达盖尔摄于1837年，是保存下来的世界上最早的清晰照片

独创性）作为素材成为新作品的一部分，照片的权利人起诉至法院，法官是否应该以照片不具有独创性而驳回其诉权呢？通常的做法是法官千方百计地阐述普通照片具有某种独创性，而不会轻易地驳回原告的诉讼请求。法官的逻辑应该是，被告毕竟是使用了别人的照片，总得承担点责任吧！这时候保护的其实仅仅是劳动和投资。

四、数字摄影的挑战

传统的模拟摄影需要借助胶片的感光，在暗房中通过魔术般操作，才能将拍摄的影像固定到相纸上。模拟摄影可以在后期对画面作有限的处理，很难根本性地改变画面构成元素，所以，拍摄的影像可以视为对现实的复制。进入数字时代，摄影已经完全离开了胶片和各种化学溶剂，依靠感光元件和计算机算法系统可以获得逼真的影像。在数字摄影时代，许多人惊呼"摄影已死"，银盐时代摄影所拥有的对现实的指示性和本真性特征因为数字摄影易于篡改而失去价值，美颜相机拍摄的肖像照片与本人通常差异巨大，按图索骥的相亲者常常失望而归。

数字摄影摆脱了银盐摄影僵硬而难以篡改的画面约束，可以迅速地利用各种软件对影像作出调整，甚至将原本不存在的元素直接镶嵌在画面中，天衣无缝。数字摄影时代，美术与摄影的藩篱被悄悄地拆除了，美术成为摄影的工具，摄影成了美术的助手，两者更紧密地融合在一起，这样的作品如何命名呢？或许直接名之为"图像作品"更为恰当。

本文作者系北京德和衡（广州）律师事务所知识产权业务中心律师

法律的底线与底气

董　娟

我亲历的最早的校园霸凌事件，大概是在读小学四年级的时候。

读小学二年级的妹妹，总是被后桌的男同学欺负，妈妈找过老师反映情况，希望老师能好好管教一下调皮的男同学，但似乎无济于事。

一次课间休息，特意跑去看妹妹，正好看到那个男孩在打妹妹，我飞奔进教室，死死地拽紧他胸前的衣领，平静地"命令"妹妹："他刚刚怎么打你的，你给我狠狠地打回去！"

小小的妹妹弱弱地不敢动手，我气急了冲她吼："你今天不打他，我就打你！"

记不得妹妹当时有没有打回去，反正我肯定是狠打了男孩一个痛快。

后面再也没有听妹妹说过被哪个男同学欺负的事情了。

以眼还眼，以牙还牙，彼时，在我尚不成熟的认知里，应该是最大的正义和公平，这样"朴素"的认知，一直持续到我上大学，开始学习法律。

从学习法律到从事律师职业的这20多年里，见到、听到过一些不公平、不公正的事情，我会建议当事人诉诸合理的或法律途径解决。

自己亲历过一些闹心的事情，也会循法律途径解决。

作为一名律师，我十分清楚，法律不是包治百病的灵丹妙药，不可能解决所有的社会问题。

某些一切合理、合法的途径都解决不了的人或事，"恶人自有天收，恶人自有恶人磨……"的现实例子，我们见得还少么？

法治社会，维护权利的底线之一，应该是不违法，这个理念需要根深蒂固地存在我们的认知里。

了解紧急避险、正当防卫等基本法律概念，我们会更清楚，在极端的情况下，如何更好地保护自己。

我第一次亲自感受到律师职业光芒，是在律师助理阶段。

16年前的某一线城市的城乡接合部，一对小姐妹同在一家不小的工厂工作，妹妹被老板的儿子企图强奸，经反抗强奸未遂，妹妹报警，犯罪嫌疑人被抓。

老板一家在当地盘踞多年，有钱有势，还压着姐妹俩小半年的工资未发。

老板哀求妹妹写说明材料，要求说明两人是恋爱关系，并表示只要写了说明，工资马上结算，还额外给赔偿。

姐姐经人介绍，找到我咨询，到底该怎么办。

我提醒：先要求工资一分不少按时发放，不能附加任何条件，这个是你们的权利。

不要贪图赔偿或补偿。

同时我讲道：即便拿了他们自愿给的补偿或赔偿，关于强奸的任何书面和口头证明材料，不管是给到哪里的，都需要说明一个事实。

事实就是的确有企图强奸的行为发生，但因为反抗没有得逞，考虑是初犯，你们可以接受犯罪嫌疑人不受到法律制裁的处理结果。

因为如果不注明事实，或者前后表述的事实内容存在矛盾，被人反咬诬告陷害就麻烦了。

姐妹俩按我说的去做了，一切还算顺利。

后来姐姐"骄傲"地和我讲：派出所的人问她们，你们家有律师么？

姐姐说这话的那一刻，我看到了光芒，与其说是律师职业的光芒，不如说是法律的光芒。

我开始真正懂得，任何时候，不要因为权势、金钱或其他任何压力，忘记法律赋予我们自我保护的底气。

之所以写下这些，实则是近日的两则新闻太让人唏嘘、感慨。

一则是《少年刺死霸凌者获刑8年　如今刑满释放：我的人生轨迹已回不去》的主人公陈泗瀚。

另一则是《武汉一35岁女子遭狗主人辱骂殴打后跳楼身亡！死前遗言：我拿命来控告》的主人公卢孝林。

少年失去的8年青春已经回不去了，想做律师的梦想可能永远也无法实现。

失去生命的女子留下悲痛欲绝的双亲，作恶的人没有得到任何相应的惩罚。

如果15岁的少年知道行为的底线，一定不会先拿出刀刺向同学的胸部，让自己的自由和梦想从此埋葬！

如果刚毅的女子知道收集证据，有拿起法律武器保护自己的底气，一定不会选择从32楼一跃而下，用最宝贵的生命控告一帮为非作歹的"垃圾人"，却留下无限的悲痛给至亲。

作为执业律师，我们看到、听到的不那么光鲜、光亮、光明的事情肯定要比一般人更多一些。

繁忙的工作之余，我尽力制作普法小视频，用心维护普法微信专群……努力与身边的尤其是非法律专业的有缘人分享我认为对他们有价值的法律知识。

点滴努力，只希望更多人因为了解法律，而有底线，更有底气为自己争取合法权利，也让我们的工作生活因为有了法律的庇护，而更加顺遂、明亮。

本文作者系北京德和衡（广州）律师事务所公司业务中心副总监

栏目七

« Column

2021年优秀案例

案例一　侵权人是否为著作权登记法律
意义上的利害关系人？

案件名称：著作权侵权案件的侵权人并非著作权登记行政行为法律意义上的利害关系人

承办律师：陈震

一、案情介绍

2019年7月31日，江苏省版权局应曾某的申请，经审查出具案涉《作品登记证书》。2020年4月15日，曾某认为黄某未经授权擅自使用其美术作品，向法院提起侵权诉讼。2020年9月12日，黄某向江苏省版权局申请撤销涉案作品登记；次月，省版权局复函不予撤销。2021年1月4日，南京市中级人民法院受理黄某诉江苏省版权局、第三人曾某著作权登记一案；原告请求确认江苏省版权局对案涉作品登记证书的登记违法，请求予以撤销①。

二、争议焦点

原告是否具有提起该案行政诉讼的主体资格。

---

① 南京市中级人民法院（2021）苏01行初18号行政裁定书。

三、裁判规则

《中华人民共和国行政诉讼法》（以下简称《行政诉讼法》）第二十五条规定，"行政行为的相对人以及其他与行政行为有利害关系的公民、法人或者其他组织，有权提起诉讼"。第四十九条规定，"原告是符合本法第二十五条规定的公民、法人或者其他组织"。《最高人民法院关于适用〈中华人民共和国行政诉讼法〉的解释》第六十九条规定，"不符合行政诉讼法第四十九条规定的"，应当裁定驳回起诉。

四、法院判决

南京市中级人民法院根据《行政诉讼法》第二十五条规定，"行政行为的相对人以及其他与行政行为有利害关系的公民、法人或者其他组织，有权提起诉讼"，从起诉人是否具有值得保护的合法权益及被诉行政行为是否对该合法权益造成了影响进行判断，最终认定起诉人与案涉作品著作权登记行政行为不具有利害关系，并非本案行政诉讼的适格原告。

法院认为，对于《行政诉讼法》规定的"利害关系"的理解，应当从起诉人是否具有值得保护的合法权益及被诉行政行为是否对该合法权益造成了影响进行判断，通常应考虑三个要素：（1）合法权益范围要件；（2）合法权益个别化要件；（3）合法权益受到损害的因果关系要件［参见南京市中级人民法院（2021）苏01行初18号行政裁定书］。

从策略上来看，侵权人为了实现有效抗辩，采取推翻著作权登记证书效力的方式，意欲釜底抽薪、一劳永逸地否认著作权作品的性质。从事实上看，假设著作权登记证书被撤销，侵权人将获得原本没有的有利地位，即著作权侵权案件中原告方将承担更多的举证责任。法院认为，提起诉讼的公民诉请保护的合法权益，应规定于法律之中，并非一种间接的反射利益[1]。本行政诉讼的起

---

[1] 南京市中级人民法院（2021）苏01行初12号行政裁定书。

诉人主张的仅仅是一种间接的反射利益，且曾某诉黄某侵害案涉作品著作权的诉讼请求是否成立与本案被诉行政行为不具有法律上的利害关系。

五、律师点评

本案是目前国内罕见的由于侵权者不服侵权赔偿判决而提起撤销作品登记行为之诉，指导意义在于，南京市中级人民法院进一步明确了"作品作者因创作行为依法取得著作权，而不是行政机关的登记行为"，同时侵权者不能因承担侵权责任而认定其与被诉行政行为具有法律上的利害关系，否认了著作权侵权案件的侵权人是著作权登记行政行为法律意义上的利害关系人，认为其并非行政案件适格原告，引导侵权者选择其他救济途径。

案例二　再审申请被驳回，
还能启动抗诉程序吗？

案件名称：原告佛冈锦华混凝土有限公司与被告清新县新建混凝土劳务有限公司、梁李波车辆租赁合同纠纷一案
承办律师：熊飞、梁桥

一、案情介绍

2018年8月，梁李波找到本代理律师，诉说其到银行办理业务过程中，才得知自己有诉讼案件，经了解是其在清新县新建混凝土劳务有限公司（以下简称新建公司）任职业务经理期间，因新建公司租赁佛冈锦华混凝土有限公司（以下简称锦华公司）两台泵车欠付对方租金几十万元，自己也被对方起诉

了，因自己的联系电话、地址变更，导致自己一直不知被诉，案件已经过一审、二审，判决其与新建公司共同向锦华公司承担欠付租金98万余元及利息。梁李波继续陈述，在找到本代理律师之前，已经找其他律师代理了再审阶段，但被广东省高级人民法院驳回再审申请［（2018）粤民申6249号］。梁李波诉说，其就是一个打工仔，来自一个普通家庭，如果真的背负如此巨债，可能一辈子都爬不起来了，希望本代理律师可以为其翻案。

代理律师经阅卷查明以下事实：2013年4月30日，原告锦华公司与被告新建公司签订《泵车租赁协议书》，约定锦华公司出租两台泵车给新建公司，租期五年，即2013年5月1日至2018年4月30日，租金为每年50万元，押金为10万元。锦华公司和新建公司分别在该《泵车租赁协议书》上盖章确认，并由曾×锦代表甲方在协议签署位置签字，梁李波在乙方处签字。新建公司于2013年5月至2016年2月6日先后支付押金10万元和泵车租赁费563517元。锦华公司主张此后新建公司就没有再支付租金，截至2016年4月底，新建公司共拖欠租车费合计984921.22元，其主张梁李波系合同当事人，案涉租车费均系梁李波直接支付给锦华公司，梁李波系挂靠新建公司，应与新建公司承担连带责任。因本案一审、二审新建公司、梁李波均未到庭答辩，二审法院清远市中级人民法院判决新建公司、梁李波应向锦华公司支付所欠租金984921.22元及利息并承担一审、二审案件受理费。

代理律师接受委托代理后，经收集新证据，向广东省清远市人民检察院提起抗诉，广东省清远市人民检察院支持抗诉并报广东省人民检察院提起抗诉。经广东省人民检察院抗诉，2019年6月18日，广东省高级人民法院裁定指令广东省清远市中级人民法院再审。再审期间，中止原判决的执行［（2019）粤民抗66号］。广东省清远市中级人民法院经再审，于2020年2月10日作出裁定，撤销原一审、二审判决，发回重审［（2019）粤18民再84号］。广东省佛冈县人民法院重新审理，作出一审判决，判决梁李波无须承担案涉债务［（2020）粤1821民初1004号］。锦华公司不服，提起上诉，清远市中级人民法院于2021年9月1日作出终审判决［（2021）粤18民终1596号］，驳回上诉，维持原判。至此，本案彻底办结。广东省清远市人民检察院对其抗诉事宜在其官方微信公众号进行了报道。

二、案例解读

代理律师在承办本案之前，该案已历经一审、二审、再审，当事人败诉成"老赖"。代理律师经阅卷调查分析本案，发现本案疑点。本案焦点问题有二：一是梁李波是否是本案适格主体，二是锦华公司诉请金额有无依据。本案难点在于如何启动抗诉程序，并得到检察院的抗诉。

关于焦点问题一。代理律师指导梁李波收集了新的证据，结合现有证据，代理律师认为梁李波系新建公司的员工，其签约及付款系职务行为，不应承担协议约定的责任。且案涉租赁车辆的费用由新建公司支出（新建公司财务账簿记载），租赁车辆的收益也由新建公司获得，案涉协议的权利义务与梁李波无关，梁李波不是本案适格被告。梁李波在与锦华公司签约前，提供了新建公司的授权委托书给锦华公司，新建公司出具了员工证明，新建公司财务账簿记载梁李波领取工资的情况，以上收集的证据可以证明梁李波系新建公司员工，案涉租赁车辆的使用费、过桥费均由新建公司支出，案涉协议约定的租赁车辆的收入均由新建公司收取。

关于焦点问题二。代理律师认为，从锦华公司提供的证据来看，其未能完成举证责任，不能证明案涉债务的具体金额，应承担举证不能的责任。法院认为因新建公司未能到庭抗辩，因此认定新建公司存在欠付租金的事实。因本代理律师仅代理梁李波，重审一审判决认定梁李波无须承担案涉债务之后，梁李波并未上诉，锦华公司不服提起了上诉。重审二审法院以二审审理范围仅限上诉请求为由，对新建公司是否承担举证不能的责任不予审查，也即维持认定新建公司存在欠付租金的事实。重审一审、二审法院对新建公司具体欠付租金进行了重新认定，认定新建公司支付的押金应抵扣拖欠的租金，锦华公司主张的2014年保险费没有证据支持，因此，新建公司的欠款从原审一审认定的984921.22元及利息变更为836483元及利息。

关于抗诉程序启动问题。代理律师一方面以有新证据足以推翻原判决为由，另一方面举证证明原一审法院未经合法传唤导致梁李波缺席审判，程序违法。原一审法院寄送法院文书的邮寄单也注明，退件原因是收件人因电话系空号导致无法联系。经核对，该号码与梁李波一直使用或其与锦华公司签订合同交换名片上的号码均不同。法院在未穷尽送达手段的情况下采用公告送达，剥夺了当事人的合法辩论权。广东省清远市人民检察院支持了代理律师的意见，因此，抗诉程序顺利启动。

作为律师，不怕案件复杂，不怕程序繁杂，不怕当事人烦扰，最怕当事人不信任法律。每当当事人说法律没有用、法律不公平时，我作为律师，是最触痛的时候。本案代理律师历经三年，得到当事人的委托和信任，最终顺利走完了一个诉讼案件的全部诉讼程序。让每一个人民群众在司法案件中感受公平正义，本案就是一个很好的例证。人民检察院、人民法院错案必究、有错必改的决心让当事人钦佩。

案例三　三条人命的重大责任事故——不起诉！

案件名称：三条人命的重大责任事故——不起诉！
承办律师：何锦浩

一、案情介绍

黄某某挂靠广东某某工程有限公司承包佛山市南海区某小区的清污工程，黄某某找到郑某某帮忙找施工队，郑某某联系李某万、何某桥、何虎等流动施工人员，在对小区内的下水道污泥进行清理的施工过程中，三名施工人员被困下水道后经抢救无效死亡。

黄某某与广东某某工程有限公司系挂靠和被挂靠关系，在该改造工程项目发生重大责任事故后，黄某某作为工程事故的直接管理责任人员承担刑事责任毫无争议，但作为被挂靠单位实际控制人的张某是否需要承担刑事责任，则系本案的争议焦点。

二、案例解读

这个案件当事人张某原本都已经打算"躺平"了，他认为既然公安机关侦查终结、正常移送审查起诉，肯定意味着这牢饭吃定了，只是能否争取缓刑的问题。但辩护人告诉他，事情尚未尘埃落定，一切皆有可能，我们可以努力争取不起诉的结果。果然，律师经有效辩护，从管理责任角度出发认为张某在自己无权插手过问的工程项目中，哪怕是出现本案这种三条人命的重大责任事故，也不宜追究其刑事责任，否则就是明显的权利、义务、责任不对等，违背了"罪责刑相适应原则"。最终检察院认为该案不符合起诉条件，依法对张某作出不起诉决定，律师的努力取得了圆满的代理结果。律师代理案件，一切皆有可能，绝不轻言放弃！

案例四　非内部流转的宅基地转让协议有效吗？

案件名称：非内部流转的宅基地转让协议并非当然无效，可从土地性质、最终受让方以及举证责任方面进行抗辩

承办律师：陈璐璐、王福坤

一、案情介绍

本案系村民起诉要求确认宅基地转让合同无效纠纷，此类纠纷是近年城市

更新进程中的多发案例。承办律师作为被告方代理人，通过实地调查、多方取证、大量案例检索等方式，挖掘出对我方当事人有利的办案要点：涉案土地经完善历史用地手续已转为国有土地、宅基地使用权多次流转后最终受让人为同村村民、原告举证不能等，并在此基础上进行抗辩，最终法院判决驳回原告全部诉讼请求。本案承办律师从尊重历史、保护交易安全以及诚实信用原则角度说服法院支持我方观点，为办理村民对外转让宅基地类型的案件提供了新的办案思路和方法。

二、案例解读

由于案涉土地原为国有农用地的特殊性质，本案答辩要点在于以下三点：

第一，案涉土地经完善历史用地手续转为国有建设用地，而非宅基地，故案涉土地转让协议并未违反法律法规的强制性规定，应当认定案涉转让协议书合法、有效。首先，广州市"三旧"改造工作办公室出具的批复确认该片区土地经完善历史用地手续，用地性质转为国有建设用地。其次，案涉土地所在地不存在村民委员会和村集体经济组织，当地居民也没有村民证或社员证，由居民委员会管理和服务。最后，涉案土地的城市更新改造项目的改造主体为该国有公司，而非村集体经济组织。

第二，即便法院认定案涉土地的性质为农村宅基地，但案涉土地经多次转让后最终流转至同是村民的被告二处，并未对农村宅基地的利用和分配造成影响。虽然被告一不是集体经济组织成员，但被告一后续又将案涉土地及房屋转让给被告二，案涉土地使用权及地上建筑物最终流转给具有集体经济组织成员资格的被告二。从最终结果上看，不会对农村宅基地再分配、再利用造成影响，即该土地使用权又复原至法律法规许可的范围内，第一手土地转让行为的非法性已经被消除。因此，即便法院认定案涉土地性质为宅基地，综合各份转让协议，案涉转让协议书履行完毕的结果并未侵害法律强制性规定所要保护的法益，不存在违反法律、行政法规强制性规定的情形。

第三，现案涉房屋已被拆除，从尊重历史、诚实信用原则和保护交易安全角度出发，被告一已实际占有房屋十余年，原告十余年间从未向两被告主张过任何权利。在案涉房屋因拆迁可能获取补偿利益的情况下，原告又以转让农村宅基地违反法律强制性规定为由，要求确认转让合同无效，有悖于诚实信用原则。

案例五　未被抓获的神秘第三人——非法经营一案发回重审的辩护关键

案件名称：王某非法经营罪二审发回重审案
承办律师：吴伟标、朱锋杰

一、案情介绍

被告人王某因无证非法经营香烟被公安机关抓获，现场查获仓库内香烟价值人民币350余万元，一审法院认定被告人王某为主犯，判处有期徒刑六年四个月。一审法院认定王某为主犯的逻辑为：在王某车上查获了涉案仓库的租赁合同、钥匙、账本，从而认定王某负责登记伪劣卷烟的进出货情况、联系上下家并雇佣他人运输伪劣卷烟，在共同犯罪中并非起次要、辅助作用。

二、案例解读

律师通过详细的阅卷、会见对案情进行深入的了解和分析，逐一击破一审认定王某为主犯的证据链条。

（1）王某并非老板，王某只是老板雇佣来记账的，从王某手机聊天记录中可以看出一直有人向其发送与账本记录内容相似的图片，王某不应被认定为主犯。

（2）负责主要执行犯罪行动的并非王某，从王某车上查获的仓库租赁合同、钥匙等并非由王某掌握，当时车上另有他人，是其逃离现场遗留于王某车上的。王某一直稳定供述该人的存在，该人才是仓库的主要管理者。

（3）仓库出租方并未辨认出王某，业主方管理者无人认识王某，愈加证明仓库并非王某租赁。

（4）一审庭审过程中，同案犯否认其是由王某雇佣，并与工资另由他人发放相对应。并且同案犯指认仓库由王某租赁，但与出租方并不认识王某相矛盾，说明同案犯的供述可信度亦不高。

最终因二审法院无法排除车上租赁合同、钥匙、账本等物品为第三者逃跑途中遗留在王某车上这一合理怀疑，二审法院裁定发回重审。

案例六　不服从公司合理调岗的员工
——可辞退！

案件名称：公司依据制度进行合理调岗，不服从的员工可合法辞退
承办律师：李会华、蔡书琴

一、案情介绍

戴某在某公司任职已超过10年。2020年，某公司多次要求将戴某从现任的A市大区长调岗为B区支社部分品牌大区长（A市为B区范围内的城市），戴某均明确拒绝。某公司多次通知其到岗，其均未到新岗位，公司以戴某不服从工作安排构成严重违纪为由解除与戴某劳动关系。戴某不服提起劳动仲裁，要求某公司支付违法解除赔偿金等。

结果及办案要点：

本案经过一裁二审。仲裁阶段，劳动者强调某公司最初调岗时提及拟变化其工作地点，对其正常生活影响大，仲裁委因此认为公司调整工作岗位需与劳动者协商一致而裁决公司支付违法解除赔偿金约45万元。代理人在一审及二审阶段对案情详细剖析，一针见血地指出某公司的调岗行为属于合法行使用工自主权的情形：岗位性质均属销售管理岗位，且书面邮件及调岗公函中均明确工作地点、薪资福利待遇不变，其考核标准与此前一致等；在庭审时，采用生动形象的类比使法官理解调整岗位的合理性；通过可视化等方式展现证明公司解除程序合理公正。通过代理人据理力争，最终一审及二审法院均接受代理人合法调岗的观点，认定劳动者属于不服从用人单位的合理工作安排，公司可以依据规章制度处理，无须支付赔偿金。

二、案例解读

本案涉及用人单位劳动关系管理中典型且老大难的调岗问题，案件的判决结果体现了司法实践在用人单位自主用工权的行使和劳动者劳动权利保护法益之间的权衡。且因该用人单位为行业领头企业，本案不仅在其内部有示范效应，亦在其行业具有示范性作用，有利于用人单位和劳动者合理行使权利，建立和谐劳动关系。

本案凸显了研究案件细节的重要性，承办律师通过多种证据的收集证明调岗的合理性；凸显了案件梳理化繁为简的重要性，承办律师通过可视化的方式反映复杂案情。本案中律师针对案件核心，观点鲜明，证据翔实，巧用类别解释，有效影响法官自由心证。本案律师运用其专业水平，最大限度地维护了当事人的合法权益，当事人对律师服务结果非常满意。

案例七　成功摆脱"有侵害但无救济"的行政诉讼司法困境

案件名称：经几番"民告官"诉讼，房地产公司终获得对持续性行政强制措施的诉权

承办律师：华青春

一、案件介绍

某房产公司开发一项目，区建设局于2010年"冻结"公司商品房预售专用账户（即对支取申请不予核准）并限制销售物业，3年后行政机关作出巨额罚金决定，公司不服而起诉，其间行政机关自行撤销处罚文件，公司亦撤诉。因账户"冻结"、限售持续，公司请求无果后于2019年提起诉讼。一审法院以构成重复起诉为由，驳回起诉；二审法院以超过起诉期限为由，维持一审裁定。二审裁定后，公司也曾向行政机关信访，但行政机关以案件进入司法程序为由，不予受理信访。无奈之下，公司向省高院申请再审。省高院认为，申请人撤回起诉后，冻结和禁售状态一直持续，在行政机关复函不予解除后，提起诉讼，是基于新的事实和理由重新提起，不构成重复起诉；因账户冻结和禁售状态一直持续，起诉期限应从该行为终结之日起计算，申请人未超过法定起诉期限，裁定撤销一、二审裁定，指令再审，该房产公司获得诉权，再审后，案件进入实体审理。

二、案例解读

本案是一宗不服行政强制行为而提起的行政诉讼。本案的争议焦点，是公司有无诉权。细言之，公司提起本次诉讼，是否构成重复诉讼，有无超过起诉期限。

对于持续性的行政强制行为，起诉期限从何时计算，撤诉后再次起诉是否构成重复起诉的问题，法律并无明确规定，应是一个法律空白和漏洞。《行政诉讼法》第四十六条第一款规定的六个月起诉期限及《最高人民法院关于适用〈中华人民共和国行政诉讼法〉的解释》第六十四条第一款规定的一年期限是否同样适用于持续性的行政强制行为，法律不明确。二审法院将被诉行政行为的时点定位于初始行为，是以"知道或应当知道"为要件，认定公司已丧失诉权；同样，一审法院将被诉行政行为界定为初始行为而非持续行为，则针对同一行政行为的诉讼，构成重复诉讼，公司丧失诉权。

代理律师始终坚信对于持续性的行政强制行为，相对人享有当然的诉权，否则将陷入"有侵害但无救济"、侵权状态无从解脱的荒唐处境，完全背离《行政诉讼法》的立法目的，强调应对持续性行政强制行为本身与最初作出的行政强制行为加以区别，遂坚持上诉和提出再审申请，每一阶段均认真撰写诉讼文书和代理意见。经省高院再审裁定，明确认为对于持续性的行政强制行为，起诉期限应从该行为终结之日起计算，结合两次起诉具体的情形，推翻了一、二审裁定，指令二审法院再审，代理律师的主张获得支持，公司最终获得了诉权。

本案的价值在于，对持续性行政强制行为的起诉期限和重复起诉争议，通过具体案例，给出了裁判结论，从而补充了法律适用的空白和漏洞，对于类案处理，具有一定的指导意义。

作为代理律师，通过专业分析、勤勉尽责，维护了法律的正确实施，维护了委托人的合法权益，充分体现了律师的职能和作用，有助于缓解"民告官"之痛。

案例八　案外人能否成为财产保全"利害关系人"？

案件名称：以另案财产保全申请人的身份，对被保全债权转让的执行变更裁定提出执行异议并获支持

承办律师：林景锋

一、案情介绍

乙在B法院申请执行丙民间借贷纠纷（下称"前案"），甲在A法院起诉乙民间借贷纠纷（下称"后案"）。甲在后案申请财产保全，冻结前案的应收执行款。

在后案诉讼过程中，乙被其他法院列为失信被执行人，并将前案判决债权以2折的价格转让给丁，同时指定案外人收取债权转让款。丁向B法院申请变更申请执行人，B法院审管办法官负责审理。后案判决作出后，B法院审管办法官在未向执行经办法官了解前案执行进展的情况下，径直裁定变更前案申请执行人为丁。甲发现后向B法院提出执行异议，认为前案变更裁定无疑帮助了乙非法转移债权和恶意规避执行，严重损害了甲的财产保全权益和后案判决债权实现的可能性。

B法院认为，《最高人民法院关于人民法院办理执行异议和复议案件若干问题的规定》第五条列举了"利害关系人"的情形，甲并不属于列举的利害关系人，遂裁定不予受理。后甲提起复议，上一级法院认为，乙债权转让行为对甲债权的实现产生不利影响，甲属于前述规定第五条第（五）项"认为其他合法权益受到人民法院违法执行行为侵害的"利害关系人，遂裁定指令B法院受

理甲的执行异议。

B法院受理后，认为在保全期限内，乙债权转让行为不得对抗A法院冻结措施，且有逃避债务规避执行之嫌，故对债权转让行为不予确认，丁变更申请执行人请求不予支持，遂裁定撤销前案变更裁定，驳回丁变更申请。乙、丁未提起复议，裁定生效。

二、案例解读

本案例明确了财产保全申请人为"利害关系人"的身份，否定了财产保全被申请人恶意转移财产规避执行的行为，维护了财产保全申请人的保全权益，增加了委托人判决债权实现的可能性，保留了委托人刑事控告被执行人的机会。

透过本案例也看到了判决债权在执行过程中变更转让流程的不规范和不统一，存在个别漏洞。在司法实践中，判决债权转让后的申请执行人变更模式主要有：（1）直接向执行经办法官申请变更；（2）向立案庭申请立案再转交执行局异议裁决组处理；（3）向立案庭申请立案再转交审管办公室处理。各有利弊，亟待有关职能部门进一步规范和统一关于申请执行人变更流程，平衡和保护各方当事人的合法利益。

案例九　国有企业混改并购之法律实务

案件名称：关于A公司收购B公司持有的a公司、b公司、c公司股权的专项法律服务

承办律师：耿雷

一、案情介绍

根据A公司与B公司之间的《股权转让协议》，B公司拟以非公开协议方式向A公司出售其持有的a公司、b公司及c公司的股权，交易价款以现金方式支付，B公司就a公司、b公司、c公司及其控股子公司有关土地、房产在用地审批、项目建设和权属登记等方面的法律瑕疵对A公司作出特别保证与担保，《股权转让协议》自双方履行各自内部决策与外部审批之日起生效。

经核查，B公司为A公司的控股股东，本次交易构成关联交易。根据《上市公司重大资产重组管理办法》的规定，本次交易不构成重大资产重组。

二、案例解读

（1）深化国企混合所有制改革，促进上市公司增强综合实力、实现高质量发展。

为了落实省委、省政府深化国资国企改革的部署，积极稳妥有序推进省属企业混合所有制改革，广东省国资委于2020年10月印发了《省属企业混合所有制改革工作三年行动计划（2020—2022年）》，优先支持省属企业利用上市平台实施混改，推动优质资产向上市公司集中，为做大做强做优上市公司创造了有利的政策支持。B公司及A公司根据混改工作要求、电力市场和资本市场形势实施本次交易，对A公司增强在市场的综合实力和龙头地位产生重要作用，同时将有利于上市公司积极争取混改政策支持深化体制机制改革，实施经理层任期制、契约化改革，探索建立中长期激励约束机制，进一步实现高质量发展。

（2）推动同业竞争问题逐步解决，促进上市公司资本运作和市值管理。

为避免和解决同业竞争，本次交易是B公司履行避免和解决同业竞争承诺、持续实施向上市公司注入资产的积极举措，对促进A公司资本运作和市值管理具有重要意义。

（3）加快实施上市公司"十四五"发展战略实现碳达峰、碳中和是党中央的重大决策部署，构建以新能源为主体的新型电力系统成为深化电力体制改革的重要目标。

本次交易项目拥有丰富的土地资源和区位优势，已投产及储备多种电源类型，本次交易以及B公司持续的优质资产注入支持，将为A公司加快实施"十四五"发展战略提供重要支撑。

（4）本次交易对上市公司财务及业务指标的影响。

第一，优化上市公司财务指标。

交易实施前后A公司主要财务指标将明显优化，资产规模、所有者权益、营收规模、利润水平显著提高，资产负债率有所下降。

第二，优化上市公司装机结构。

目前，本次交易标的企业a公司、c公司正加快推进规划装机替代气电项目前期工作，b公司已启动规划装机替代气电项目前期工作。此外，部分标的企业亦在积极推进厂内光伏项目建设以及广东湛江、广西、河南等地光伏资源开发。A公司气电和可再生能源装机规模将大幅提高，清洁能源占比将明显提升，装机结构得到进一步优化。

数字网络时代，全民迎来了海量的短视频、日夜连线的直播等音视频传播。我们的律师同事除了顺应这个时代的变迁，仍坚守着用文字去启发人，去疏导问题，用手中的笔展开辩论，用文字为社会发声……因此，在律所的"德法广州"微信公众号上，一直坚持每周推送各类专业性文章，包括法律解读、以案说法、办案手记、实务经验、每周问答等。

"德法广州"微信公众号的运营团队(即公众号审核小组)，不约而同地产生一个想法，面对日积月累的文字，或可以集结成册，送给我们律所众多的客户，送给社会上有需要的人。再后来，大家提议干脆汇编正式出版吧。说干就干，新年伊始，本书出版的相关筹备工作正式启动。

先由郑茵按类别统计整理了全部专业文章，共60余篇，发给运营团队通读。

接着，运营团队开始构想书名，专门碰头讨论，说是头脑风暴，实则信马由缰，七嘴八舌。初步采纳了华青春律师提出的"德法微言"来作为主打书名。"德法"是我们微信公众号名称组成部分，有一定标识度；"微言"则取"微言大义"之前二字，其中寓意，显而易见。

其后，运营团队委托我牵头组织团队成员分别审核文章。陈震律师专门制定了《原创文章审稿规则》，审稿有了统一的规则和尺度。原在微信公众号推送的文章，形式和表达比较自由多样，因此，为了让文章更具有专业性和专业文章应有之相关形式或基本要素，运营团队分别与作者进行了充分沟通，提出合理的完善建议，进行必要的修订。大部分作者都有进一步的补充和完善，有部分作者还进行多次修订。这些过程，体现了律师同行精益求精的态度。

　　截至今年4月底，我们完成了所有文章的审稿。

　　审稿期间，恰逢律所组织了一次典型案例评比活动。有同事提议，将评选出来的优秀案例也收录进本书，作为一个有机的组成部分。于是，形成了我们最后一部分的内容——栏目七：经典案例。

　　至此，我们在2022年5月完成了所有文章的汇编。

　　感谢郑茵花了大量时间来推进此项工作，包括所有微信公号推送文章的汇总、目录制作、修订后文章的整理，直至最终汇编成书。

　　感谢"德法广州"微信公众号运营团队的所有成员，感谢北京德和衡（广州）律师事务所所有同事的关注和支持，使得本书得以顺利编辑完成。

　　书中的案例和文字是2021年度律所同仁们与法同行、与义相伴的印记，此次汇编付梓亦承载着我们的诗和远方。

　　此为后记。

李会华

2022年6月